U0934628

审计与内部控制系列

商业银行内部控制评价

蒋建华　编著

復旦大學出版社

前言

PREFACE

国际上凭借技术进步，金融创新与资本市场加速发展，使金融业动荡不定，金融事件不断爆发，金融监管已受到各国广泛的重视。1992 年美国 COSO 委员会颁布了内部控制综合框架公告，就是有名的 COSO 报告，并且很快得到了广泛的认可。很多国家及各专业团体仿效 COSO 报告对内部控制的框架内容进行了重新研究，采纳其新的理念，发布了自己的文告，形成了自己的内部控制及其评价标准体系。

1995 年 2 月，具有 230 多年历史的英国巴林银行宣布倒闭，在国际上引起了强烈的震动。1997 年的东南亚金融危机，以及一系列金融事件的爆发，使国际上对商业银行内部控制的重要性更加重视，对商业银行内部控制的内容也有了新的认识。1997 年，巴塞尔委员会发布了《有效银行监管核心原则》，提出了有效监管体系必备的 25 条基本原则，以后随金融环境与业务的变化进行了几次修正。1998 年，又发布了《商业银行内部控制框架》，提出了商业银行内部控制的 13 项监管原则，从而构建了"良好的公司治理结构和内控制度是防范风险的第一道防线，市场约束机制、社会公众和专业机构的监督是防范风险的第二道防线，政府监管则是第三道防线"的国际银行监管理念。

1997 年 5 月，中国人民银行颁布了《加强金融机构内部控制的指导原则》，使我国商业银行的组织结构、业务种类、经营模式等方面发生了很大的变化，商业银行抵御风险的能力也逐渐加强。为了适应国际上内部控制的发展与变化情况，中国人民银行于 2002 年 9 月颁布了《商业银行内部控制指引》，对我国商业银行内部控制提出了指导性意见。

我国加入 WTO 后，中国金融业也将融入国际金融体系中，银行业的经营风险也将增加，商业银行的经营与管理的方式与内容发生了巨大的变化，银行监管也必须遵循国际银行业监管的游戏规则。

2004 年 8 月，中国银行业监督管理委员会通过了《商业银行内部控制评价试行办法》，自 2005 年 2 月 1 日起施行。该《办法》充分体现了对我国商业银行"管法人，管风险，管内控，提高透明度"的监管理念。

本书借鉴国际商业银行内部控制的经验，结合我国商业银行的实际，阐述了商业银行内部控制的基本原理、商业银行所特有的内部控制系统的风险控制点、控制措施，又详细介绍了对其主要业务内部控制进行测试评价的技术与方法、测试程序与具体操作示例。本著作具有下列特点：第一，以全面风险管理为导向，详细介绍了商业银行主要业务环节的内部控制风险点及其评价要点。第二，理论与业务相结合，在对商业银行经营与业务管理的各个环节做一定阐述的基础

前言

PREFACE

上提出内部控制与评价内容、方式与方法。第三，对商业银行的主要业务内部控制及其评价进行了比较详细、具体的阐述，特别是第三篇，是一个完整的内部控制评价案例，具有很强的可操作性。因此，在编写过程中，作者力求做到观点前瞻，内容翔实，通俗易懂，并能用于实战。

本书的完稿主要是下列成果的总结：第一，以作者2002年出版的《商业银行内部控制与稽核》为理论基础。第二，结合作者在有关企业和各金融机构所作内部控制与内部审计几十轮培训班讲座的内容。第三，是作者及其团队应某商业银行之邀，前后花费了三年多的时间，为该行完成了对其及其分支机构进行内部控制评价的体系与指标设计的成果的凝练。第四，是作者参加某银监局对地方性商业银行进行内部控制评价实务操作的实战成果整理。第五，是作者长期蹲点在银监局、中国国家审计署等相关部门学习与研究的成果。第六，作者参考和引用了一些国内外有关文献资料，借鉴了有关银行的经验和做法。

在此，本人对本书的正式出版给予关心、支持与帮助的有关单位和个人深表谢忱。特别是复旦大学出版社经管分社的王联合总编与张咏梅编辑，他们为本书的出版提供了不遗余力的支持，付出了细致艰辛的劳动，在此一并表示感谢。

本书适用于从事商业银行内部控制评价的注册会计师、银行内部审计人员和各级管理人员、商业银行监管官员、高等院校金融和审计专业的师生等读者群。

由于我国商业银行内部控制及其评价的理论和实践尚在成熟过程中，加之作者水平有限，书中难免存有不当和疏漏之处，欢迎读者多提宝贵意见。

蒋建华

2011年8月

目录

CONTENTS

目录

CONTENTS

目录

CONTENTS

第三篇　商业银行内部控制评价实践

第一篇 商业银行内部控制理论篇

第一章 商业银行内部控制概述

第一节 商业银行内部控制的定义

内部控制是商业银行为实现经营目标，通过制定和实施一系列制度、程序和方法，对风险进行事前防范、事中控制、事后监督和纠正的动态过程和机制①。

第二节 商业银行内部控制的目标

巴塞尔银行监管委员会把内控的三大目标分解为操作性目标、信息性目标和合规性目标。操作性目标不只针对经营活动，而且包括其他各种活动。信息性目标包括管理信息，明确要求实现财务和管理信息的可靠性、完整性和及时性。

(1) 操作性目标(O)。各种活动的效果和效率。

(2) 信息性目标(F)。财务和管理信息的可靠性、完整性和及时性。

(3) 遵从性目标(C)。遵从现行法律和规章制度②。

这三大目标满足不同的需要，又相互交叉。首先，内部控制是保证各种活动发展的，而不是妨碍其发展的。其次，银行不能为实现经营性目标而不遵从法规，更不能为实现遵从性目标或操作性目标而违反财务和管理信息的可靠性、完整性和及时性。

我国银监会颁布的《商业银行内部控制指引》认为商业银行内部控制目标为：

(1) 确保国家法律规定和商业银行内部规章制度的贯彻执行。

(2) 确保商业银行发展战略和经营目标的全面实施和充分实现。

---

① 《商业银行内部控制指引》，中国银行业监督管理委员会令(2007 年第 6 号)。

② 三大目标在以后叙述中分别用“O”、“F”、“C”代表。

(3) 确保风险管理体系的有效性。

(4) 确保业务记录、财务信息和其他管理信息的及时、真实和完整。

第三节　商业银行内部控制的原则

商业银行内部控制应当贯彻全面、审慎、有效、独立的原则，包括以下方面：

(1) 内部控制应当渗透商业银行的各项业务过程和各个操作环节，覆盖所有的部门和岗位，并由全体人员参与，任何决策或操作均应当有案可查。

(2) 内部控制应当以防范风险、审慎经营为出发点，商业银行的经营管理，尤其是设立新的机构或开办新的业务，均应当体现“内控优先”的要求。

(3) 内部控制应当具有高度的权威性，任何人不得拥有不受内部控制约束的权力，内部控制存在的问题应当能够得到及时反馈和纠正。

(4) 内部控制的监督、评价部门应当独立于内部控制的建设、执行部门，并有直接向董事会、监事会和高级管理层报告的渠道。

内部控制应当与商业银行的经营规模、业务范围和风险特点相适应，以合理的成本实现内部控制的目标。

第四节　商业银行内部控制的组成要素

COSO委员会认为，内部控制包括控制环境、风险评估、控制活动、信息与交流和监督评审五大要素。银监会印发的《商业银行内部控制指引》、《商业银行内部控制评价试行办法操作说明》也将内部控制分为这五大组成部分，并根据巴塞尔委员会颁发的适用于银行一切表内外业务的《内部控制系统评估框架》以及中国的国情，具体规定了商业银行内部控制的组成要素。

一、控制环境

控制环境是推动控制工作的发动机，是所有内控组成部分的基础，它奠定组织的风尚和结构，涉及所有活动的核心——人。“以人为本”的管理思想的核心是强调人是发展的动力，是一切事物的基础。控制环境塑造企业文化，影响企业员工的控制意识。商业银行内部审计部门应根据控制环境的每一要素，判定银行是否存在积极的控制环境。内控环境主要包括以下因素：

1. 商业银行公司治理

(1) 是否建立以股东大会、董事会、监事会、高级管理层等为主体的公司治理组织架构？

(2) 是否设立了提名委员会、风险管理委员会、人事和薪酬委员会、审计委员会、关联交易控制委员会等其他专门委员会？

(3) 是否定期或不定期召开股东大会年会和临时会议，是否向全体股东汇报？股东大会是否实行律师见证制度？是否制定内容完备的股东大会议事规则并由股东大会审议通过，包括通知、文件准备、召开方式、表决形式、会议记录及签署、关联股东的回避制度等？

(4) 董事会是否建立了议事规则和决策程序？议事规则是否完备，包括通知、文件准备、召开方式、表决形式、会议记录及签署、董事会的授权规则等？董事会是否定期(每季一次)或不定期召开例会和临时会议？

(5) 监事会是否建立了议事规则和决策程序？议事规则是否完备，包括通知、文件准备、召开方式、表决形式、会议记录及其签署等？是否定期(每季一次)或不定期召开例会和临时会议？

(6) 是否建立了独立董事和外部监事制度并设立了2名(含)以上独立董事和2名(含)以上外部监事？

(7) 董事会审计委员会负责人是否由独立董事担任？是否要求银行报送内部审计报告并进行评价？独立董事是否对董事会讨论的有关商业银行内部控制事项发表客观、公正的独立意见？是否对董事会决议中违反法律、法规或商业银行章程的条款提出反对意见？

(8) 审计委员会负责人是否由外部监事担任？外部监事是否根据监事会决议组织开展商业银行内部控制相关审计工作？是否及时向外部监管部门报告监督检查中发现的问题？

(9) 采取何种措施确保商业银行根据内部审计、外部审计和外部监管部门改进内部控制的意见和建议实施有效的整改？

2. 董事会、监事会和高级管理层责任

(1) 董事会是否审批了商业银行整体经营战略和重大政策并定期检查、评价执行情况？

(2) 董事会是否设定了商业银行可接受的风险程度，并审批管理层所制定的风险防范措施及额度设置？是否确保商业银行充分了解资本充足、风险集中度、关联交易、不良资产管控和处置的有关规定，并指导和监督具体政策、程序的产生和实施？

(3) 董事会是否及时审查银行内部审计机构和外部监管部门对银行内部控制的评价报告，并督促管理层落实整改措施？

(4) 监事会是否通过适当的方式对银行内部控制进行监督？

(5) 监事会是否组织对银行内部控制相关检查？是否对董事会及董事、管理层及高级管理人员履行内部控制职责情况进行检查？

(6) 监事会是否在发现董事、董事长及高级管理人员有损害商业银行利益的行为时要求其纠正？

(7) 高级管理人员是否明确其在内控体系方面的职责？在各项业务和管理活动中是否制定了明确的内部控制政策？

(8) 是否定期评审内部控制状况的充分性和有效性？是否及时审查外部监管部门、内部和外部审计部门对内部控制体系的评价报告？是否及时听取了审计部门和外部监管部门有关内部控制体系缺失的建议与意见，并部署采取纠正整改措施？

(9) 董事会、高级管理层是否能及时了解银行的业务风险和操作业绩？银行内部的信息流动是否通畅(包括信息上报、信息下达及机构内部信息的横向流动)？内部控制政策相关每一项信息是否都传达到每一相关人员？

(10) 是否建立了授权和责任明确、报告关系清晰的组织结构？是否采取措施引导管理人员和全体员工参与到内部控制活动中，以保证内部控制的各项职责得到有效履行？

3. 内控政策

(1) 是否已建立文件化的政策（包括人力资源政策、财务管理政策、信贷总量和信贷结构政策、流动性风险和市场风险政策、信息交流政策等等）？

(2) 政策的内容是否：第一，为制定和评审目标提供框架；第二，与商业银行的宗旨和发展战略相一致；第三，符合适用法律法规和监管要求；第四，指导员工实施风险控制；第五，体现持续改进内控体系的要求。

(3) 政策是否已为员工所理解？

(4) 政策是否可以并已向相关方公开，同时寻求互利合作？

(5) 各级各类政策是否定期评审，需要时及时更新？

4. 内部控制目标

(1) 商业银行已建立了哪些内部控制目标？是否形成文件？

(2) 各个目标是否可测量并分解为指标？是否已展开到相关职能和层次？通过哪些方式传达到相关员工？

(3) 内控体系的目标是否能确保与法律法规、监管要求相一致并使之满足？能否确保商业银行的发展战略和经营目标的全面实施与实现？确保风险控制的有效性？确保业务记录、财务信息和其他相关信息的及时、真实和完整？

(4) 在建立和评审内控目标时，是否考虑了可供选择的技术方案、财务、运作和经营要求、风险相关方的要求等？

(5) 内控目标是否符合内控政策？如何体现对持续改进的承诺？

5. 组织结构

(1) 商业银行的组织结构状况如何？包括：部门分工合理性、职责明确程度和报告关系清晰程度。

(2) 是否考虑职责分离、相互监督制约？

(3) 涉及资产、负债、财务和重要人事变动的事项如何决定？

(4) 是否建立关键岗位轮换和强制休假制度？

(5) 是否建立统一授权体系？

(6) 是否设立了全行系统垂直管理、具有充分独立性的内部审计部门？

(7) 内部审计部门是否配备了具有相应资质和能力的审计人员？

(8) 是否建立了内部审计风险评级体系？每年是否根据审计风险评级结果确定审计频率，以及对机构和业务的审计覆盖率？

(9) 内部审计部门是否有权获得商业银行的所有经营信息和管理信息？

(10) 内部审计报告是否及时报董事会或董事会审计委员会？

(11) 董事会及高级管理层是否采取有效措施保证审计报告中指出的内部控制的缺失得到及时纠正整改？

(12) 总行内部审计负责人的聘任和解聘是否经董事会或监事会同意？

6. 企业文化

(1) 商业银行是否培育了健康的企业文化？现有企业文化怎样为内部控制提供适宜的环境？

(2) 如何创立和完善企业文化的环境使全行员工树立预期要求的企业价值观、企业精神及经营理念?

(3) 是否把企业核心价值观、内部控制原则、风险意识、风险控制、风险防范,以及出现险情或损失的对策等作为对员工的教育内容?

(4) 是否制定了员工行为准则或类似规范,并传达到员工?

(5) 员工是否熟悉银行关于职业道德的规范并确知职业道德标准和违规行为界限及后果?

(6) 员工是否明白其职权范围违规违纪行为的表现形式?

(7) 是否建立针对员工违规行为的补救和处罚应急机制?

(8) 管理层对员工的违规行为是否进行严厉的批评和处理?

(9) 管理人员道德水平是否保持高尚,是否以身作则?

7. 人力资源

(1) 是否确定与风险和内控有关的人员所必要的能力要求(含满足法律法规要求及监管机构对人员资质要求)?

(2) 是否建立及健全激励约束机制、员工绩效考评体系,是否充分体现风险管理和内控体系要求?

(3) 是否对高管人员及影响风险和内控人员等重要岗位的招聘、聘用、培训、考核、调整、出国、离岗和离行进行控制?

(4) 是否明确了员工招聘、培训、考核、奖励、处罚、晋升等方面合理的政策和程序?并得到有效执行?

(5) 是否搜集了员工工作业绩、工作效率及胜任程序等相关信息?

(6) 是否采取适当的措施来降低更换员工或员工缺席所带来的负面影响(交叉培训,工作轮换等)?

(7) 是否确保员工得到了充分的非技术性能力的培训(包括人际关系、口头表达和文字表达能力,客户服务等)?

(8) 是否确保每个员工明确所在行及其所在部门的工作目标?

二、风险识别与评估

有效的内控系统需要识别和不断地评估影响银行实现其目标,或者有可能对银行起负影响的有关风险。这种评估应包括银行的和银行组织集团所面对的全部风险。识别和分析那些妨碍实现各种经营管理目标的风险的活动,构成银行风险管理决策的前提和依据。在风险管理的政策和战略制定中,董事会负有最终的责任。风险识别与评估主要包括以下因素。

1. 经营与管理活动的风险识别与评估

(1) 是否识别和确定了常规和非常规的业务和管理活动?并识别这些活动的风险?

(2) 对新识别的风险是否已考虑到其产生根源、路径及对商业银行的影响范围?是否已考虑并识别了本部门的运作过程和活动中因运用计算机系统而带来的风险?

(3) 本部门已识别并确定的主要风险有哪些?是否有风险点的清单?是否确定风险点的风险级别及风险可接受程度?

(4) 是否对风险的后果及发生的可能性等进行了评估？评估的结果是否形成文件？文件中所包含的信息是否充分，包括可作为建立内控体系中各项决策的基础？并为改进内控绩效提供衡量的基准？

(5) 是否对可接受风险进行定期监测？对不可接受的风险是否制定了相应的控制方案？

(6) 当内外部环境和条件发生变化时，是否对风险进行再识别和再评估？并及时更新风险评估文件及传达到相关人员？再识别和再评估的结果能否确保新的风险及以前未加控制的风险得到识别和控制？

(7) 在设立新的分支机构或开办新的业务时，是否事先制定有关的政策、制度和程序，是否对潜在的风险进行识别和评估，并提出风险防范措施？

(8) 能否及时发现由于员工的思想道德及业务素质问题所产生的风险，并重视对员工的法制教育和职业道德教育？

2. 法律法规、监管要求和其他要求

(1) 是否已建立了相应的程序，以确保商业银行能及时识别和获取适用的法律法规、监管要求和其他要求？包括明确信息获取的渠道、职责等。

(2) 是否及时更新法律法规、监管要求和其他要求的信息，并将这些信息传达给相关员工和其他风险相关方？

(3) 是否在已制定的商业银行规章体系中充分体现应遵循的所有法律法规要求？

(4) 是否采取有效措施管理全行反洗钱工作？

3. 内部控制方案

(1) 是否为实现内控目标制定了内控方案？内控方案如何运用风险识别与评估结果的信息？确定了哪些控制要点和控制措施？

(2) 内控方案是否包括了各项任务的职责权限和相应的控制策略、方法、资源和时限要求？并形成了文件？

(3) 内控方案是否考虑了由方案自身带来的新的风险？方案是否涉及业务流程、管理活动等重大变化？

三、内部控制措施

为保证银行各种经营管理活动目标的实现，需要指导员工实施管理指令，防范和化解风险，执行相关政策和程序，即各种控制活动。这些活动包括高层检查、直接管理、审批、授权、核实、信息加工、确定指标、会计控制、资产保全、职责分工等。

1. 运行控制

(1) 董事会与高级管理层是否及时检查商业银行在实现内部控制目标方面的进展？高级管理层是否根据检查情况提出内部控制缺失，督促职能管理部门改进？

(2) 各级职能管理部门是否审查收到的经营管理情况和特别情况专项报表或报告？是否提出问题，并要求采取纠正整改措施？

(3) 对实物控制是否实行实物限制、双重保管和定期盘存？

(4) 是否审查遵循风险限制方面的合规性，并在不合规的情况下继续跟踪检查？

(5) 是否根据若干限制条件对各项业务、管理活动进行审批与授权，明确各级管理责任？

(6) 是否验证各项业务、管理活动，以及所采用的风险管理模型的结果，并定期核实相关情况？是否及时将发现的问题向职能管理部门报告？

(7) 是否实行不兼容岗位的适当分离？

(8) 是否针对已识别的风险和需采取的控制措施，确定其运作过程和活动？

(9) 对已确定的过程和活动如何实施控制？

(10) 对缺乏程序可能导致偏离内控政策和目标运行的情况，建立并保持了哪些程序文件，在程序中是否规定了操作方法和标准？

(11) 在实施和运行中按照程序规定如何实施持续记录和监督检查？

(12) 运用计算机系统采取了哪些内控措施？

(13) 对购置和使用的设施、设备、系统和服务中已识别的风险是否建立并保持控制程序实施有效控制，并以什么方式将有关程序和要求通报供方，使其符合控制要求？

(14) 为从根本上消除或降低风险，针对产品和业务、运行程序和工作组织设计及对人员适任能力要求建立了哪些控制程序？

(15) 是否建立有效的核对、监控制度？对重要业务是否实行双签制度及监控授权、授信执行情况？

(16) 是否建立完整的会计、统计和业务档案？

2. 计算机系统环境下的控制

(1) 是否建立信息安全管理体系？

(2) 是否对计算机信息系统从立项、开发、验收、运行和维护实施全过程管理？例如，项目立项时技术部门是否与业务部门进行了充分论证和良好沟通；程序开发环境是否与程序生产环境严格分离；计算机软件和网络系统从开发环境转入生产环境之前是否进行充分的压力测试？

(3) 对外购计算机软件、硬件设备是否严格审查供应商的资格和资信状况？是否明确其产品在使用期间应当承担的使用、维护和其他责任，在使用前是否严格进行安全性测试确保产品正常使用和有效维护？

(4) 计算机机房建设是否符合国家有关标准？是否加强计算机机房管理，出入按规定审批并保留记录，确保硬件、各种存贮介质的安全？

(5) 是否建立和健全网络管理系统，有效地管理网络的安全、故障、性能、配置等，并对接入国际互联网实施有效的安全管理？

(6) 采取哪些措施确保计算机信息系统的安全(如更新系统、认证、加密、内容过滤、入侵监测、安全设置、防止病毒、黑客攻击、软件补丁程序等以确保计算机信息系统安全)？有关程序和要求是否及时更新？

(7) 网络设备操作系统、数据库系统、应用程序是否设置必要日志，满足内外审计需要？

(8) 对各类数据信息、数据操作、数据备份介质的存放、转移、销毁是否有严格的管理制度？

(9) 计算机处理业务如何确保可复核性和可追溯性？应用程序是否为有关的审计和检查预留接口？

(10) 电子银行服务是否具备确保识别客户身份，安全认证等功能，保证交易安全，防范操作风险？

(11) 计算机操作系统的变更是否有明确的规章制度(对内和外包系统),可靠的技术手段,满足合法性、正确性、安全性、可复核性和可追溯性的系统变更控制要求,并对软件版本进行管理?

(12) 是否建立设备管理系统,对设备验收、入库、配发、维护、变更、损益、报废等环节进行管理?

(13) 是否建立远程备份?

(14) 是否提供对电子银行客户的培训、客户服务和相关支持工作? 如何与风险控制方案相结合?

(15) 在制定电子银行业务的准入标准、管理办法和操作规程中,如何考虑风险因素及相应措施?

(16) 如何控制网上银行交易的风险,确保交易安全?

(17) 系统安全运行中的不安全因素是否全面分析和控制? 对分中心运行如何监视?

(18) 对计算机系统数据的管理。是否建立接入授权程序并对接入后的操作进行安全控制? 是否核对输入数据,对数据的修改进行批准并建立日志?

(19) 计算机系统运行过程中是否配备计算机安全管理人员且明确其职责? 是否建立技术部门和业务部门的沟通渠道?

(20) 如何明确用户的创建、变更、删除、用户口令等控制要求;是否明确员工计算机信息系统的用户名或权限卡的使用要求?

3. 应急准备和处置

(1) 是否已建立并保持应急预案和程序,已识别可能发生意外或紧急事件?

应急预案是说明特定紧急情况发生时必须采取的措施,应包括以下方面:

Ⅰ. 识别潜在的事故(风险)和紧急情况。

Ⅱ. 确定紧急情况发生时的负责人。

Ⅲ. 确定紧急情况发生时各类人员的行动计划,包括发生紧急情况的区域内所有外来人员的行动计划。

Ⅳ. 确定紧急情况发生时具有特定作用人员的职责、权限和义务,如柜员、保安、保卫人员等。

Ⅴ. 明确与外部应急机构的接口。

Ⅵ. 与执法部门进行交流。

Ⅶ. 重要记录资料和重要设备的保护。

Ⅷ. 紧急情况发生时可利用的必要资料,如报警设备和联络电话号码等。

(2) 在应急计划中是否对外部机构的参与有明确的规定,是否向其说明他们需参与和可能遇到的情况,并提供相关信息以便其参与?

(3) 如何规定意外或紧急事件发生时,应采取应急响应的措施? 措施是否及时、有效?

(4) 是否规定并实施对应急的设施、设备和系统定期检查和维护? 是否保证充足提供?

(5) 在可行情况下,是否对应急预案定期进行演习和测试? 是否按计划进行应急演练?

(6) 是否对制定的应急预案进行评审? 应急准备是否与可能发生的意外或紧急事件的性质(如事故、险情)相适应?

(7) 近年来,是否发生过意外或紧急事件(如挤兑、信息系统崩溃、火灾、地震等)? 如发生过，如何按应急预案及时、有效采取相应措施，并确保业务持续开展？

四、监督评价与纠正

内部控制系统需要监督，监督可确保内部控制能有效运作。它是一个不断评估系统的质量的过程。监督评审是经营管理部门对内部控制的管理监督和审计部门对内部控制的再监督和再评价活动的总称。它通常由管理层自测和由董事会委派内部审计员或外部审计单位审计来完成。审计部门一般在下列方面为机构提供监督服务：评估管理控制的效率和效果；评估资产和风险；针对检查出的问题向管理层提出改进意见。

1. 内部控制绩效监测

(1) 是否建立了内部控制绩效监测程序？

(2) 绩效监测的对象有哪些？

(3) 内控绩效监测的方法有哪些？

(4) 何时进行内控绩效监测(频次)？

(5) 监测结果评价的准则是什么？

(6) 监测结果的信息如何传递和利用？

(7) 对下一级分行的经营、管理是否进行经常性检查？并及时纠正问题？

(8) 如何对全行的经营、内控和风险状况的审计、监督和评价做出安排？审计的频次是怎样决定的？

(9) 如何对全行审计工作执行有关审计政策、审计准则和规章制度情况进行监管和检查？

(10) 是否对审计监督中发现的重大问题和事件的处理结果进行跟踪，以防止问题或事件的再次发生？近年来发现的重大问题和事件是否已采取有效措施？

(11) 如何确保全行的审计部门和审计人员的独立性？

(12) 高级管理人员离职时是否进行离任审计？

(13) 如何对审计效果进行评价？

(14) 如何对高层人员进行监督？是否有监管档案？

2. 事故、险情、违规和纠正与预防措施

(1) 是否已建立和保持了书面程序文件，规定事故、险情、违规发现、报告、处置、原因分析及纠正和预防措施等内容？

(2) 发现事故、险情、违规时，是否及时报告？

(3) 如何处置事故、险情、违规事项？从发现到处置的时效如何？

(4) 针对发现的事故、险情、违规的原因，所采取的措施(纠正或预防措施)是否考虑了问题大小和风险危害程度？

(5) 纠正或预防措施在付诸实施前是否做过风险评估？

(6) 被批准执行的纠正或预防措施是否实施？这些措施的效果是否能防止发生或再发生事故、险情、违规？

(7) 发生事故、险情和重要违规事项时是否追究相关人员责任？

(8) 在内控评价、业务检查和审计中，对发现的问题，如何作责任认定？

(9) 信访、举报、投诉、控告、处分的程序和记录的管理方式如何？

3. 内部控制体系评价

(1) 商业银行是否建立和维持书面的内部控制体系评价程序?

(2) 是否规定了内控体系评价的准则、范围、频次、评价的方法和评价组(或人员)职责和权限?

(3) 实施内控体系评价的评价人员是否充分考虑独立性?

(4) 安排评价活动前是否进行过周密策划,形成评价方案(包括日程安排)?

(5) 评价方案是否考虑了被评价机构风险管理的重要性或风险评估的结果,以及所进行活动的过程和以前评价的结果?

(6) 是否按程序实施过评价? 如果是,则重点调查:受评价机构的负责人对内控体系评价中发现的问题是否积极地参与消除违规原因,并决定所采取的措施,跟踪检查措施的执行及效果验证。

(7) 内控体系评价后,其评价结果报告中,是否就内部控制的有效性做出评价? 通过评价,可否评估内部控制体系水平的等级?

(8) 通过内控评价是否针对发现的问题进一步完善了内控体系?

4. 管理评审

(1) 是否建立和保持了管理评审的程序文件?

(2) 是否实施过管理评审?

(3) 管理评审输入信息是否充分?

(4) 如果进行过管理评审,则评估管理评审的输出是否符合要求?

5. 持续改进

(1) 是否识别改进的机会,从而持续地自我改进内部控制体系?

(2) 持续改进的过程如何实施?

五、信息交流与反馈

信息与交流存在于所有经营管理活动中。企业必须按某种形式在一定时期内取得适当的信息,并及时沟通,以便员工能够更好地履行其职责。企业获得的信息包括营运、财务与法规等。企业凭借这些信息使业务得以进行,并对其加以控制。信息不仅来自企业内部,还来自企业外部的事件、活动和外部环境。这些信息作为企业制定决策的依据。同时,信息必须进行有效的沟通。有效的沟通是指组织内部向上、向下以及横向沟通。所有员工必须从管理层清楚地获得自己应承担的义务的信息,了解自己在企业内部控制中所扮演的角色以及自己的工作如何影响他人的工作,他们必须有向上沟通传递重要信息的渠道,也必须和企业外界如顾客、供应商、政府主管部门和股东等做有效的沟通。

1. 交流与沟通

(1) 是否规定交流与沟通的内容及沟通方式?

(2) 风险的相关方(内、外部)进行信息交流的政策是什么?

(3) 是否有程序文件规定相关信息的识别、搜集、处理、交流和沟通过程?

(4) 信息传输的流程如何?

(5) 董事会和高级管理层能否获得内部控制状况信息?

(6) 是否及时向监管机构报告、披露相关信息(必要时向外界披露)?

(7) 信息沟通记录如何保持?

(8) 信息保密、安全所需的授权如何?

(9) 是否建立信息披露制度?

2. 内控体系的文件化要求

(1) 怎样理解内控体系文件化的?

(2) 内控体系的文件类别、构成及其关系怎样?

(3) 内控体系文件是否充分?

3. 文件控制

(1) 文件是否经批准才能实现?

(2) 需要文件指导的部门或岗位是否能得到或查到?

(3) 文件的适宜性是否定期评审,需要时修订文件?

(4) 文件的版本如何识别和控制?

(5) 废止文件(某页或某份)采取什么措施防止设用以及标识?

(6) 外来文件(如相应法律、法规、外部监管部门的相关规定等)如何控制(识别、分发、使用、废止以及转为内部文件的情况)?

4. 记录控制

(1) 是否已建立和保持了内控体系相关记录的控制程序文件?

(2) 该文件是否包括了记录的标识、生成、保管、保护、检索(查找、调用),保存期限及到期处理的方法等?

(3) 记录是否清晰,是否便于工作人员查找?

(4) 会计、统计、业务档案(必要时,调查记录记载事项的溯源性)是否完整?

第二章

商业银行内部控制评价

第一节　COSO模式关于商业银行内部控制评价标准

根据现代内部控制的五个组成要素，COSO委员会对商业银行内部控制的评价标准也体现在这五个方面。

一、控制环境

评审人员应根据控制环境的每一要素，判定被检查单位是否存在积极的控制环境。

1. 价值观

董事会和高级管理层负责在道德和完整性方面是否高标准地督促员工。重点要检查以下内容。

(1) 是否制定并执行员工行为守则和其他政策；是否规范了业务的操作方法；规定了对违规违法活动的界限，并确立了工作人员的职业道德与精神文明行为的标准；工作人员是否遵纪守法，遵循行为规范和职业道德。

(2) 银行的管理人员是否以高道德水平从事管理活动；是否表里如一，言行一致，保持管理的连续性；领导者是否让其他人也这样做，还是不太注意职业道德问题。

2. 激励机制

(1) 在贷款中有无调动员工的积极性的激励机制；是否给员工过大的压力去争取不现实的目标；在多大程度依靠各种物质刺激去实现工作目标。

(2) 是否经常从思想上和精神上正确指导工作人员。

3. 对工作能力的承诺

(1) 有无确定实际工作任务的正式或非正式的说明；是否制定涵盖各方面的管理办法及其实施细则；是否制定各项业务的操作规程；是否及时调整了这些规则。

(2) 业务和管理人员是否具备足以完成工作所需要的知识和技能；工作人员的年龄、学历、职称和工作经历能否满足所负责的业务的需要；他们是否得到了定期的培训，熟悉岗位的要求，掌握并及时更新了业务知识。

4. 管理哲学和经营作风

在商业银行中建立一种文化，在各级人员中强调和说明内部控制的重要性，使所有人员都理解他们在内控程序中的作用，并在程序中充分发挥他们的作用。一般要检查以下方面的内容。

(1) 业务和管理人员对所从事的业务风险的态度如何？例如，管理者是否经常从事高风险的操作，还是在接受风险时比较谨慎。

(2) 高级管理人员之间以及管理者和经营者之间相互配合如何；磨合之中相互干扰的频繁程度如何；是否研究机构的撤并和改组给经营带来的影响和后果。

(3) 对财务报告采取的行动和态度怎样？包括在财务处理中的争议。例如，是否采取审慎的而非放任的财会政策，是否违反会计原则，重要的财会信息是否遗漏，财会记录是否被调整、错写或伪造等。

5. 组织结构

在确保建立和维护充分和有效的内控系统方面，董事会负有最终的责任。董事会要确保高级管理层不断评审内控系统的有效性。要检查以下方面的内容。

(1) 商业银行的组织结构是否合理，各组织机构能否提供必要的信息流去管理银行的活动；是否根据责任分离的原则设置机构或岗位。

(2) 是否成立了有关管理委员会，这些机构是否照章办事。

6. 有关授权与责任方面的制度规定

高级管理层负责执行由董事会批准的战略和政策，能够明确各级人员的责任、授权和报告关系；确保所委派的责任能有效地执行；确定适当的内控政策；并监督评审内控系统的充分性和有效性。要检查以下方面的内容。

(1) 是否遵循授权有限和相互牵制的原则建立了各级岗位责任制；员工能否各负其职，各尽其能；是否充分确定主要管理人员的责任并使他们理解这些责任。

(2) 是否明确规定信息管理人员对信息系统的责任和应变的授权。

(3) 内部控制程序是否合理；与控制有关的标准是否明确；是否对各级人员有明确的工作说明书。

(4) 是否按所负责任去衡量主要管理人员有无充分的知识和经验。

(5) 银行工作人员的数量是否合理；在数据处理和会计职能方面，要求人员的能力水平与单位的规模、性质、活动以及与制度复杂性相匹配。

7. 人事政策

(1) 在招聘、培训、考核、奖励、处罚、晋升等方面是否有明确的政策和程序规定。

(2) 对偏离现行的政策和程序是否采取了补救措施，这些措施是否可行。

(3) 对候选员工的背景检查是否充分；特别要在单位采取录用行动之前检查候选人是否适合将要做的工作。

(4) 员工留任或提升的标准是否充分；搜集这方面信息的技术水平如何，例如对其工作表现的评价，在执行行为守则或其他行为准则方面情况检查得如何。

8. 董事会或审计委员会

董事会应当负责批准并定期审查经营战略和重大政策；理解银行的经营风险，确定这些风险的可接受水平；在审计部门协助下，保证高级管理层采取必要步骤，识别、衡量、评审和控制风险。重点要检查：

(1) 董事会是否确定了正确的经营政策和战略，并正确了解主要的风险。

(2) 审计部门(包括审计委员会)是否独立于银行的经营管理活动之外;是否不受决策层及经营管理部门的干扰,充分、及时地向上级部门报告银行经营与管理工作中的缺陷问题。

(3) 审计部门是否与财务经理以及外部审计单位的负责人按一定频率定时开会。

在对银行控制环境进行评价时,重点评估下列方面。

(1) 银行的管理层是否有控制意识,并是否向各方充分说明了在内控的完整性方面不允许和稀泥,高级管理层的内控是否积极。

(2) 是否在整个组织中具有控制觉悟或自觉控制的态度。

(3) 银行各个岗位人员的能力是否与他们的责任相匹配。

(4) 管理层的经营风格、授权、责任、组织和贷款业务发展的方式是否适当。

二、风险评估

有效的内控系统需要识别和不断地评估影响银行实现其目标的,或者有可能对银行起负影响的风险。这种评估应包括银行所面对的全部风险,特别是信贷风险。识别和分析那些妨碍实现经营管理目标的风险的活动,是银行风险管理决策的前提和依据。在风险管理的政策和战略制定中,董事会负有最终的责任。

评估人员要集中注意银行所设立的工作目标、分析风险和处理变化诸方面的管理程序,包括管理与业务活动之间的联系以及相关问题。

1. 目标

前面提到的操作性目标、信息性目标和遵从性目标可以分解为银行工作的整体目标和各项活动的分项目标。全局与局部是对立统一的辩证关系。

(1) 整体目标。在整体目标方面,应当检查以下方面。

① 有无与总行的发展目标和战略协调一致的业务规划或方案。

② 各项业务计划和预算与整体目标、战略计划和当前情况有无密切关系。

③ 银行的经营与管理是否符合国家的经济政策、产业政策和金融政策。

④ 为了确保各业务目标被及时有效地传达到基层领导和每一位行员,需检查各级员工对有关目标的理解和熟悉程度。

⑤ 计划、授信、风险管理及财会等部门的计划是否有机结合,体现整合性。

(2) 在局部业务活动中,要区别对于全局有决定意义的和不具有决定意义的局部业务活动。要注意那些有关全局的重要关节,即风险控制点。管理者或监督者要把自己注意的重心放在那些对于他所指挥或检查的全局说来最重要、最有决定意义的问题或环节上。首先应当检查各项业务活动中的具体目标。

① 各项业务及其岗位的目标和计划是否科学、明确,并切实可行。

② 各业务活动目标与银行整体目标和战略计划之间的关系如何。

③ 各业务活动目标之间的相互联系是否密切。

④ 业务活动目标与所有重要的业务程序之间的关系如何。

⑤ 业务活动目标是否针对直接与其有关单位的具体问题。

⑥ 与实现各项业务目标相关的资源是否充分。

⑦ 是否认定了整体目标中至关重要的贷款业务活动目标。

(3) 检查为了实现某一整体目标，各种目标的交叉（或相互支持）、联系和实现情况。

2. 风险

风险是阻碍目标实现的各种问题和因素发生的可能性。

(1) 风险识别。包括识别银行整体水平上的风险和各项业务活动中的风险，包括风险的内部要素和外部要素。应当检查：

① 识别由外部产生的风险的机制是否完善。例如，密切关注国家宏观经济政策、国民经济发展趋势以及本地区的发展战略特点，建立识别和分析国家政策及地区经济变化给银行经营管理带来风险的机制；关注国际和国内市场状况和走势，就业情况的变化；建立完整的制度和程序，以识别和分析利率和汇率的变动给贷款市场拓展和风险控制带来的影响；充分认识地方政府和上级领导的干预所带来的风险。此外，房地产价值和特定产业与市场的发展趋势等，都值得注意。

② 识别由内部产生的风险机制是否完善。例如，部门内风险监控与报告机制要健全，并督察对信用敞口的承担能力。商业银行的信用活动、风险管理技术、对自身产品和客户的了解与经验、资产的相对组合情况、其地理上的集中程度、内部控制的力度等因素，都有影响力，也都应当加以关注。

③ 能否识别每一重要业务活动目标所面临的风险。各级部门领导及员工是否熟知各业务流程中的各风险控制点，这就涉及了"经营风险"和"管理风险"。

④ 能否及时发现由于员工的思想道德及业务素质问题所产生的风险，并重视对员工的法制教育和职业道德教育。特别要防范"欺诈风险"和"内部人风险"。高级管理层中内部人违规甚至违法的情况更值得注意。

(2) 风险分析。估量风险的重要性、概率和频率，以及研究如何管理风险。应该检查以下内容。

① 风险的分析过程是否透彻和恰当？包括估计风险的重要性，估计它们出现的可能性，并决定需要采取的风险管理行动。

② 是否建立定期分析评估贷款资产质量的制度，以便管理层能较准确、及时地把握全行的贷款资产质量状况。

③ 风险管理的计算机系统能否足以保证目标的实现。

(3) 需要不时调整内控，以便恰当地处理任何新的或过去不加控制的风险。对由变化产生的风险管理，包括识别变化所带来的风险机制和预测风险。

① 有无监测贷款风险的预警机制，能预见和识别那些影响贷款整体目标和业务活动目标实现的日常事件和活动，并对这些事件作出反应（通常由负责这些活动的管理者实施，而这些活动又最受变化的影响）。

② 是否存在一种机制，可以识别那些能够对银行整体工作产生剧烈和广泛影响的变化（例如宏观政策的变化和机构或体制的改革等），并对变化作出行动和反应，促使高层管理者注意这些变化。

(4) 在对商业银行的风险评估要素方面进行审查时，重点要注意以下方面。

① 银行是否制定了整体目标和各业务活动目标，两者之间是否衔接好。

② 是否识别和评估影响银行经营与管理目标实现的内部和外部的风险。

③ 是否已经建立对影响实现目标的能力变化的识别机制。

④ 各项政策和工作程序是否已按需要进行调整。

三、控制活动

为合理保证银行经营管理目标的实现，需要指导员工实施管理指令，防范和化解风险，执行各项政策和程序。控制活动应当是银行日常工作不可分割的一部分。有效的内控系统需要建立适当的控制结构，明确定义银行经营管理各级别的控制活动。这些活动应当包括高层审查；对不同部门或处室活动进行适当控制和直接管理；实物控制；确定考核指标并检查遵从情况；对违规经营的跟进检查；批准和授权制度的执行；查证核实与对账制度的执行；职责分离等。

管理人员应当为每一重大活动设定目标，并针对与这些目标相关的风险发布控制指令。必须在这个前提下评价控制活动。控制目标可分为三类：操作类（O）；信息（如财务）报告类（F）；法规遵循类（C）。

1. 在风险管理方面应该检查以下方面

（1）银行经营方面的控制活动是否与风险评估过程联系起来，是否恰当地实施了控制？例如，业务活动调整应当与法规、政策的变动相一致性；各项工作应严格执行操作程序；定期执行轮岗制度；信息系统要有保密安全措施等。

（2）控制活动能否适当保证管理指令的执行。

（3）对控制活动的评价要针对每一重要的业务活动，包括对计算机信息系统的控制。例如，信息系统的总体控制（如贷款数据库控制、系统软件控制、信息摄取的安全性控制和有关应用系统的开发与维护控制等）和信息系统的应用控制，以及对总体控制与应用控制的关系的控制，还有对信息系统开发问题的控制（如新技术的影响、其应用的方法和工具以及开发新技术的控制方法）等。

2. 控制活动可采取各种形式

（1）有效的内控系统需要适当分离职责。人员的安排不能有责任冲突，要在员工中划分职责，以减少错误或不当行动的风险。

（2）要识别和尽力解决有潜在利益冲突的问题，并遵从谨慎和独立的监督评审原则。

（3）高层次地检查工作的实际情况和工作目标的实现程度。例如：检查业务的各项政策法规制度的贯彻程度；对工作检查制度；业务分析制度和目标调整制度的实施情况；部门领导对各业务科室进行定期常规检查的情况；定期执行轮岗制度的执行情况；风险管理部门对资产分类的准确性的审查情况；信息系统保密安全措施的执行情况等。

（4）管理人员进行直接的管理活动，并审查工作报告。

（5）确定各项工作指标，进行相关分析和调查，并及时采取纠正措施。

（6）按照政策制定实施程序，主动认真地研究完不成工作任务的原因和防止措施。

3. 在控制活动要素方面重点要注意以下方面

（1）是否通过控制活动确保所制定的政策的执行。

（2）是否采取了行动防范相关的风险。

（3）银行的每项经营和管理活动是否都有适当的控制活动。

（4）是否有效地分离职责和避免了责任冲突，缩小了潜在的利益冲突。

四、信息与交流

信息与交流存在于所有经营管理活动中，使员工得以搜集和交换为开展经营、从事管理和进行控制等活动所需要的信息，使管理者可以经常评价员工的工作业绩。应特别注意以评价监督方式工作，严格从会计数据中产生预警信号，保持管理信息的连贯性，确保有关经营目标的实现。

1. 信息

一个有效的内控系统需要充分的和全面的内部财务、经营和遵从性方面的数据，以及关于外部市场中与决策相关的事件和条件的信息。这些信息应当可靠、及时、可获，并能以前后一致的形式规范地提供使用。

(1) 获取内、外部信息，并向管理层提供所需要的与设定目标和决策有关的工作报告。

(2) 建立完整的档案管理系统，保证档案的真实性、完整性和可获性。

(3) 执行定期收集、统计和分析业务数据的制度。各项调查报告应及时和完整，并按程序及时向负责人提供足够详细的信息，使他们有效地行使经营管理职责。

(4) 根据信息系统战略计划的发展修改信息制度，并与银行的总体战略相联系，取得银行的整体目标和业务活动目标。

(5) 管理层对开发必要的信息系统的支持是否是通过承诺适当的资源（人力和资金）来实现的。

2. 安全性

有效的内控需要建立可靠的信息系统，并且涵盖银行的全部重要活动。这些系统应包括那些以某种电子形式存储和使用的数据系统，这些系统都必须受到安全保护和独立的监督评审。对于应当保密的一些数据和重要信息，必须检查有无保密制度及其执行情况。

3. 交流

有效的内控系统需要有效的交流渠道，确保所有员工充分理解和坚持各项政策和程序，行使他们的职责，并确保其他的相关信息传达到应被传达到的人员。

(1) 银行内部交流。

① 应检查工作人员在职责和控制责任方面的交流及其效果。例如：有关的业务文件是否能及时地传达到相关的部门和人员；上级人员向下属是否及时传达有关会议精神；是否所有人员在同一控制系统中了解各自的控制位置，并且各负其责，互相配合。

② 档案资料保管得是否完整和安全。应有符合业务需求的工作记录和会议记录；确保统计数据与会计核算数据相一致；认真执行有关信息的保密制度。

③ 有关人员是否根据调查研究和档案资料进行定期分析，按报告制度规定及时全面地向主管或职能部门报告发现的重大问题和解决问题的措施。

④ 是否为员工设立交流渠道，报告在工作中发现的可疑和不轨行为和事件。

⑤ 管理层是否虚心接受有关人员关于提高经营效率、质量或其他类似改进办法的建议。

⑥ 银行内部各部门之间交流的充分性，信息的完整性和时效性，以及它可以使人们有效地履行其职责的可能性。

(2) 银行外部的交流。

① 执行客户经理制，检查为了解客户需求的改变而与客户和其他外部单位交流信息的渠道是否畅通和有效。

② 通过某种形式调查客户及其他外单位对各部门工作人员的道德标准了解的程度。

③ 管理层在接到来自客户、政府、监管人员及其他外部单位交流的信息后应该及时采取适当的后序行动。

(3) 交流的手段和方式应有利于沟通。

在商业银行的信息与交流要素方面，应重点检查以下方面。

① 是否建立了各种信息系统以识别和捕捉各项工作所需要的各种内、外部可靠信息，并及时将信息以一定方式转达给有关人员去履行他们的责任，有关信息的互相交流渠道是否畅通。

② 是否确保了信息系统的安全性和执行了信息的保密制度。

③ 对每人和每个工作单位的要求是否清楚，关于他们的责任和工作结构的报告是否明确。

④ 信息是否上传下达或横向地在各机构之间以及在单位与其他外部机构之间交流。

五、监督评审

为了纠正内控缺陷，应由经营管理部门对内部控制进行日常管理监督，并由审计监察部门对内部控制进行独立的再监督与再评价活动。应当不断地在日常工作中监督评审内控的总体效果。对主要风险的监督评审应当是银行日常活动的一部分，并且各级经营层和审计人员应当定期予以评价。

为了对内控的持续有效性进行评审，应当考虑进行对内控制度的持续性评审活动和分别单独的评审活动，或者将两者相结合。

1. 持续性评审检查

持续性评审应检查以下方面：

(1) 银行各部门在开拓市场的同时，是否建立和不断完善自我检查制度，明确规定检查的频率、时间、范围和标准。

(2) 是否建立定期自我检查制度。发现问题是否及时要求加以纠正；公司业务部门是否能证实所开展的正常业务活动受到了内控制度的有效制约。

(3) 各部门是否高度关注各方面的信息，并向决策层及有关部门报告相关监督信息；风险管理部门是否定期向决策层提供有关方面的信息；银行的客户是否能通过交流证实银行内部的信息的准确性，是否可以指出存在的问题。

(4) 培训班、计划会和其他会议应能向管理层反馈有关控制实施的有效性的信息。

(5) 定期要求工作人员说明他们是否理解和执行银行的行为守则，并定期实施重要的控制活动。

审计部门对银行经营管理的内控进行独立的再监督和再评价。审计部门应该按照要求的频率和范围对银行经营管理部门进行有效的审计检查；被审计单位对外审及内审检查中指出的问题必须高度重视，作出积极的反应，并及时进行整改。

为了对内控系统进行有效和全面的审计，审计要独立进行，审计人员应得到适当的培训，并配备称职和得力的人员。内部审计作为内控系统监督评审的一部分,应当向董事会或审计委员会直接报告工作,并向高级管理层直接报告。董事会或审计委员会应当确保审计活动垂直、独立、科学和有效地进行。

审计系统有权对银行的管理目标和战略进行评审,对银行的财务状况和经营成果以及重要决议和协议的条款进行评审。

2. 分别单独的评审

分别单独的评审应注意以下方面。

(1) 研究并掌握对银行内控制度进行单独评审的范围和频率。

(2) 进行评审间隔时期的合理性。

(3) 评审方法要合乎逻辑和合理。

(4) 检查档案文件的完整性和管理水平。

3. 缺陷的报告

不论是经营层或是其他控制人员发现了内控的缺陷,都应当及时地向适当的管理层报告,并使其得到果断处理。应当把有关资产的内控缺陷报告给高级管理层和董事会。审计报告应如实反映被审计单位对前次审计提出的问题和建议所采取的跟进措施,以及经营管理业务中存在的各种新发现的问题。

在监督评审方面应重点检查以下方面:

(1) 是否建立了适当的程序,以便随时或定期地评价内控的组成部分。

(2) 获取和报告所发现的内控缺陷的机制是否存在,内控的缺陷是否向应被报告者汇报了,审计部门是否向董事会或审计委员会按时充分地报告敏感性信息、调查结果和不轨行为。

(3) 有关内控缺陷的报告,包括审计报告书,是否客观、公正和规范。报告之后的后续行动是否适宜,发现不适宜后审计部门能否督办。

(4) 是否按需要纠正了内控的缺陷,调整了政策和程序。

(5) 是否对贷款的经营管理进行了垂直、独立、科学和有效的审计监督。

第二节　巴塞尔委员会关于商业银行内部控制评价标准

1997 年,巴塞尔委员会颁布了《有效银行监管的核心原则》。其中有两个原则涉及商业银行内部控制原则及评价标准,具体表述如下。

原则 14:银行监管者必须确定银行是否具备与其业务性质及规模相适应的完善的内部控制制度。这应包括对授权和职责分配的明确安排;将银行承诺、付款和资产与负债账务处理方面的职能分离;对上述程序的交叉核对;资产保护;完善、独立的内部或外部审计,以及检查上述控制措施和有关法律规章遵守情况的职能。

原则 15:银行监管者必须确定银行具有完善的政策、做法和程序,其中包括严格的"了解你的顾客"的政策,以促进金融部门形成较高的职业道德与专业标准,并防止银行有意或无意地被罪犯所利用。

《有效银行监管的核心原则》第四节"持续性银行监管的安排"在谈到"审慎法规与要求的

制定与实施"内容时，就银行内部控制提出了具体的原则或要求：内部控制的目的是确保一家银行的业务能根据银行董事会制定的政策以谨慎的方式经营。只有经过适当的授权方可进行交易；资产得到保护而负债受到控制；会计及其他记录能提供全面、准确和及时的信息，而且管理层能够发现、评估、管理和控制业务的风险。

后来，由于各个国家在执行该原则时，由于各国对该原则的理解不同，评价的标准不同，从而造成评价的结果也不同。对此，巴塞尔委员会又公布了《核心原则评价方法》，对每一条原则制定了必要标准和附加标准，供各国参考。原则 14 的必要标准和附加标准如下所示。

1. 必要标准

(1) 公司法或银行法对董事会在公司治理原则方面负有的责任作出规定，以确保风险管理的每一个方面都得到有效控制。

(2) 监管机构确信，银行建立了与其业务性质和规模充分适应的内部控制制度。这些制度由董事会负责，并应包括银行的组织结构、会计程序、平衡与制约，以及对资产和投资的保护。具体来说，这些制度应覆盖以下内容。

① 组织结构。职责说明，包括明确的授权(例如明确的贷款审批权限)、决策程序和关键职能的分离。例如，业务发起、支付、核对、风险管理、会计、审计，以及对各项控制措施和有关法规执行情况的检查。

② 会计程序。对账、控制清单、向管理层提供信息。

③ 平衡与制约(或称"双人原则")。不同职责分离、交叉核对、资产双重控制和双人签字。

④ 对资产和投资的保护：包括实物控制。

(3) 为创造一种控制严密的环境，监管机构要求银行董事会和高级管理层了解其业务的潜在风险，并承担建立控制环境的义务和法律责任。为此，监管机构要对银行董事会和高级管理层的组成进行评估，确定其是否具备与银行业务的规模和性质相适应的技能，以及是否有能力解决银行风险状况变化和外部市场发展带来的问题。为达到上述目的，监管机构在法律上有权改变董事会和高级管理层的人员构成。

(4) 监管机构确信，银行对后台、前台/业务发起方面的各种控制职能进行适当的技能和资源配置。

(5) 监管机构确信，银行具备适当的审计功能，以确保各项政策和程序得到遵守和执行，并检查现行政策、做法和控制制度是否充分、是否与业务相适应。监管机构确信，银行的审计部门需要做到以下方面：

① 不受阻碍地接触银行的所有业务和辅助部门。

② 具有适当的独立性，包括向董事会报告的渠道；在行内有一定地位，以确保高级管理层对其建议做出反馈和反应。

③ 拥有充分的资源和经过适当培训、有相关经验的工作人员，这些工作人员了解自己所审计的业务，有能力作出评估。

④ 使用一套能够识别银行主要风险的方法，并根据识别情况相应分配审计资源。

(6) 监管机构能够获得银行审计部门的报告。

2. 附加标准

(1) 在实行董事会一会制结构(而不是监事会加管理委员会的两会制)的国家里，监管机构要求董事会包括若干名非执行董事。

（2）监管机构要求银行的内部审计部门向"审计委员会"报告。

（3）在实行董事会一会制的国家里，监管机构要求"审计委员会"包括有经验的非执行董事。

巴塞尔委员会对原则15制定的评价标准如下所示。

1. 必要标准

（1）监管机构确信，银行具备完善的政策、做法和程序，以促进高水准职业道德和专业能力的形成，并防止银行有意或无意地被罪犯所利用。这包括防范和发现犯罪活动或舞弊行为，并向有关当局报告可疑情况。

（2）监管机构确信，作为反洗钱措施的组成部分，银行明文规定并执行关于客户及其代理人认证的各项政策。银行明确规定关于客户身份记录和单项交易记录的保存内容和保存时限。

（3）监管机构确信，银行具备正规的程序来识别有潜在嫌疑的交易。这种程序可能包括对大额现金之类存、取款进行额外审批和对非正常交易执行特别程序。

（4）监管机构确信，银行任命一名高级官员，明确负责保证银行的各项政策和程序至少要符合所在地法律、法规对反洗钱的要求。

（5）监管机构确信，银行制定了明确的程序，要求员工向指定负责执行反洗钱规定的高级官员报告可疑交易，这些程序在行内要做到尽人皆知。

（6）监管机构确信，银行为职员向管理层和内部保卫部门报告问题建立了报告渠道。

（7）除向有关司法部门报告外，为了银行的安全、稳健和声誉，银行还向监管机构报告可疑情况和舞弊事件的材料。

（8）法律、法规和/或银行的各项政策确保不对据实向指定官员、内部保卫部门或直接向有关当局报告可疑交易的职员追究责任。

（9）监管机构定期检查银行的反洗钱控制以及防范、识别和报告舞弊行为的制度是否健全。监管机构有权对不履行反洗钱义务的银行采取（法律和/或刑事方面的）必要行动。

（10）监管机构能够直接或间接与本国和外国金融部门监管当局就可疑或事实上的犯罪活动交流信息。

（11）监管机构确信，银行对职业道德和专业行为准则有正式的政策声明，并清楚地传达到所有职员。

2. 附加标准

（1）法律和/或法规包含国际良好做法，例如，符合1990年发布（1996年修订）的金融行动小组40条建议。

（2）监管机构确信，银行职员在发现和防范洗钱活动方面接受了良好训练。

（3）监管机构在法律上有义务向有关司法部门通报可疑交易。

（4）监管机构能够直接或间接地与有关司法当局就涉嫌或事实上的犯罪活动互通信息。

强调内部控制是国际金融界的一个潮流，而对我国金融业实际来说，则更是一个迫切和严峻的现实问题。

第三节　国际商业银行内部控制评价方法

对商业银行内部控制的评价，按国际上通行的做法，可归纳为两类：一是静态评估和动态评估；二是定性评价和定量评价，以定量评价为主。只有把静态评估和动态评估、定性评价和定量评价相互结合起来评估才是完善的。

一、静态评估和动态评估

这两种评价方法，分别有一种相对应的检查评价办法，即内控健全程度测试法和内控效果评估法。

1. 商业银行内部控制健全程度测试法

内控健全程度测试法主要通过内控问卷、内控调查、询问、核对、测试等非定性手段，来达到检查评价目的。按照内部控制内含的评价内容，检查评价需集中于以下几个方面。

(1) 内部控制制度的客观存在性。即商业银行是否建立了各项内部控制制度，内部控制制度的规定和内部控制执行程序是否健全、完善。有关这些制度的分类管理、书面化形式、传达的情况等都在检查的视野之内。

(2) 内部控制机制的系统性。银行业务工作流程是相互交叉衔接的，因此必须在深入研究自身的具体情况和薄弱环节的基础上制定内控规章制度和内控程序，不能生搬硬套，既避免出现重复控制，又不能出现控制盲点。商业银行要建立一套较系统的管理制度和业务操作规范，特别是对新型金融业务，管理监控制度要先入为主，不能滞后。同时，对于一些不合时宜或与业务发展变化不相称的内控规章制度，要通过内部审计监督予以认定，及时向管理层反馈，做出调整、修改或废止。审计评价人员尤其要注意以下方面。

第一，内控规章及程序是否与业务发展同步。主要评价一个机构的内控规章是否滞后于业务发展，是否仍继续援用过去的一些老套规定，如各种不合时宜的硬性指标考核方法。

第二，风险控制系统是否健全。主要看目前各商业银行以整体风险控制为目标的资产负债比例管理是否仍处于软约束阶段；以局部风险控制为内涵的授权分责管理执行是否严格；以具体风险评估及控制为核心的信贷风险管理监控、交易风险管理监控的手段、管理制度和评估方法是否完善，是否与业务发展同步；有无一套切实可行的风险预警系统和应急应变措施等。

第三，是否存在控制盲点。如随着金融电子化程度的提高，计算机系统工程等高新技术给金融业带来了许多变革，同时也带来了很大的风险。有的商业银行在账务处理过程中使用计算机弄虚作假掩盖违规问题，一些不法分子利用计算机管理的漏洞进行金融犯罪，计算机金融数据库的不完整或失真的系统风险等问题，迫切需要从内部加强系统管理和风险监控。检查人员要对金融机构是否存在这方面的控制盲点进行审定。

(3) 内控机制的有效性。内部控制不能一般地理解成各种规章制度的制订、装订、汇总，不要认为做了建章立制方面的工作，就等于建立了内控机制，这是非常片面的。有一套完整的内部控制制度和规定的内部控制程序非常必要，但它并不足以使内部控制有效。健全的内部控制机制应该确保各项内控制度和程序符合实际，具有可操作性，同时要确保内控制度和程序由称职的人去执行，并且还要对内控制度或程序的实施、遵从情况进行监督，对内控的有效性进行评估，针对监督检查出的问题向管理层提出改进意见。多数出问题的商业银行都有详细的规章制度，只不过是没有落到实处。因此，检查人员必须注意，仅仅有一套制度是不够的，关键要看执行，看落实。

(4) 内部监督独立性。这实际上是看内部审计部门的工作是否具有权威性。关键看内部审计部门是向业务主管负责，还是向高层管理机构如董事会或上一级部门负责，看内部审计部门是否有权独立行使检查权、监督权和报告权。

2. 商业银行内部控制效果评估法

该评估法实际上很大程度地依赖定量分析。也就是说，要把对商业银行内部控制的审计评价与对整个机构的全面审计结果结合起来考虑。实际上，内控的落脚点是要确保机构达到自身稳健发展的目标，我们对内控的检查评价，不能脱离了商业银行的营运状况而孤立地就内控制度本身下检查结论，必须要看内部控制的实际效果。在给一个金融机构的内控状况做结论时，检查人员至少要考虑以下因素。

(1) 业务运营状况。检查人员不仅要检查每一种业务的稳健程度，还要了解每一种业务的运营效果，并进行总体评价。当然，效益指标、损益考核是主要的参考因素，但还要兼顾其他制约因素，如同类金融机构的比较等。量化指标主要可从对被检查机构的资本金充足性、盈利性、流动性中得出。

(2) 机构所承受或面临的风险度。主要看信贷资产质量的评价结果、流动性分析、机构面临的交易风险，以及机构所承受的其他风险的量化情况。监管应该有一套指标，来衡量商业银行风险的临界值或承受度。一般而言，内控越健全，风险控制就越有效。

(3) 应变性、合规性、法律诉讼情况。对管理水平的监管评级、遵守金融法规的情况、机构涉及法律诉讼事件等情况也是重要的参考因素。对这部分并不要求一定量化，但监管当局的评级比较、违反法规的次数、频率、所受处罚的金额、涉案数也是可具体量化的，目的在于与同类金融机构进行比较时参考。

(4) 内部审计与外部审计的情况。商业银行内部审计或外部审计的频率、范围、深度、审计结论、审计促改情况等，都是评级机构内控应考虑的重要因素。不仅如此，检查人员还要比较商业银行监管报告与内部审计报告、外部审计报告在一些可量化领域的数据出入情况，以此来评定该机构内控的严谨性。

有效性判断一定要借量化分析才能全面或准确，所以说，静态法和动态法是互为依存、互为补充的关系，因为，在对内部控制的有效性进行评价时，同时使用了动态分析和静态分析法。

二、定性评价和定量评价

按国际上通行的标准，商业银行内部控制制度评价还包括定性评价和定量评价方法，以定性评价为主体，两种评价分别运用不同的方法，两者的结合构成对内部控制制度审计的整体评价。定性评价一般分为三个步骤，即健全性评价、符合性评价和功能性评价，每一个步骤都有不同的评价方法。

1. 健全性评价

健全性评价是测试商业银行内部控制制度的客观存在性和全面系统性，即测试商业银行既定的制度规定对风险的控制是否健全以及各项业务过程的控制环节是否完整。测试分两个阶段：第一阶段的任务是了解并描述内部控制制度，这是进行评价前的准备工作。第二阶段是进行具体的评价，通过对各项业务控制点进行检查，与制度中应有的控制点进行对照比较，来衡量和判断制度的健全性。主要方法有以下三种。

(1) 理想模式评价法。这种方法是审计人员运用职业判断能力评价被审计单位内部控制制度的健全程度。首先，审计人员根据有关的方针、政策、法规、财经纪律、商业银行的规章制度、操作规程、内部控制的原理及审计人员的实践经验，设计出一种能够产生真实结果的、规范化的理想控制模式。然后，将被审计单位的内部控制制度与审计人员认为的理想控制模式进行比较，从而对被审计单位内部控制制度的健全性进行评价。

(2) 概率模式评价法。评价内部控制制度的健全性，不仅取决于制度设计上的合理性与严密性，还要受检查评价制度的审计人员的业务水平及审计程序是否科学的影响。在评价中将上述两项因素的影响概率考虑进去，利用概率论中的方法来计算并评价内部控制制度设计的合理性，这一方法通常称为概率模式评价法。

(3) 行为科学评价法。内部控制制度是由人设计出来，所以内部控制制度的性质和形式会受到这些制度设计者行为观点的影响。因此，评价内部控制制度的可靠性，应首先考虑这些制度设计者的可靠性，只有对设计者的各种动机和目的了解清楚以后，才可能对他设计的内部控制制度的可靠性作出恰当的评估。这种方法是利用内部控制制度和行为科学之间的关系进行评价的，故被称为行为科学评价法。

比较上述三种方法，理想模式评价法使用起来最为方便，这种方法的评估结论准确与否与审计人员的工作经验和个人素质有很大的关系。如果审计人员实际工作经验不足，对内部控制制度的有关知识掌握不是很全面，便不能对被审计单位的内部控制制度作出准确的评价。从表面上看，概率模式评价法使用的是纯数学的计算方法，可信度比较大，但这种方法也要受检查评价制度的审计人员业务水平，以及审计程序设计是否科学的影响，实际上还是与审计人员的业务知识和业务技能有关，而且这一方法需要用到比较复杂的概率统计方法，因而在实践中的推广运用还有待时日。至于行为科学评价法目前尚处于探索之中，离实际运用还有一段距离。因此，在实际工作中，审计人员大多数是用理想模式评价法对审计单位内部控制制度的健全性进行评价。

2. 符合性评价

对内部控制制度进行的健全性评价，解决了控制过程中必须具有的控制点是否齐全的问题，然后测试制度所规定的控制点在实际活动中是否已经执行，或是执行中是否适用，即测试是否存在下列情况：控制点虽有规定，却有章不循；规定的控制点不切合实际，不能执行，这就是对内部控制制度进行“符合性评价”。由于内部控制制度的符合性评价是在健全性评价之后进行的，所以对于那些不健全的内部控制制度，即评价认为被审计单位的内部控制制度有重大缺陷或完全没有内部控制制度，或虽有内部控制制度但许多规定不切合实际，在实际工作中无法执行的，不可以进行符合性评价。对那些健全的或是存在薄弱环节的控制制度，则需要针对其已有的控制点抽取样本或逐个加以测试，对于这种测试所取得的证据、发现的问题、主要的情况以及对其是否认真贯彻内部控制制度的评价结论，通常以文字报告来表述，具体的方法有：

(1) 流程调查。即按照内部控制的主要流程，对其各个控制点的实际执行情况进行全面检查，这种方法又称为“穿行测试”。通过内部控制制度的流程检查，可以验证各项业务是否按规定的程序处理，业务处理程序中规定的各项措施是否真正发挥了控制功能。通过全面地评价各个控制点的执行情况、发挥的作用、存在的问题及整个控制制度体系的有效性，在此基础上审计人员给出评价结论。

(2) 重点检查。即针对内部控制中的某些控制点，采取重复验证、证据检查、实地观察等方法，来判断控制点贯彻执行与发挥作用的程度。控制点的情况不同，采取的方法也不相同。通过对各个主要的或审计人员关心的控制点分别采用不同的方法进行测试，可以对整个控制制度体系的符合性进行评价，需要注意的是，由于采用这种方法时仅检查部分控制点，因此在进行评价时要考虑样本的代表性问题。

3. 功能性评价

审计部门通过对内部控制制度体系进行符合性评价，证实其控制点是否存在及其贯彻执行的程度，查清各个控制点在业务活动的运行中是否发挥作用。一般来说，内部控制制度的定性评价工作至此已基本完成。但为更深入地查明某些关键控制点发挥作用的程度，对系统的有效性进行更深入的了解，从而为审计重点取得更为确切的依据，审计人员还要对一些关键控制点进行功能性评价。在西方审计界，功能性评价是作为符合性评价的一个组成部分来进行的。功能性评价的方法通常有两种：否定验证法和重点检查法。

(1) 否定验证法。即根据被审计单位关键控制点在实际执行中体现出来的效果来判断内部控制制度的执行情况。如果执行良好，在一定期间内未发生事故或重大问题，说明被审计单位该业务环节的控制功能强，否则就是失控或者控制功能弱。

(2) 重点检查法。即有重点地对关键控制点的执行效果采用实地观察、重复验证或者证据检查等方法加以测试。例如，对现金“审计”这个关键控制点，就可实地检查其实施审计后的日记账是否经过核对，签章并保证库存数量正确，以评价其控制功能发挥状况。进行定量评价的理由在于，对被审计单位内部控制制度的审计评价，不能脱离其营运情况而孤立地就内部控制制度本身下结论，还必须看内部控制制度执行的实际效果。我们不能想象资产质量好、经营业绩佳、管理水平高的银行未建立健全有效的内控制度，也不能想象内部控制薄弱或失控的银行同资产质量好、经营业绩佳及管理水平高联系起来。因此，在进行定性评价的同时，还要引入定量评价，即把被审计单位的业务经营和风险状况，包括资本充足率、流动性、盈利性、效率性、资产质量等内容作为评价指标，纳入评价体系之中，主要通过对各项指标分别打分，用实际数据来提供评价结论。

经过定性和定量双重评价，就可以对被审计单位的内部控制制度进行综合评价，可以考虑借鉴国外复合评级的做法，分三步进行：首先，细化定性评价标准，将之划分为若干个档次，给出被审计单位的定性评价等级；其次，设计定量评价标准，给出被审计单位的定量评价等级；最后，综合上述两方面的评价结果，采用适当的方法，得出被审计单位的复合评价等级。

第四节 商业银行内部控制评价程序

对商业银行内控状况的评价应该被纳入到商业银行的监管或常规审计中来，因此，有必要将对内控审计评价的程序纳入正常的审计检查程序。除了了解商业银行内部控制系统外，还要对其进行测试和评价。

一、通过各种途径了解商业银行的内部控制情况，并做出相应的记录

审计人员应了解被审计单位各职能部门是否有明确的管理职能、分工职责，查看相关内部控制文件及各类业务的会议纪要文件，检查内控形成的记录，询问高层管理人员，观察被审计单位的业务活动和内部控制的运行情况，了解管理人员及执行人员对内控的态度和认识等。对商业银行内部控制的调查研究可以采取下列步骤。

1. 初步评价

在正式书面描述内部控制之前，审计人员应先审阅上一年度审计报告及相关工作底稿、银行各种程序和指南，向管理人员询问，现场观察银行有关职员的工作，以便对银行的控制环境、风险评估、控制程序、财务会计信息及传递方法，以及反馈监督有一个总体概念。经过初步评价，审计人员将得出内部控制是否可靠的初步结论。

2. 描述内部控制

审计人员须对内部控制的研究结果加以详细描述，编成工作底稿归入审计档案，作为随后符合性测试的基础，同时供日后参考之用。即使审计人员认为内部控制风险太大而决定不予以采用，也必须对初步调查结果及导致该决定的基本资料加以整理存档。对于在审计调查过程阶段积累的材料，应采用“记述法”、“调查表法”和“流程图法”将其记录下来。

(1) 文字叙述法，又称“书面说明法”。就是运用文字说明的形式将所了解到的被审计单位内部控制状况进行逐项记录的一种方法。通常按照不同作业环节和主要业务，分别说明各环节与业务的特征、经办人员、有关的控制措施与方法、各种业务文件、凭证表格、会计记录和编制要求与存放地点等。同时还须说明或评估这些内部控制的效能或可能存在的问题。其优点是方法简便，易于操作，对内部控制的描述连贯、系统等。但也有缺点，如记录耗时多，记述内容冗长时，难以很快将被审计单位内部控制中的弱点反映出来，另外，记录文字水平的高低会影响到记录情况的真实性等。尤其对经营环节较多、规模较大的银行来说，文字叙述往往显得过于繁琐或不易理解。

(2) 调查表法，亦称“问卷法”。是以“问题调查表”的形式来了解被审计单位内部控制状况的一种方法。内部控制调查表是一种预先设计的标准化询问调查表格，据以了解银行的内部控制制度及其强弱情况。在调查表中一般设置“是”、“否”、“不适合”和“备注”等专栏。“是”栏表示肯定，“否”栏表示否定，即指明存在有关控制或可能的控制缺陷。它通常还进一步分为：“轻微”和“严重”两个细栏，以表示否定的程度。有时调查表中还设置备注栏，以说明有关问题答案的资料来源或补充解释等。

运用这种方式的关键是要拟定好调查题目。调查题目的拟定可以从以下三项内容中选择其中的一项来确定。一是根据内部控制的内容和本次现场审计的重点来确定；二是根据被审计单位各类业务的控制点及关键控制点来拟定；三是可以从内部控制要达到的要求去设计。“调查表法”的优点是，调查迅速全面，有利于直观地反映内部控制的弱点，表上“否”栏可集中

反映内部控制制度的弱点，足以引起审计师的注意和重点审查。但调查表的缺点是，分别按各经营环节或业务活动调查内部控制，缺乏整体评价。而且，仅有“是”与“否”答案尚不能反映有关问题的原因与后果。此外，表格设计固定与标准化，缺乏灵活性。

(3) 流程图法。即用系统流程图的形式来描述内部控制的一种方法，是采用象征符号来表示内控系统的一种直观图式。对内部控制的描述，经常采用系统流程图法，即用图解形式描述各作业环节的业务处理程序，各种文件与凭证的种类及其编制、处理、传递和保存。良好的系统流程图还能够显示各项业务的职责分工、授权、批准和复核验证等控制措施与功能。这一方法的主要优点是，通过一些符号和线条的图解，直观地反映各经营环节的内部控制，一目了然，清晰完整，既可以避免文字叙述的模糊或遗漏，还便于根据业务或内部控制的变化及时加以更新。但是流程图法也有不足之处：其一，编制时需要技术熟练和花费较多时间。编制人必须对业务程序有深透了解，否则编制不当，反而难于理解或引起误解。其二，流程图法仅仅反映静态的内部控制，不能像文字叙述法那样直接揭示有关内部控制功能的实际执行情况及其薄弱环节。

上述三种描述方法各有优点和缺点，也各有相应的适用性。通常要根据特定银行及其经营业务与内部控制的繁简程度加以选择应用，前提是要能够清晰完整地反映实际情况。有时几种方法同时并用则效果更佳。

3. 内部控制流程验证

不论采用何种方法，在描述内部控制之后，还要进行流程验证。即从各种业务或文件凭证中选取少许样本，从其处理起点巡视至终点。这不仅有助于理解整个业务系统的实际流程，而且可以检查对现行内部控制制度的理解及描述是否正确完整。

4. 评估控制风险

在完成描述内部控制步骤以后，审计人员根据掌握的情况，加上以往的经验进行控制风险的评估。审计风险含义有二：一是审计人员认为是公允的财务报表，但实际上是错误的；二是审计人员认为是错误的财务报表，但实际上是公允的。审计风险有三种：固有风险、控制风险和察觉风险。固有风险是指银行业务处理本身具有发生重要错误或弊端的可能，它反映了银行业务对错误或弊端的敏感程度。控制风险是指内部控制未能防止银行业务发生错误或弊端的可能，控制风险大，就意味着银行财产受损的可能性大。察觉风险是当内部控制未能发现和纠正银行业务的错误和弊端条件下，审计人员也没能发现该业务发生错误或弊端证据的可能性。

上述三种风险相互作用，综合效应构成总体审计风险，其数学模式表达为：$AR=IR\times CR\times DR$。

$AR=IR\times CR\times DR$ 式中，AR 代表审计风险，IR 为固有风险，CR 为控制风险，DR 为察觉风险。由于一般银行均存在涉及实物财产和不确定性业务，因此固有风险（IR）总会存在并且保持在一定水平上，所以在实务中，常将其视为常量。

根据上述审计风险模式，审计人员在确定预期审计风险值后，可先测试被审银行的固有风险和控制风险，然后决定察觉风险，即 $DR=AR\div(IR\times CR)$。因此审计人员在确定审计程序和范围时，如内部控制测试结果满意（即控制风险减少），那么只要进行有限的审计程序和范围（即扩大察觉风险），同样可满足既定审计风险的要求。反之，则要扩大审计程序和范围。这种在既定审计风险下，固有风险、控制风险对察觉风险影响及审计程序和范围确定的关系如表 2-1所示。

表 2-1　风险因素变化对审计程序和范围的影响

固有风险、控制风险	察觉风险	审计程序和范围
低	高	减少
高	低	扩大

二、实施符合性测试程序，证实其有关内部控制的设计和执行效果

符合性测试在审计中极为重要。虽然银行可能有着合理完善的内部控制，如果未能加以很好地贯彻实施，或者有关职员疏忽或有意不执行，都不能实现预期的控制目的。其次，审计师必须明确了解银行内部控制中哪些方面较为健全，哪些方面存在缺陷，以便确定其后的检查重点和方法步骤。此外，通过对内部控制的符合性测试，还可以针对有关薄弱环节向银行管理当局提出相关的改进建议。

符合性测试旨在检查现行内部控制制度是否有效地执行或能否取得预订效果。由于银行业务活动浩繁复杂，不可能全面检查，审计人员应根据不同银行经营活动特点及不同业务环节，采用抽查方法进行测试。也就是说，在大量的经济业务或有关记录凭证中选择一定数量的样本，加以认真研究、复核，据以判断内部控制制度的有效性。通常，测试重点要根据业务性质的情形和控制目的的重要性而定。此外，符合性测试大都安排在会计年度终止前进行，或称为中期审计。这不仅可提前开始审计工作，加快期终审计进度，而且可以及早发现内部控制制度的薄弱环节，建议管理当局及时采取纠正措施，保证会计记录的可信性和可靠性。在实务中，符合性测试一般在第三季度末即可开始，但是在年终还要进行继续测试，以确保测试结论的全面性。

符合性测试可以采用询问检视有关文件与凭证，观察控制程序及重复执行等方法。在形式上包括以下两种类型。

第一，功能测试。功能测试侧重于各项控制措施而不是交易或业务的处理过程。一般地说，各项控制措施均有一定的目的，审计人员必须审查它们是否充分发挥作用及实现预期的目的。这些控制功能是内部控制（特别是会计处理系统）正常运转的基本条件，必须重点核查。在实务中，功能测试就是要检查有关内部控制措施及会计处理系统能否实现下列控制目的及其效果：①合法性；②有效性；③完整性；④估算与计价；⑤分类；⑥截止期；⑦过账与汇总。

第二，业务测试。业务测试是对银行重要经济业务所作的检查，以判断各业务处理过程是否执行有关控制环境规定和既定的控制措施程序。在测试中，审计人员应按财务会计管理、资金与计算机管理、信贷管理、储蓄信用卡管理、外汇管理及其他业务种类，分别检查其制度执行情况。

另外，对于重要的内部控制，通常还可选择若干具有代表性的交易和事项进行“穿行测试”。如对贷款业务进行测试，一笔贷款业务的基本流程是：贷款审查→贷款发放→贷款监督→贷款收回。选取样本时，应注意以下贷款：一逾二呆贷款、商业银行对关系人的贷款、最近12个月内银行新增贷款、大客户贷款。具体选取时可向被审计单位索取有问题贷款清单、最近12个月发放的贷款清单、按大小金额排序列明贷款关系的贷款清单。

如对于储蓄存款业务，内部控制的测试重点为：岗位设置是否恰当；重要空白凭证、有价单证及印章是否执行专人保管；定期不定期盘点、查库；现金管理；各级别的密码和授权制度；数

据的备份管理;账户冻结、存单票据挂失管理;大额存取款项是否授权控制;账务处理的准确性;事后监督管理;日常检查工作等。

三、根据测试结果,进行审计评价

在测试了内部控制的有效性之后,对其做出评价,即评价控制风险,确定在内部控制薄弱的领域展开审计程序。评价控制风险包括下列步骤与内容。

1. 确定内部控制风险程度

审计人员判断银行内部控制的风险是否超出或低于预定的可接受水平,从而决定能否依赖其内部控制体系。审计人员根据内部控制风险程度,可决定下列依赖度。

(1) 可信赖程度高。银行具有健全的内部控制,并能有效地发挥作用,银行业务或会计记录发生差错可能性很小。控制风险低于审计师预计的程度,因而可较多地依赖利用银行的内部控制制度。

(2) 可信赖程度一般。内部控制较好,但存在一定的差错或缺点,可能影响会计记录的真实可信性。审计人员必须扩大符合性测试的范围或抽查样本数量,或者增加对财务报表项目的实质性测试。

(3) 可信赖程度低。内部控制明显低效,差错或失控现象频繁,控制风险很大从而不可依赖和利用。在这种情况下,审计师必须充分扩展对财务报表项目的实质性测试范围、数量,获取充分与可靠的审计证据,作出适当审计结论。

2. 分析内部控制薄弱环节及其影响

对符合性测试发现的问题加以综合分析,确定主要缺点与薄弱环节以及它们对财务报表可能造成的不利影响和后果,据以决定实质性测试中必须重点核查的项目和内容。此外,对内部控制的符合性测试情况和控制风险分析结果必须编制工作底稿,纳入审计档案,以备复核查阅。

3. 修订审计计划和审计程序

根据对内部控制的研究、测试和评价结果,对比在规划阶段预计的控制风险,对审计程序加以调整、补充和修订。对内部控制薄弱方面必须增加审计检查,控制较强的方面可适当减少审计检查。只有经过对内部控制进行研究和对结果进行评价,审计人员才能拟定适当的审计计划和审计程序。

在研究测试内部控制制度及分析控制风险的过程中,审计师可能发现一些控制薄弱环节或缺陷,值得提请银行管理当局注意和采取必要措施予以纠正和改进。根据西方审计准则,审计师虽然不对内部控制的有效性负责,但是对在检查过程中发现的重大内部控制缺陷,诸如对正确记录、处理汇总和报告将产生重大不利影响的薄弱环节和弊端,属于“可报告事项”,必须及时传导给管理当局,或依金融监管条例的要求,将有关的事项报告银行监管部门。

四、内控问卷调查

1. 内控问卷的设计

指定检查银行业务活动或内部控制充分性的检查人员应尽量利用必要的信息资料,对银行内控系统有全面的了解。内控问卷是一种有效地获取信息的手段,问卷设计要考虑以下一些因素。

(1) 组织机构设置情况及操作程序手册、业务规章、岗位规范，管理控制流程等制度建立的健全性情况。

(2) 银行及其职员是否存在偏离既定的政策、规章和程序的行为。

(3) 内控制度是否能及时发现控制程序的缺陷并采取措施纠正，能否对可能存在的于银行不利的环境变动进行预警。

(4) 会计控制程序是否严格地被遵循。

(5) 对每一业务环节的内部控制作出评价。

2. 内控问卷的完成程序

内部控制问卷实际上并不需要每次现场检查都要全部反复填写，关键在于第一次的调查，它可对银行的业务系统及控制程序有一个基本的轮廓。第一次内控问卷调查实际上是一项基础性工作，以后的问卷调查就可有针对性地进行，避免重复。如银行的组织结构图、业务流程等如果没有变化，就不用再在问卷里占一定的篇幅。另一个需要注意的问题是，内控问卷一般要避免直接同银行管理人员以一问一答的形式进行。通常完成银行内部控制问卷的步骤是：熟悉问卷；检查有关的内部审计程序、报告和结论；检查所有银行控制系统的书面材料；通过与业务部门的有关当事人谈话，弄明白其所在部门的业务性质和个人职责；尽可能地回答由前述步骤而来的问题，然后通过直接询问来完成剩下的问卷提问。

检查人员在采用询问法完成剩下的问卷内容时，应灵活地把握问卷内容，将询问的问题集中到下述三方面：

(1) 银行职员所处的职位很关键吗？在该职位上，他或她会出现严重过失或严重的违规事件吗？这种过错会不会影响业务记录？

(2) 假如出现了过失或违规行为，一般的规章制度及时发现这些问题的可能性是多大？也就是说，有哪些控制措施来阻止或发现重大差错的发生或违规事件的出现？

(3) 是否存在管理控制的漏洞而给有关人员提供了隐瞒任何不正当行为的特殊机会，是否存在任何减少和消除这些机会的管理控制手段。

在检查内部控制时，检查的重点是要提防可能存在的对银行不利的环境因素。这种提防态度应贯穿检查始终，并且要侧重于各种可能的利益冲突。例如，在对银行的所有职员管理控制方面，由于并不是所有人都对会计和财务记录的真实准确性具有影响力，也不是所有的人都能接近资产，检查人员应主要留心那些有条件和能力影响会计凭证记录，以及有条件接近资产的人与岗位。一旦这种情形得到确认，检查人员必须利用其银行业务的专业知识，考虑处于这种特定环境之中个人的各种可能行为，还要考虑那些有可能发生非故意性错误的情形。

对银行每一项内部控制的综合评价，要建立在对相应内控问卷问题的回答、对银行及其内控系统的检查和观察，以及与有关当事人谈话的基础上。值得明确的是，综合评价需要某种程度上的主观判断。检查人员利用所有检查得到的信息对银行内控系统作出总体评价时，高水平的职业判断能力是必要的。

3. 内部审计评价

银行内部审计部门负责评价银行账务、经营和行政管理等的健全与充足性。在适当的时候，它也有责任协助修改银行现存的政策和程序，参与制定新的政策和程序。此外，内审的责任还包括确定银行经营是否符合相应的法规条例，评价行政管理控制及程序是否有效，评价经营是否有效率等。

检查人员在检查和评价内部审计职能时应考虑另外一些因素，如内部审计师的独立性、称职能力及审计项目的详情，还应检查上次检查所作的内部审计报告，以及银行管理层对该报告的反应。

4. 外部审计评价

通过评价外部审计程序，一方面了解第三方对银行内控状况的评价，同时可找出其审计检查程序方面的缺陷，另一方面为审计检查人员下一步的内控评价找到侧重点。

第五节　商业银行内部控制评级

对商业银行内部控制状况的评价，其结论的得出有赖于对商业银行的全面检查，不是只对内部控制制度的检查。关于对商业银行内部控制的审计评价标准，是一个新的课题，也是一项基础工作，需要一段时间去摸索、完善和发展。但不管该标准如何具体或完善，至少该标准应该包括内控制度的客观存在性、系统性、有效性及内部监督独立性等四方面的内容，即有没有内部控制制度、制度是否完善全面、是否行之有效、内部监督是否得力。

商业银行的内部控制涉及业务营运与管理的方方面面，每一项具体的业务都有详细的内控制度、程序和业务流程、操作规范。但审计评价不可能面面俱到，总的原则是检查要细致，结论要概括，要按内控要素的几个方面给予评价。可以考虑分五级，即健全、满意、一般、较差和差五个档次。

借鉴国外复合评级的办法，对商业银行内控状况的综合评定可以分两步走：首先针对静态评估法的几个方面，细化静态评估标准，以一种矩阵形式分五个档次，得出静态评级；紧接着设计一套动态的量化标准，侧重于内控的有效性评估，也以一种矩阵形式分五个档次，得出动态评级或内控有效性评级；最后的工作就是检查组把上述两方面综合起来进行考评，得出对该机构内部控制状况的复合评级。

评级 1(健全)：管理有效，对机构所承受的各类型风险有很好的控制，内部控制和审计程序整体上是有效的，并且相对于银行规模和业务发展来讲是适宜的。所有的业务都在管理控制之下，内控机制能有效地发现、管理、控制风险。

评级 2(满意)：内部控制可能会出现微小的缺陷，但在正常的业务过程中能得到纠正。检查人员可能提出了改进的意见，并能得到管理层的采纳。这种缺陷对银行的安全稳健经营不会有重大影响。

评级 3(一般)：中等评级。内部控制系统可能在某些重要的方面存在缺陷，尤其是在不遵从书面的政策程序、业务程序没有受到连续的控制等方面。如果管理层不采取纠正措施，因内控缺陷而引致的风险可能会对银行的稳健带来严重影响，

评级 4(较差)：内部控制系统存在严重缺陷，不能有效防范和控制重大风险。如果不及时纠正，可能会导致管理失控、管理信息系统失真或业务损失，可能会对机构的安全稳健产生严重影响。

评级 5(差)：内部控制极不健全，存在严重的管理控制漏洞，会危及机构的安全与稳健。

第二篇　商业银行主要业务内部控制与评价

第三章　授信业务

第一节　授信业务内部控制

一、统一授信

统一授信指银行对单一法人客户、关联企业客户和集团型客户确定授信额度，并对风险加以集中统一控制的管理制度。

（一）统一授信内控目标

通过设立独立的授信风险管理部门（或信贷管理部），对不同币种、不同客户对象、不同种类的授信业务进行集中管理，避免因分散管理可能导致的信用失控。

（二）统一授信的基本原则和要求

统一授信管理应当遵循防范风险、总量控制、及时调整、改善服务和严格内控的原则。实施统一授信制度，要做到四个方面的统一。

第一，授信主体的统一。应统一由银行信贷管理部审核批准对客户的授信，不能由不同部门分别对同一或不同客户、不同部门分别对同一或不同信贷品种进行授信。

第二，授信形式的统一。对同一客户不同形式的融资都应控制在客户的最高授信限额以内。做到表内业务授信与表外业务授信统一，对表内的贷款业务、打包放款、进出口押汇、贴现等业务和表外的信用证、保函、承兑等融资业务进行一揽子授信。

第三，不同币种授信的统一。要做到本外币授信的统一，将本币业务的授信和外币业务的授信纳入统一的最高授信额度之内。

第四，授信对象的统一。授信对象是法人客户，不允许在一个营业机构或系统内对不具备法人资格的分支公司（授权除外）实施统一授信。

（三）商业银行统一授信业务流程

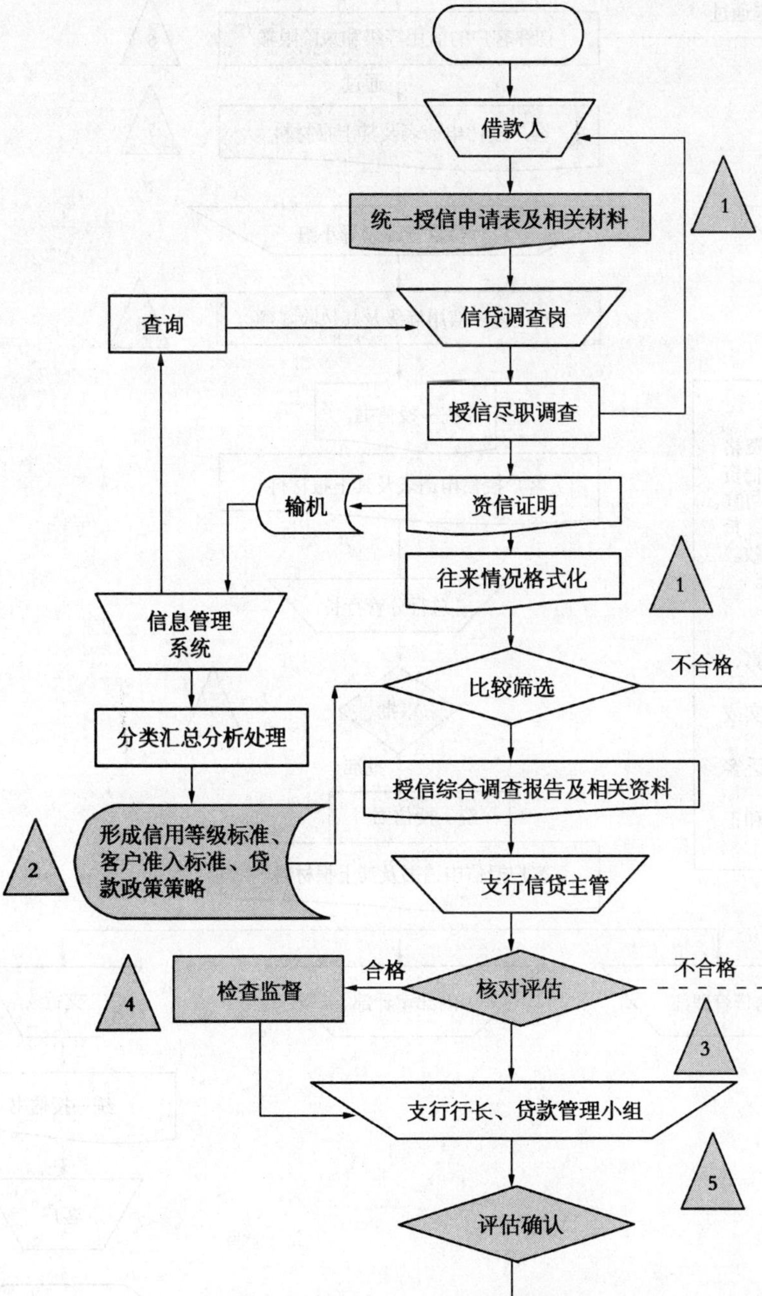

借款人

统一授信申请表及相关材料

1

查询

信贷调查岗

授信尽职调查

输机

资信证明

往来情况格式化

1

信息管理系统

比较筛选

不合格

存档

分类汇总分析处理

授信综合调查报告及相关资料

2

形成信用等级标准、客户准入标准、贷款政策策略

支行信贷主管

4

检查监督

合格

核对评估

不合格

3

支行行长、贷款管理小组

5

评估确认

信贷管理部

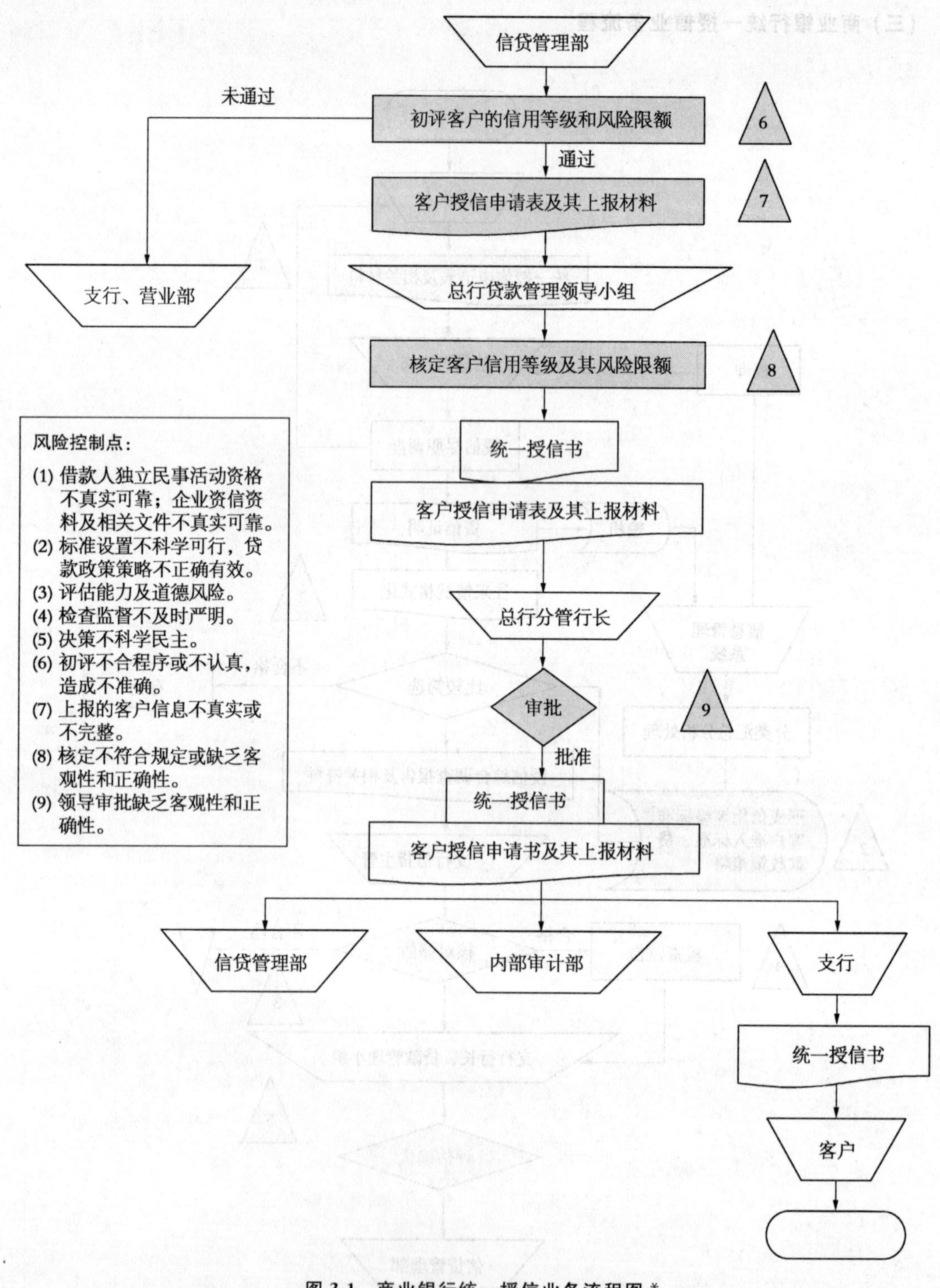

图 3-1　商业银行统一授信业务流程图 *

* 以后流程图中出现 ⬭ 标志表示开始或结束；出现 ▽ 图形表示分类归档。

表 3-1　统一授信业务风险评价与控制工作表

目　标	风　险	概率	行动/控制活动	其他受影响的目标	评价与结论
目标 1:保证借款人具备独立民事活动资格,保证资信资料及相关文件的完整性及真实性。	(1) 企业道德风险。导致财务报表和资格证书等信息不完整、不真实。 (2) 没有掌握客户企业经营中的潜在风险。 (3) 信贷调查员道德风险。		(1) 明确客户需提交材料目录。 (2) 由企业主管部门出具具有法律效力的证明书。 (3) 会计事务所对企业财务报表进行审计。 (4) 利用资信评估公司的资信等级资料。 (5) 同业资信调查。 (6) 实地调查与非现场调查相结合。 (7) 对信贷调查员进行职业道德教育,明确处罚措施。对其进行业务培训,掌握客户尽职调查的必要技能。		
目标 2:客户信用等级标准设置科学可行,授信政策科学有效,信贷战略目标明确可行。	(1) 标准无法反映客户的实际经营情况。 (2) 标准弱化。 (3) 授信政策、贷款战略目标无法反映竞争和贷款发展的需要。		(1) 建立客户准入退出机制;建立完善的客户信息管理系统;对已列入"黑名单"、逃废债等资信不良的企业和个人实施授信禁入;确定客户信用等级参考标准。 (2) 授信政策符合国家法律和外部监管部门的规定。 (3) 根据同业竞争和调整贷款结构的需要制定信贷战略目标。 (4) 在整体信贷战略目标的基础上,针对具体业务,制定相应的贷款竞争策略。 (5) 计算客户行业结构,分析产业变迁,定期修订客户信用等级标准。		
目标 3:检查监督及时严明。	(1) 检查力量薄弱。 (2) 检查方法不当。 (3) 检查流于形式。		(1) 运用计算机系统进行信用等级标准核对。 (2) 低等级客户重点检查。 (3) 填写检查监督报表,以利领导监督、决策。		
目标 4:保证对客户信用等级和风险限额的初评结论正确。	(1) 初评不合程序。 (2) 初评人员的道德风险,对客户调查不充分,缺乏评估技能,评估结论与实际情况差距较大。		(1) 要求初评人员学习有关规章制度,了解初评程序和报告格式等要求。 (2) 对初评人员进行各个层次的职业道德教育、业务培训和考核,使其具备任职条件,掌握评价技能。 (3) 建立约束机制,要求初评人员对借款人深入调查研究。初评人员因工作疏忽或隐瞒真情应承担责任。 (4) 聘请专业机构和人员参与评估。 (5) 在传统财务分析的基础上,注重现金流量分析。		

续表

目　标	风　险	概率	行动/控制活动	其他受影响的目标	评价与结论
目标5:授信决策科学民主。	(1) 决策不能及时把握时机。 (2) 专断、独裁。 (3) 决策失误。		(1) 建立科学化的决策程序。 (2) 决策过程量化,尽量减少主观性。 (3) 民主评议与决策相结合,实行集体审议、充分发表意见、多数同意通过的原则。 (4) 决策科学手段的运用(包括建立决策支持系统)。		
目标6:主管行长把好授信评级关。	(1) 职业道德风险导致领导把关不严,审批不客观公正。 (2) 对有关规章制度不熟悉,使审批流于形式。		(1) 董事会、党委和行长对主管行长明确审批职责、权限和标准。 (2) 主管行长认真学习和熟悉有关规章制度和审批程序。 (3) 董事会、党委和行长定期对主管行长进行询问和检查,发现问题及时指出。 (4) 掌握国家宏观经济情况和产业政策等。		

(四) 必须重点审查的表格

(1) 授信申请表。

(2) 客户授信申请基础资料一览表。

(3) 授信综合调查报告。

(4) 客户信用等级、风险限额评估报告。

(5) 客户统一授信书。

二、商业贷款

(一) 商业贷款内部控制目标

规范银行贷款业务的经营和管理活动,防范贷款风险,提高贷款质量。

(二) 商业贷款内部控制原则

(1) 商业贷款岗位设置应当做到分工合理、职责明确,岗位之间应当相互配合、相互制约,做到审贷分离、业务经办与会计账务处理分离。

(2) 建立客户评价体系,健全客户信用风险识别与监测系统。银行应当以风险量化评估的方法和模型为基础,开发和运用统一的客户信用评级体系,作为业务客户选择和项目审批的依据。银行应当加强对借款人资格合法性、融资背景和申请材料的真实性、借款合同完备性的审查,防止借款人以编造虚假理由、使用虚假经济合同或虚假证明文件等方式,从事金融诈骗活动。

商业银行应当建立完善的客户信息管理系统，全面和集中掌握客户的资信水平、经营财务状况、偿债能力等信息，对客户进行分类管理，对已列入“黑名单”、逃废债等资信不良的企业和个人实施授信禁入。

(3) 按信贷原则发放关系人贷款和人情贷款。银行应当强化对借款人的独立的尽职调查，严格执行贷款审批程序，防止逆程序操作和放松贷款标准的情况，防止发放任何的外部行政干预贷款和人情贷款。银行应当按照信贷原则审查对关系人的贷款授信业务，保证对关系人的贷款标准不低于对其他客户同类贷款的条件；在对关系人的贷款调查和审批过程中，银行内部相关人员应当回避。

(4) 银行应当建立贷款风险分类制度，规范贷款质量的认定标准和程序，确保贷款质量的真实性。

(5) 银行应当建立贷款业务风险责任制，明确规定各个部门、岗位的风险责任和相应处罚措施。

① 调查人员应当承担调查失误和评估失准的责任。

② 审查和审批人员应当承担审查、审批失误的责任，并对本人签署的意见负责。

③ 贷后检查人员应当承担检查失误、清收不力的责任。

④ 放款操作人员应当对操作性风险负责。

⑤ 高级管理层应当对重大贷款损失承担相应的责任。

商业银行应当对违法、违规造成的贷款业务的风险和损失逐笔进行责任认定，认真剖析发生风险和损失的关键环节，追究相应的责任岗位和责任人。

(三) 商业银行贷款业务流程

商业银行的授信业务有下列主要环节。

1. 客户评价

客户评价是指商业银行运用规范的、统一的评价方法，对客户一定经营期间内的偿债能力和意愿，进行定量和定性分析，从而对客户的信用等级做出真实、客观、公正的综合评判。客户信用等级是反映客户偿还债务能力和意愿的相对尺度，主要从客户的市场竞争力、偿债能力、管理水平、发展前景等方面评定。客户信用等级分为 AAA 级、AA 级(AA＋、AA、AA－)、A 级(A＋、A、A－)BBB 级、BB 级、B 级。商业银行要根据客户信用等级作为客户选择和项目审批的依据。

2. 贷款调查

商业银行受理借款人的申请后，经初审符合贷款政策和基本条件的，要及时安排调查人员进行贷前调查，提出贷与不贷、贷多贷少和期限、利率等建议。贷款调查包括下列基本内容。

(1) 基本情况。主要是调查借款人的贷款主体资格、借款人及其关联企业的历史沿革、地理位置(包括注册地)、产权构成、组织形式、主导产品，以及在行业和区域经济发展中的地位和作用等。

(2) 经营状况。主要是调查借款人近几年和当前生产经营、销售、效益情况和前景预测。

(3) 财务状况。主要是调查借款人近几年和近期资产负债、资金结构、资金周转、盈利能力、现金流量、销售情况及存款的较大变动及现状。

(4) 信誉状况。主要是调查借款人有无拖欠贷款本息的记录,以及其他信誉状况。

(5) 经营者素质。主要是调查法定代表人和其他领导层成员的学识、经历、业绩、品德和经营管理能力等。

(6) 担保情况。主要是调查抵(质)押物的权属、价值和变现难易程度,保证人的保证资格和能力。

(7) 分析客户对银行的潜在收益和风险。

(8) 贷款行认为需了解的其他内容。

3. 贷款审查

贷款审查部门收到贷款调查部门(调查人)提交的贷款调查审查审批书、调查报告和及其他相关资料后,要及时进行审查。

审查的主要内容如下。

(1) 借款人主体资格是否合法,有无承担民事责任能力。

(2) 借款人是否符合《贷款通则》规定的基本条件。

(3) 调查部门提交的资料是否齐全。

(4) 借款人生产经营、财务状况、信誉状况、发展前景及内部管理是否良好。

(5) 贷款用途、金额、期限、利率是否合规。

(6) 还款来源是否充足、可靠、合法、有效。

(7) 对借款人的融资总量和各分项融资余额是否控制在最高综合授信额度及分项授信额度之内。

(8) 客户经营中存在的主要问题及对贷款安全的潜在影响。

(9) 对中期流动资金贷款还要重点审查是否属发放对象和是否符合特别条件。

(10) 对按规定应实施法律审查的,提交法律部门进行审查,并出具法律审查意见。

贷款审查由信贷审查委员会是根据国家金融法规、货币政策和本行经营方针,对信贷政策、规章制度和授权或转授权、授信、贷款、承兑、担保、融资等信贷业务进行审查,并提供决策建议的工作机构。

信贷审查委员会采用无记名投票的方式对审议事项进行表决,形成信贷审查委员会意见。凡付诸表决的审议事项,必须经信贷审查委员会委员应到会人数的 2/3(含)以上表决通过为有效。经信贷审查委员会审查否决的项目,有权签批人不得签批。

4. 信贷授权与审批

信贷授权范围包括固定资产贷款审批权、房地产贷款审批权、流动资金贷款审批权、票据贴现业务审批权、票据承兑业务审批权、信用担保业务审批权、进出口贸易融资业务审批权、单户授信总量审批权和个人小额贷款审批权。

(1) 固定资产贷款审批权,是指对单独立项的固定资产(包括基本建设和技术改造)贷款项目和本外币贷款审批权。

(2) 房地产贷款审批权,是指对单独立项的房地产开发项目的本外币贷款审批权。

(3) 流动资金贷款审批权,是指对单个客户发放本外币流动资金余额的审批权。

(4) 票据贴现业务审批权,是指对单个客户办理票据贴现余额的审批权。

(5) 票据承兑业务审批权,是指对同一客户出票的,指定银行为付款人的汇票承兑余额的审批权。汇票承兑余额是指银行承兑(包括已承兑和将要承兑)上述汇票累计金额与该客户(出票人)已付银行汇票金额的差额。

(6) 信用担保审批权,是指银行接受同一客户委托,对外开出下列各种(含尚未终止的)本外币保函金额之和的审批权。

(7) 进出口贸易融资业务审批权,是指对单个客户办理进出口贸易融资业务总量的审批权。进出口贸易融资业务总量是指信用证开证业务、进口押汇业务、进口托收押汇业务、出口押汇业务、出口托收押汇业务及打包放款业务量之和。

(8) 单户授信总量审批权,是指对单个客户办理固定资产贷款、房地产贷款、流动资金贷款(或贷款额度)、票据贴现(或贴现额度)、票据承兑(或承兑额度)、信用担保(或担保额度)、进出口贸易融资业务(或进出口贸易融资额度)之和的审批权。

(9) 个人小额贷款审批权,是指对个人的各种小额贷款的审批权。"个人小额贷款"是指经银行总行以行发文的方式允许开办的,以个人为贷款对象的贷款种类,如存单小额抵押贷款等。

5. 贷款的发放与收回

(1) 贷款行对经有权审批人审批同意的贷款,要及时办妥贷款发放手续。属于保证贷款的,与保证人签订保证合同;属于抵押、质押贷款的,与抵押人、出质人签订抵(质)押合同,并依法办理抵押、质押登记。在此基础上与借款人签订借款合同,通知借款人填写《借款借据》,办理提款手续。

(2) 贷款到期前,借款人应将归还贷款所需资金存入存款账户中,并主动开具支票归还贷款本金及利息。

(3) 根据《贷款通则》规定,贷款行要在短期贷款到期一个星期之前、中长期贷款到期一个月之前,向借款人发送还本付息通知单,提示借款人筹措资金按期归还贷款。

(4) 贷款到期后,借款人未能主动还款的,贷款行应根据合同约定,直接从借款人存款账户中划收。账户中资金不足的,贷款行要及时进行催收。

(5) 为了适应不同客户的需求,降低贷款到期时集中还贷的压力,可以在《借款合同》中约定到期一次归还或分次归还。

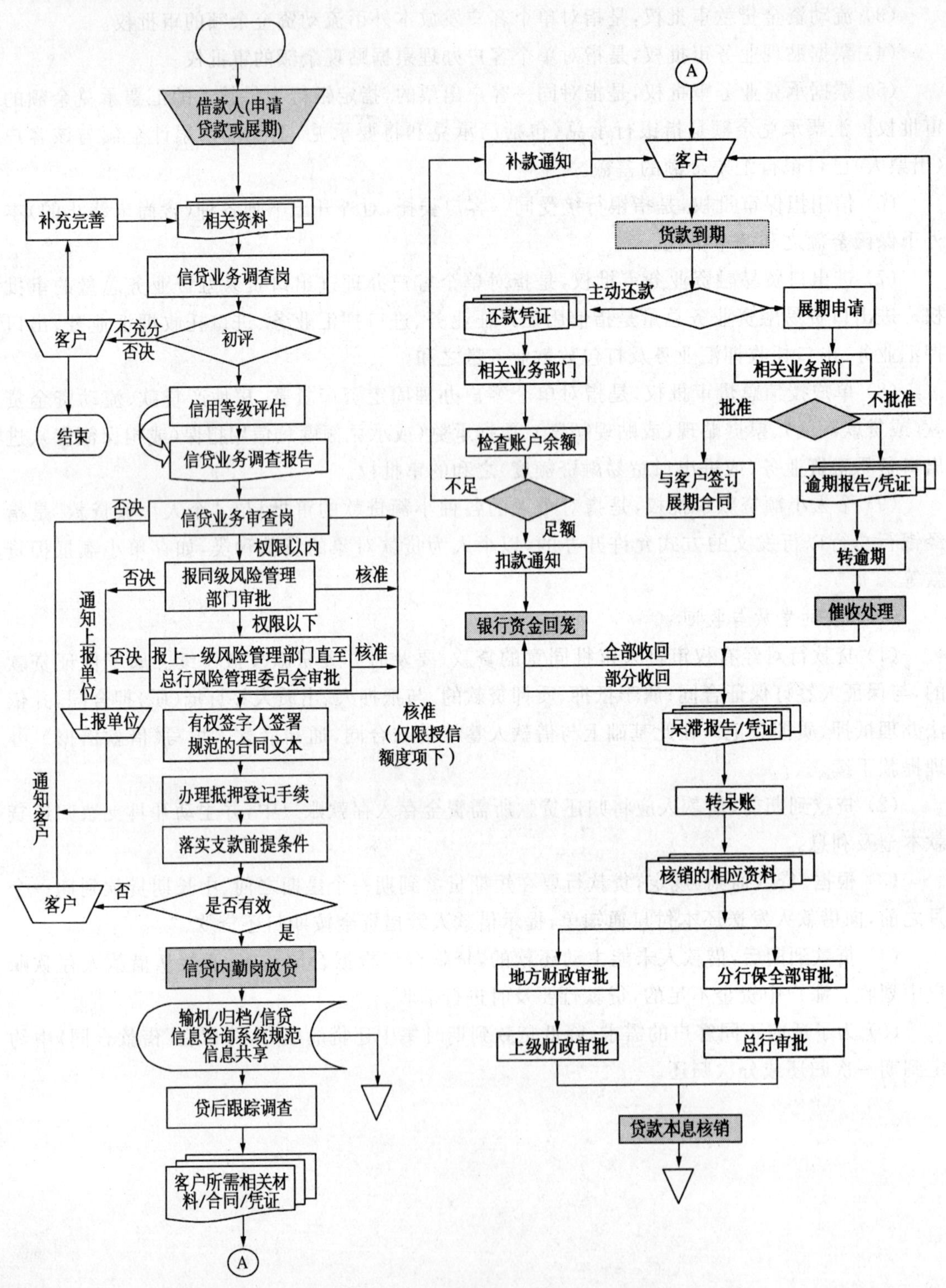

图 3-2　商业银行商业贷款业务流程图

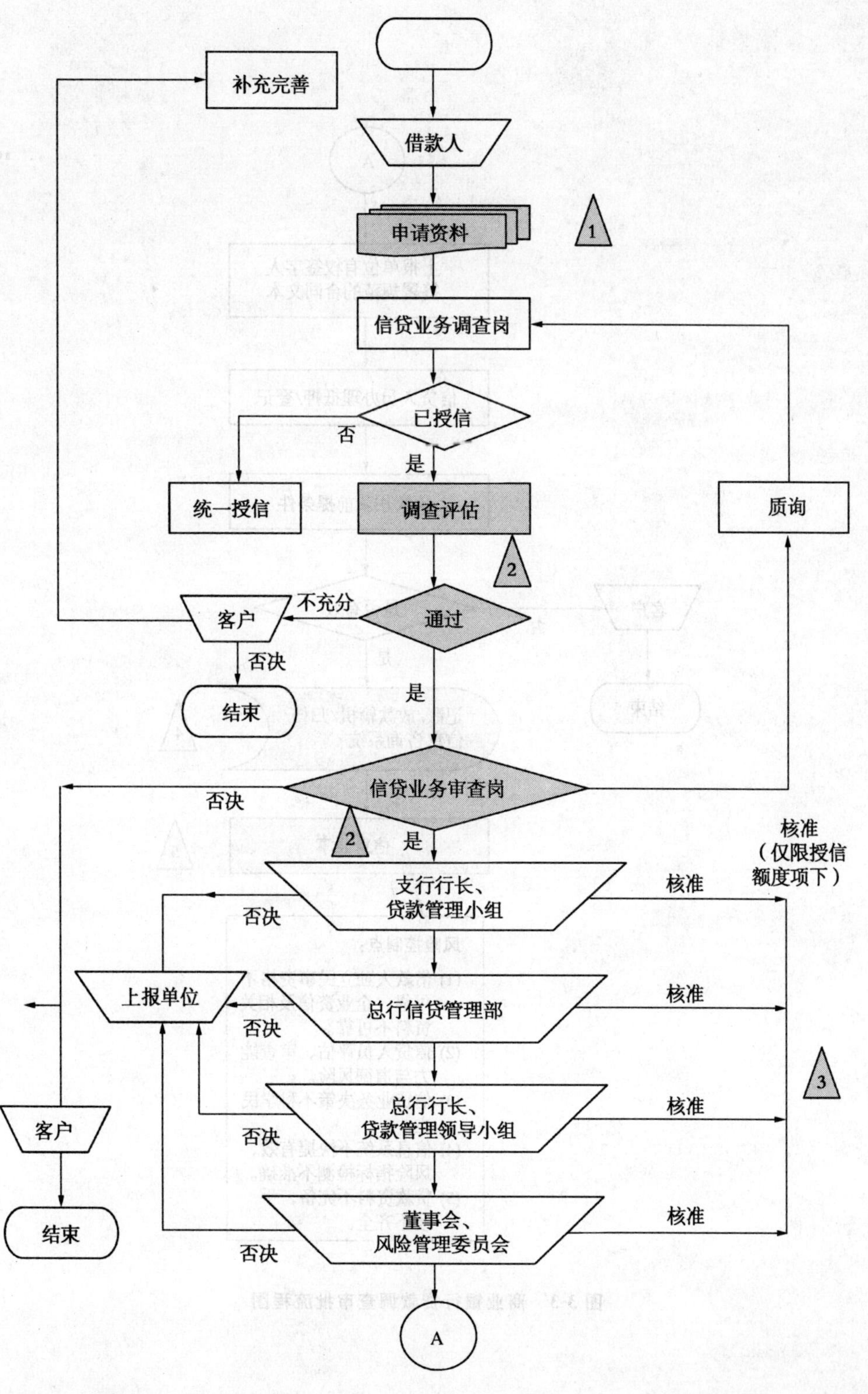
补充完善
借款人
申请资料
1
信贷业务调查岗
已授信
否
是
统一授信
调查评估
质询
2
不充分
客户
通过
否决
是
结束
否决
信贷业务审查岗
2
是
核准
（仅限授信
额度项下）
支行行长、
贷款管理小组
核准
否决
上报单位
总行信贷管理部
核准
否决
3
总行行长、
贷款管理领导小组
核准
客户
否决
董事会、
风险管理委员会
核准
结束
否决
A

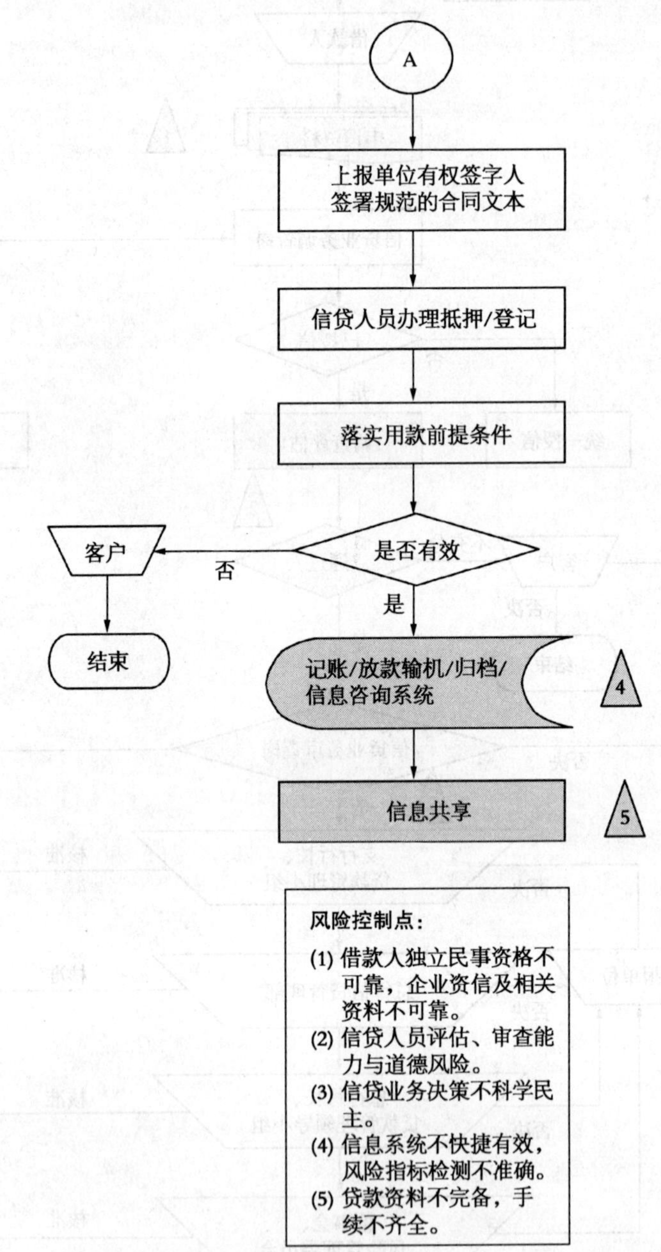

图 3-3　商业银行贷款调查审批流程图

表 3-2 贷款调查审批风险评价与控制工作表

目 标	风 险	概率	行动/控制活动	评价与结论
目标1:保证借款人具备独立民事活动资格,提供资信资料及相关文件的完整、真实可靠。	(1) 企业道德风险。 (2) 忽视企业经营中的潜在风险。		(1) 规定贷款申请提供资料清单[注1]。 (2) 由企业主管部门出具具有法律效力的证明书。 (3) 会计事务所对企业财务报表进行审计。 (4) 利用资信评估公司的资信等级资料。 (5) 同业资信调查。 (6) 利用人民银行信贷登记系统,对借款人的信用情况进行调查。 (7) 实地调查与非现场调查相结合。	
目标2:提高信贷人员、审核人员能力,保证资信评估科学民主。	(1) 对企业现状评估与实际差距较大。 (2) 企业经营失当。		(1) 应加强对信贷人员的培训,提高培训力度和效果,实行案例教学。 (2) 运用最新管理手段(包括计算机财务分析,资信评估系统)和最新管理方法。 (3) 聘请专业人员或机构参与评估。 (4) 在传统财务分析的基础上,注重现金流量分析。 (5) 规定信贷调查、审核的主要内容,出具独立、公正的调查报告,并经审核部门审核[注2]。	
目标3:保证信贷人员坚持原则,公正、廉洁。	信贷人员道德风险		(1) 相互制约的分工制度和良好的信贷运行机制。 (2) 监督措施健全,职责明确,赏罚分明。 (3) 廉政教育常抓不懈,警钟长鸣。	
目标4:贷款决策科学民主。	(1) 决策不能及时把握时机。 (2) 部门领导专断、独裁。 (3) 决策失误。		(1) 建立科学化的决策程序。 (2) 尽量减少主观性。 (3) 民主评议与决策相结合。	
目标5:管理信息系统快捷有效,风险指标检测准确。	(1) 信息系统质量。 (2) 信息系统性。 (3) 信息系统安全性。		(1) 信息系统的建立突出专业性。 (2) 建立相应的数据库、方法库、模型库,形成灵活的模型、方法组合。 (3) 风险指标组合设置合理,能真实反映经营情况。 (4) 信息系统具有二次开发能力。	
目标6:贷款管理小组评议公正有效。	(1) 流于形式。 (2) 信息缺乏,无法有效工作。 (3) 评议结果不被重视。		(1) 贷款管理小组有一定的权限。 (2) 有一定的专职力量。 (3) 信息系统健全,信息保障。 (4) 运用先进管理手段和管理技术。	

续表

目　标	风　险	概率	行动/控制活动	评价与结论
目标7:贷款资料完备,手续齐全,符合相关法规。	法律风险		(1) 规范借款合同和贷款担保合同;落实、办理保证、抵押、质押等有关手续;完善贷款资料。 (2) 层层审核。 (3) 建立完善的贷款归档制度。 (4) 及时组织所有信贷人员学习领会最新法律法规,确保贷款投向符合相关规定和国家产业政策,贷款利率、期限和方式符合规定,必要时请律师咨询意见。	

注1　法人客户申请贷款应提供以下资料:企(事)业法人营业执照、法定代表人身份有效证明或法定代表人授权的委托书;有权部门批准的企(事)业章程或合资、合作的合同协议,会计事务所所出具的验资证明;人民银行颁发的贷款卡;技术监督部门颁发的机构代码表;公司章程对法定代表人办理信贷业务有限制的,须提供董事会同意的决议或授权书;特殊行业的企业还须提供有权批准部门颁发的特殊行业生产经营许可证或企业资质等级证书;近两年经会计事务所审计的财务报表(如有特殊情况未经审计,应说明原因);新借款人还必须提供印签卡、法定代表人签字式样;根据信贷业务品种、信用方式必须提供的其他资料。

注2　信贷调查、审核以下主要内容:

(1) 确保贷款投向符合相关规定和国家产业政策。

(2) 调查核实借款人提供的资料是否完整、真实、有效。

(3) 法人客户调查的内容主要包括:借款人的基本情况及主体资格;财务状况、经营效益及市场分析;担保情况和信贷风险评价;贷款的综合效益分析。对于不同种类的贷款,还应根据贷款业务的不同特点增加一些调查、审核内容。

固定资产与中长期贷款的贷前调查内容还应包括:借款企业提供经有权机构批准的项目可行性研究报告;借款企业提供与项目有关的合同、章程及批文;经审计的当期与近三年的年度财务报表;拟建项目其他各项建设条件与贷款条件是否基本具备,现场察看前期准备工作是否落实;贷款保证人、抵押人承诺担保、抵押的协议,保证人有关资料及其经审计的当期与近年财务报表,抵押、质押物数量、品质、价值等的详细说明与清单等。

抵押贷款的贷前调查内容还应包括:抵押物法定所有权证明如房契、有价证券、银行存单等是否有效,是否存在出租或公有等与第三人产权、使用权与处置权关系;抵押物是否处于被监管状态,是否为允许自由买卖的财产,是否已进行保险及其风险程度如何,保险权益能否转让给抵押权人;抵押物产权证明所指向的财产标的是否真实存在,存在状况如何;抵押物品名、数量、单价是否与借款申请、借款合同、抵押合同所载一致,价值评定是否合理,能否满足按规定抵押率后高于贷款本息金额的要求;要求抵押合同经法律公正。

质押贷款的贷前调查内容还应包括:质押凭证是否符合法律与人民银行规定可设定质押的范围,质押人是否同意质押;质押存单是否为银行机构开立,如系他行开立是否按规定征求开立行同意设立质押;质押凭证是否加密或规定凭身份证支取;有价证券应依法具有市场流通性,并在质押协议中明确订明在协议有效期内由质押权人占管与处置等条款;质押存单与有价凭证金额是否超过银行规定质押贷款最高限额;要求质押合同经法律公正。

(四) 贷款调查审批业务需要重点审查的相关表格

(1) 客户贷款申请表。

(2) 客户贷款申请基础资料一览表。

(3) 客户信贷业务调查报告。

(4) 客户信贷业务资料审查单。

(5) 客户贷款核准意见书。

(6) 借贷合同范本等。

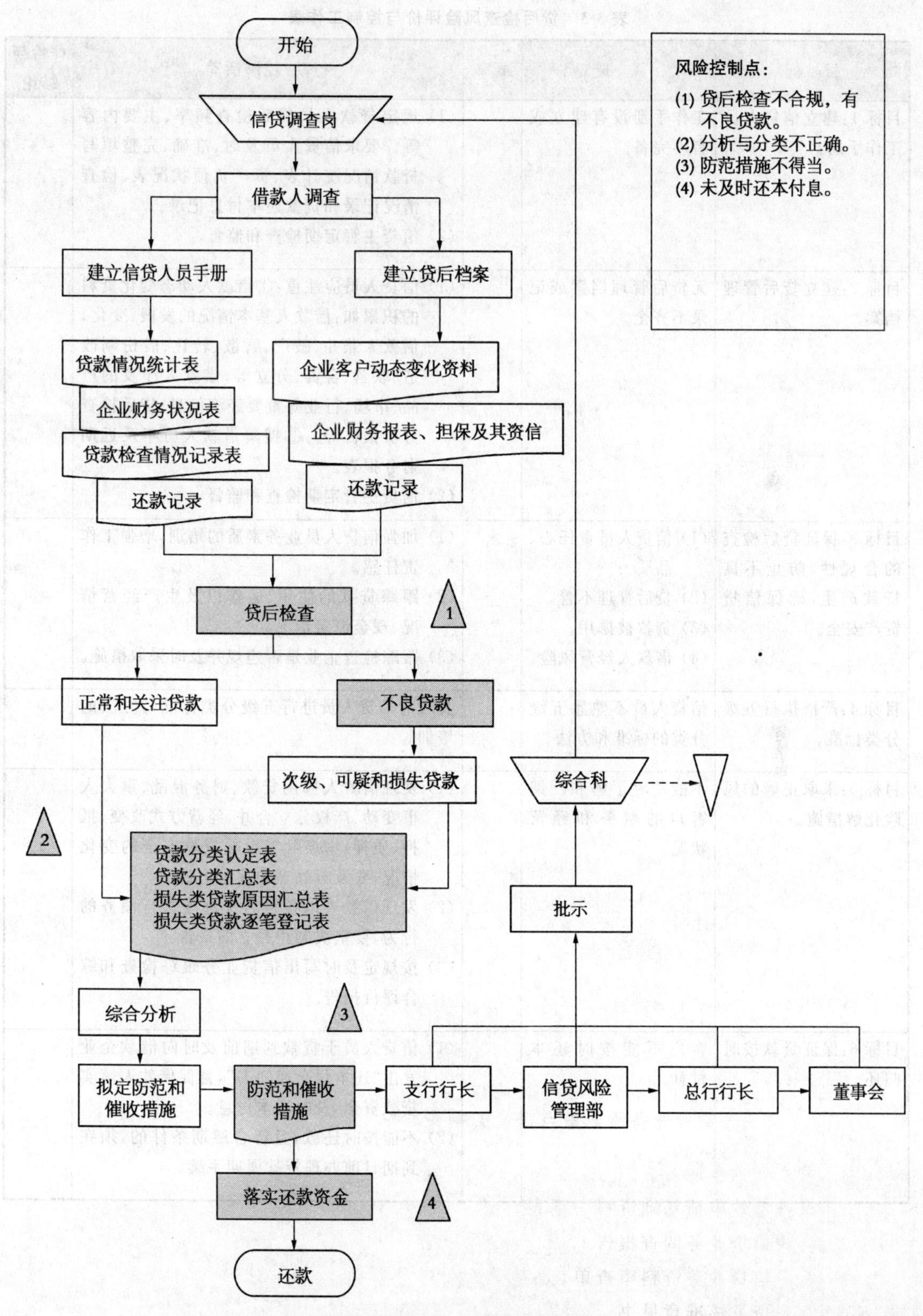

图 3-4　商业银行贷后检查流程图

表 3-3　贷后检查风险评价与控制工作表

目　标	风　险	概率	行动/控制活动	评价与结论
目标 1:建立信贷人员工作手册。	工作手册没有建立或者不完备。		(1) 规定贷款人员贷后检查频率、主要内容等。要求信贷人员及时、准确、完整填写贷款情况统计表、资产负债状况表、检查情况记录和贷款还本付息记录。 (2) 信贷主管定期检查和监督。	
目标 2:建立贷后管理档案。	无贷后管理档案或记录不齐全。		(1) 信贷人员应注重:①借款人动态变化资料的积累如:借款人基本情况的发展、变化;借款人兼并、破产、解散、转让、股份制改造、联营、合资、分立等;借款人涉及的产品、市场、行业等重要经济信息;贷后检查分析报告等。②搜集借款人历年及近期财务报表。 (2) 信贷主管定期检查和监督。	
目标 3:保证贷后检查的合规性,防止不良贷款产生,确保信贷资产安全。	(1) 信贷人员责任心、品质。 (2) 贷后管理不善。 (3) 贷款被挪用。 (4) 借款人经营风险。		(1) 加强信贷人员业务素质的培训,增强工作责任感。 (2) 跟踪贷款的使用、运作以及生产经营情况、现金流量情况。 (3) 跟踪检查企业是否违规并及时采取措施。	
目标 4:严格执行五级分类标准。	信贷人员不熟悉五级分类的标准和方法。		及时对信贷人员进行五级分类标准与方法的培训。	
目标 5:采取正确的风险化解措施。	不能及时了解和反馈客户的财务和经营状况。		(1) 发现借款人挪用贷款、财务混乱、重大人事变动、产权分立合并、经营方式改变、抵押(质押)物损毁等影响贷款安全的变化情况,要及时处理和逐级上报。 (2) 发现借款人以各种名义逃废银行债务的行为,要坚决制止并立即报告。 (3) 按规定及时写出信贷业务跟踪检查和综合评价报告。	
目标 6:保证贷款按时归还。	客户不能按时还本付息。		(1) 信贷人员于贷款到期前及时向借款企业发出“还本付息通知书”,督促借款人落实贷款资金,及时还本付息。 (2) 不能按时还款,且符合展期条件的,须在到期日前办理贷款展期手续。	

续表

目　标	风　险	概率	行动/控制活动	评价与结论
目标7:保证定期催收的法律诉讼时效有效。	不及时提供起诉依据。		(1) 建立分户分笔专项管理。 (2) 在贷款到期后按规定向借款人、担保人发送“贷款催收函”,依法取得回执,叫贷款综合科统一保管。对拒绝签收的,要及时弄清情况,向上级汇报,必要时可立即采取法律措施。 (3) 贷款综合科应建立不良贷款催收和签收登记本,并定期检查催收函的登记情况。 (4) 符合转呆滞贷款、呆账贷款条件的,应按规定准备有关报送资料及时申报。	

(五) 贷后检查需要重点审查的相关表格

(1) 贷款检查情况记录表。
(2) 贷款风险分类认定表。
(3) 贷款分险分类汇总表。
(4) 损失类贷款原因汇总表。
(5) 损失类贷款逐笔登记表等。

三、个人住房按揭贷款

个人住房按揭贷款是指借款人在已与银行签订按揭协议的房地产开发商处购置新房,并以所购住房作为抵押,同时由房地产开发公司在抵押办理期间通过担保,进而在银行获得贷款用于支付房款的一种借贷行为。

个人二手房按揭贷款是指借款人通过市场交易方式构建建成的房屋,并以所购住房作为抵押,在银行获得贷款用于支付房款的一种借贷行为。

(一) 个人住房按揭贷款流程

个人住房按揭贷款主要流程如下:
(1) 递交材料、提出申请。
(2) 银行调查、审批。
(3) 与借款人签订《个人房产抵押借款合同》。
(4) 填写借据,办理现借款人贷款发放手续。
(5) 归还原借款人所欠银行贷款。
(6) 办理保险、房产过户及抵押登记的变更手续。
(7) 现借款人依照借款合同约定按期偿还本息。
(8) 现借款人还清贷款,合同解除、注销抵押登记。

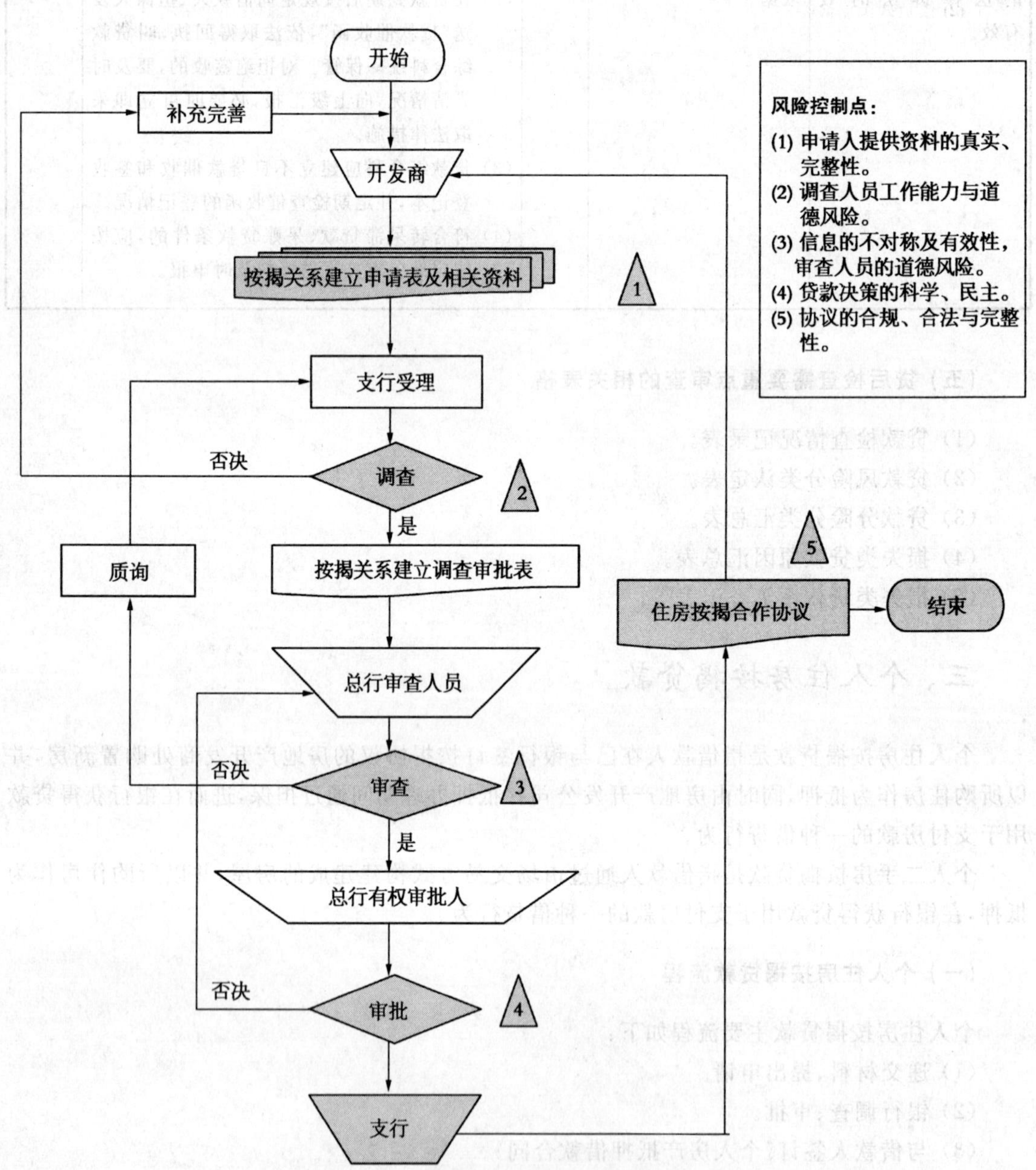

图 3-5 商业银行与开发商按揭贷款关系建立流程图

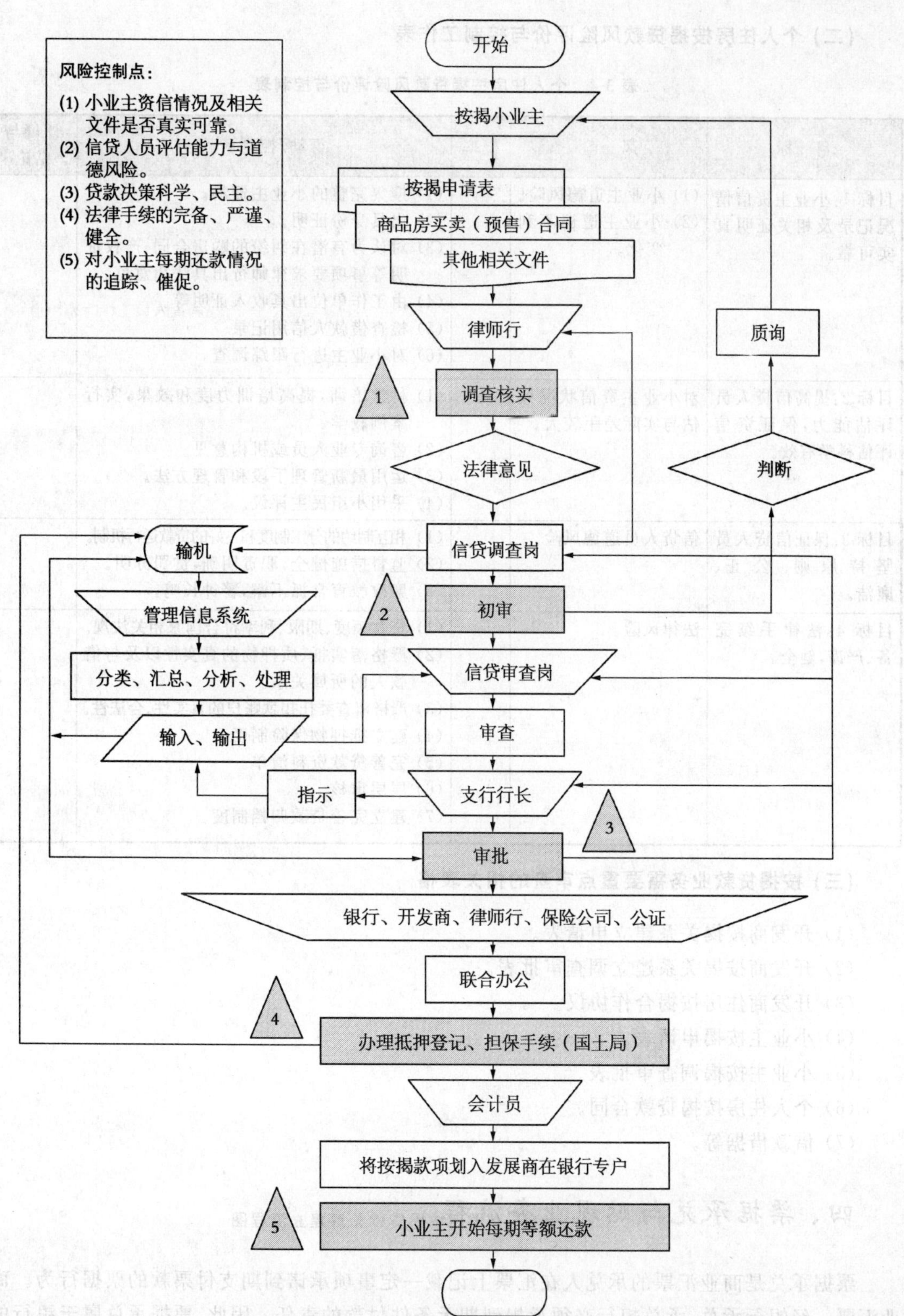

图 3-6　商业银行个人住房按揭贷款业务流程图

(二) 个人住房按揭贷款风险评价与控制工作表

表 3-4 个人住房按揭贷款风险评价与控制表

目　标	风　险	概率	行动/控制活动	评价与结论
目标 1:小业主资信情况记录及相关证明真实可靠。	(1) 小业主道德风险。 (2) 小业主遭遇不利变化。		(1) 搜集完整的小业主资料。 (2) 出具身份证明。 (3) 对认为有潜在纠纷的购房合同、产权证明等事项要求律师行出具法律意见。 (4) 由工作单位出具收入证明等。 (5) 检查借款人信用记录。 (6) 对小业主进行跟踪调查。	
目标 2:提高信贷人员评估能力,保证资信评估科学有效。	对小业主资信状况评估与实际差距较大。		(1) 科学培训,提高培训力度和效果,实行案例教学。 (2) 咨询专业人员或机构意见。 (3) 运用最新管理手段和管理方法。 (4) 采用小组民主评议。	
目标 3:保证信贷人员坚持原则、公正、廉洁。	信贷人员道德风险。		(1) 相互制约的分工制度和良好的贷款运行机制。 (2) 监督措施健全,职责明确,赏罚分明。 (3) 廉政教育常抓不懈,警钟长鸣。	
目标 4:法律手续完备、严谨,健全。	法律风险。		(1) 贷款额度、期限、利率符合国家相关法规。 (2) 严格落实抵、质押物的真实性以及与借款人的所属关系。 (3) 严格审查委托扣款账户的真实性、合法性。 (4) 建立抵押物保险制度。 (5) 完善贷款资料清单。 (6) 层层审核。 (7) 建立完善贷款归档制度。	

(三) 按揭贷款业务需要重点审查的相关表格

(1) 开发商按揭关系建立申请表。

(2) 开发商按揭关系建立调查审批表。

(3) 开发商住房按揭合作协议。

(4) 小业主按揭申请表。

(5) 小业主按揭调查审批表。

(6) 个人住房按揭贷款合同。

(7) 借款借据等。

四、票据承兑与贴现业务流程

票据承兑是商业汇票的承兑人在汇票上记载一定事项承诺到期支付票款的票据行为。商业汇票一经银行承兑,承兑银行必须承担到期无条件付款的责任。因此,票据承兑属于银行的一项授信业务。

票据贴现是指持票人为了资金融通的需要而在票据到期前以贴付一定利息的方式向银行出售票据。对于贴现银行来说，就是收购没有到期的票据。票据贴现的贴现期限都较短，一般不会超过六个月，而且可以办理贴现的票据也仅限于已经承兑的并且尚未到期的商业汇票。

(一) 票据承兑业务流程

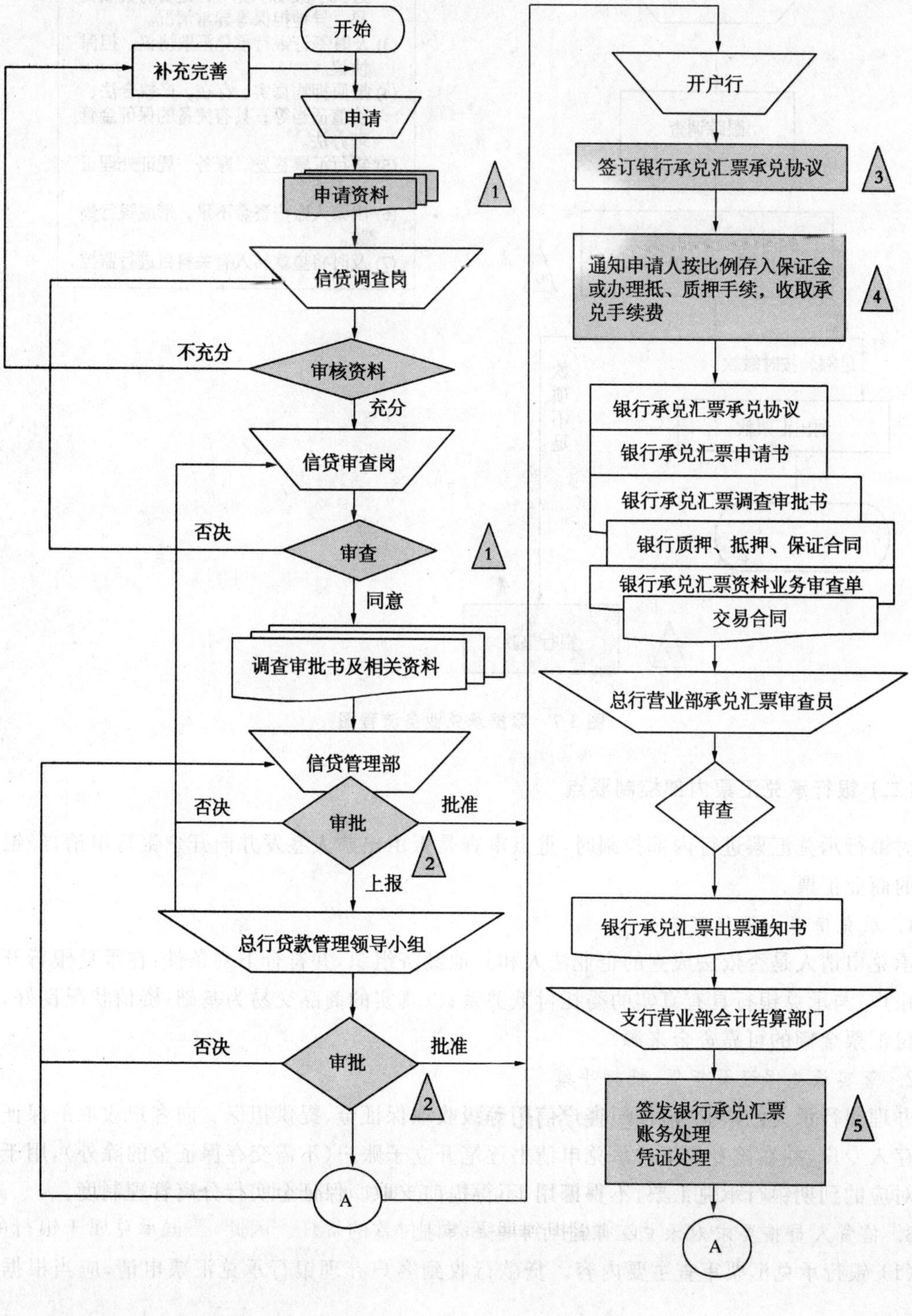

开始
补充完善
申请
申请资料
1
信贷调查岗
不充分
审核资料
充分
信贷审查岗
否决
审查
1
同意
调查审批书及相关资料
信贷管理部
否决
审批
批准
2
上报
总行贷款管理领导小组
否决
审批
批准
2
A

开户行
签订银行承兑汇票承兑协议
3
通知申请人按比例存入保证金或办理抵、质押手续，收取承兑手续费
4
银行承兑汇票承兑协议
银行承兑汇票申请书
银行承兑汇票调查审批书
银行质押、抵押、保证合同
银行承兑汇票资料业务审查单
交易合同
总行营业部承兑汇票审查员
审查
银行承兑汇票出票通知书
支行营业部会计结算部门
签发银行承兑汇票
账务处理
凭证处理
5
A

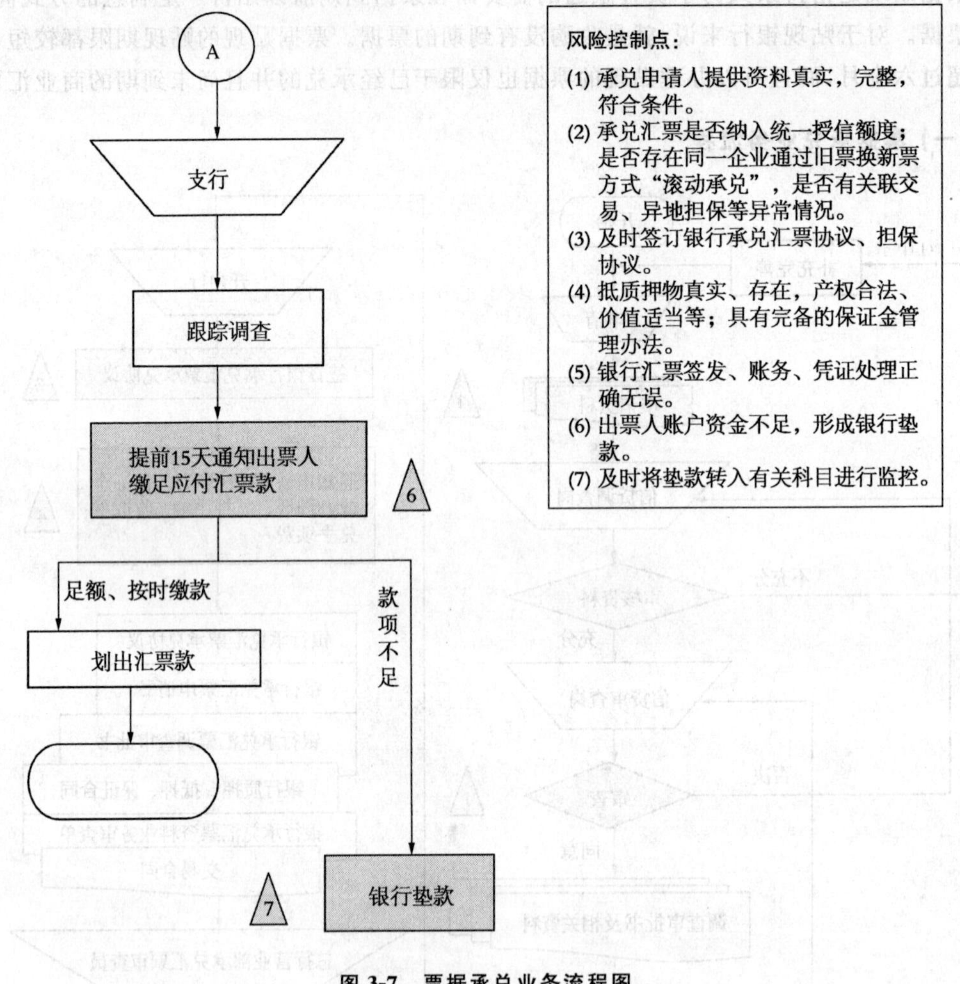

图 3-7　票据承兑业务流程图

(二) 银行承兑汇票内部控制要点

对银行承兑汇票进行内部控制时，重点审查是否由出票人签发并向开户银行申请，经银行承兑的商业汇票。

1. 承兑申请人资格审查

承兑申请人是否依法成立的企业法人和其他经济组织，并符合下列条件：在承兑银行开立存款账户；与承兑银行具有真实的委托付款关系；以真实的商品交易为基础；资信状况良好，具有支付汇票金额的可靠资金来源。

2. 落实承兑保证及担保、抵押手续

办理银行承兑汇票业务，按照客户信用等级收取保证金、提供担保。向客户收取的保证金必须存入专户，并在该专户下按承兑申请书逐笔开立子账户（不需交存保证金的除外），用于支付相对应的到期银行承兑汇票，不得挪用，不得提前支取。保证金实行分离管理制度。

3. 信贷人员按要求对承兑汇票进行审查和审批

(1) 银行承兑汇票审查主要内容。贷款行收到客户办理银行承兑汇票申请，应当根据信贷原则和《票据法》的有关规定进行严格审查。审查要点内容如下:审查承兑申请人的资格是否合法;审查相关的商品交易合同或发票等资料是否齐备;审查承兑申请人的信誉情况是否有不良记录;审查承兑申请人的资产负债、效益、现金流量情况,测算客户是否有到期兑付票款的能力;对按规定需要提供担保的,审查承兑申请人或保证人能否提供足值、有效的担保;审查承兑申请人是否在商业银行规定的不得办理承兑业务的范围内。

(2) 银行承兑汇票的审批。商业银行一般规定银行承兑汇票业务由总行信贷管理部及其以上机构审批。信贷管理部及其以上机构应根据授权和转授权规定的审批权限,在最高综合授信额度及银行承兑汇票分项授信额度之内逐笔审批签发银行承兑汇票。银行规定银行承兑汇票的总量不得超过银行年末各项存款余额的8%。单笔银行承兑汇票最高额控制在500万元以下。

4. 承兑协议签订合法有效

经审批同意签发银行承兑汇票的,承兑行应与承兑申请人签订承兑协议。协议应明确规定:汇票到期前承兑申请人存足兑付款项;存入规定比例的保证金;承兑申请人保证不以基础合同纠纷为由影响汇票按期兑付,及逾期不能付款的处理办法等。

5. 发生垫款的处理

承兑申请人到期未能足额交存兑付款项时,承兑银行除向持票人无条件付款外,应采取下列措施。

(1) 根据承兑协议,执行扣款。

(2) 对尚未扣回的款项转入逾期贷款户,按人民银行有关规定计收利息。

(3) 及时处理抵押(质)物或向保证人追偿,减少汇票逾期损失。

(4) 汇票逾期款项未还清之前,不再对其办理新的银行承兑汇票。

(5) 对单笔汇票逾期15天以上或年内发生两笔以上逾期的承兑申请人,银行至少1年之内不得再次为其办理承兑业务。

对因客户到期不能兑付而形成的逾期贷款,应分户建立清收台账,并运用经济、法律等多种手段,积极清收。

(三) 银行承兑汇票业务应重点审核的相关表格

(1) 银行承兑汇票申请书。

(2) 银行承兑汇票业务资料审查单。

(3) 银行承兑汇票调查审批书。

(4) 银行承兑汇票协议书等。

(5) 银行承兑汇票出票通知书。

(6) 银行抵押、质押、保证合同等。

(四) 银行贴现业务流程

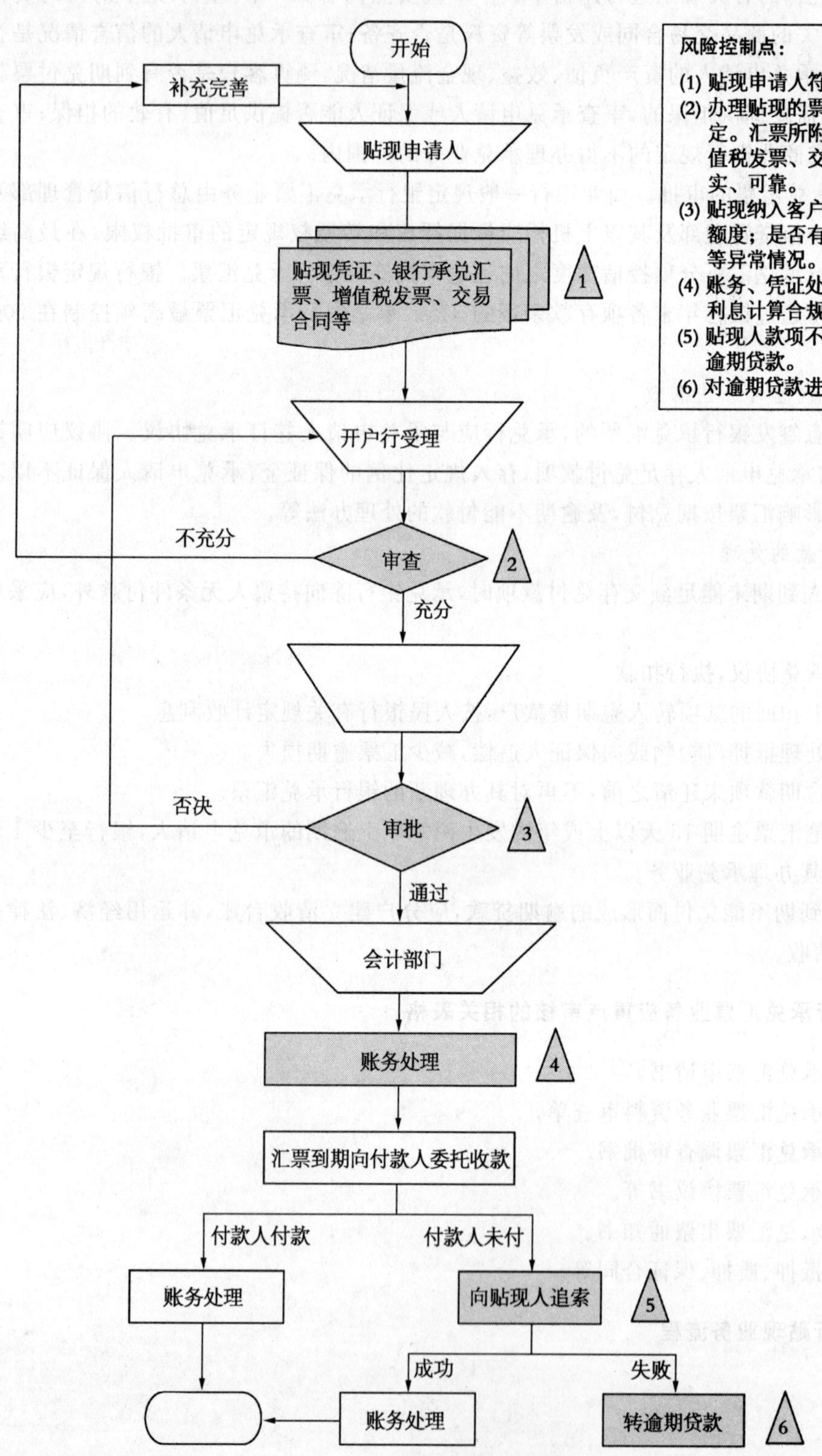

图 3-8　银行贴现业务流程图

(五) 银行贴现业务风险控制要点

贴现指银行承兑汇票的持有人在票据到期日前为了取得资金,贴付一定利息,并将票据权利转让给银行的票据行为。

贴现业务内部控制重点是贴现申请人资格审查。贴现申请人必须是企业法人或其他能独立承担民事责任的经济组织。与出票人或其前手之间具有真实合法的商品或劳务交易关系。并持有未到期要式完整背书清晰的银行承兑汇票。

(六) 重点审查的相关表格

(1) 贴现凭证。

(2) 银行承兑汇票贴现业务资料审查单。

(3) 银行承兑汇票贴现调查审批书等。

五、资产保全

对于问题贷款,银行一般采取以下三种措施:第一,处理抵押品,落实担保权;第二,核销呆坏账;第三,与贷款对象协商,进行债务重组。

(一) 抵押品的处理

如果借款人到期还没有还钱,在法律上说,债权人有权处理抵押品。根据有关法律、法规规定,下列财产可以作为借款合同的抵押物。

(1) 有价值和使用价值的资产。

(2) 有价证券。

(3) 可封存的流动资产。

(4) 可依法转让的知识产权等权利。

(5) 其他可以流通、转让的物资和财产。

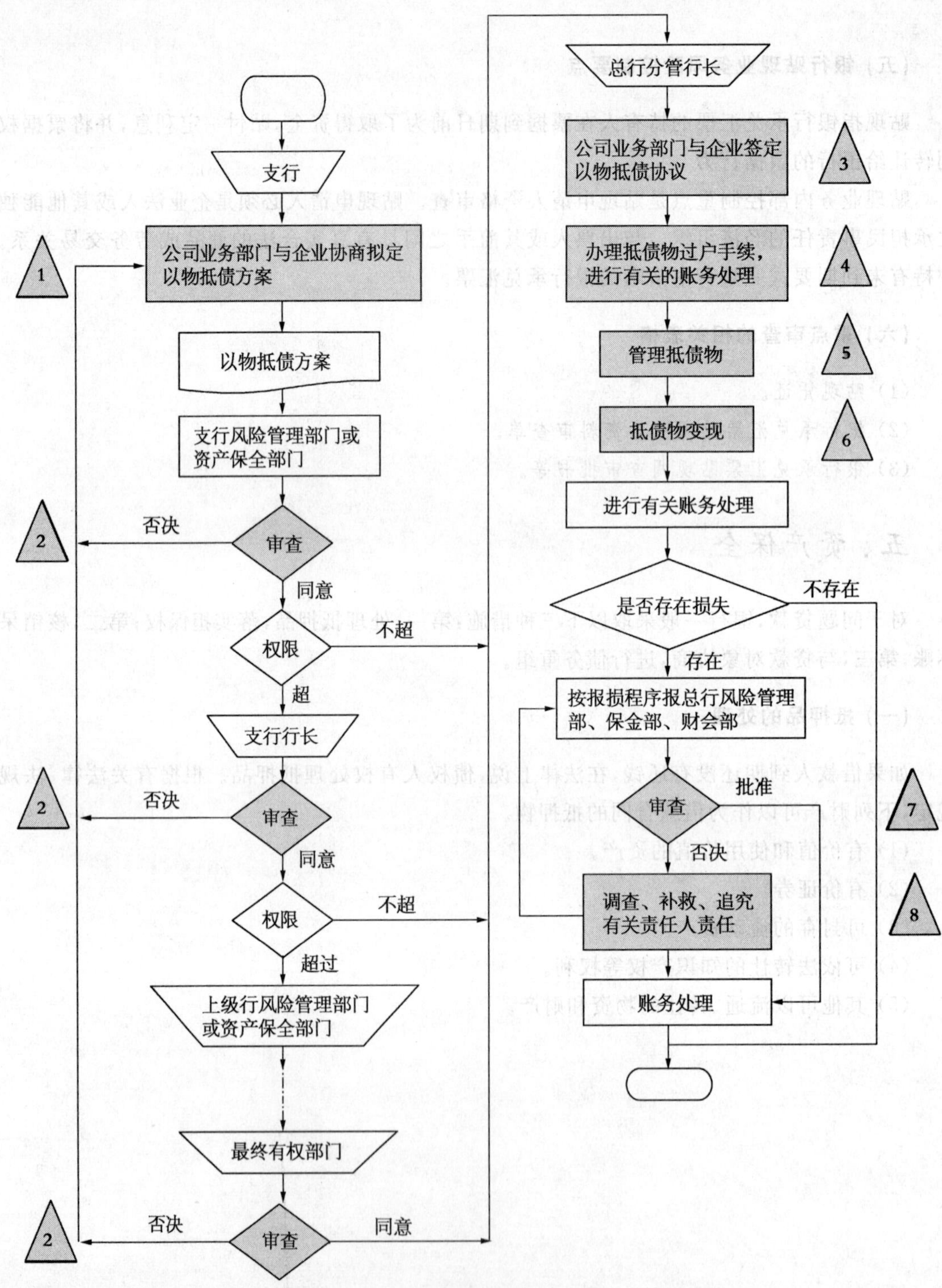

图 3-9　银企双方协议的以物抵债业务流程图

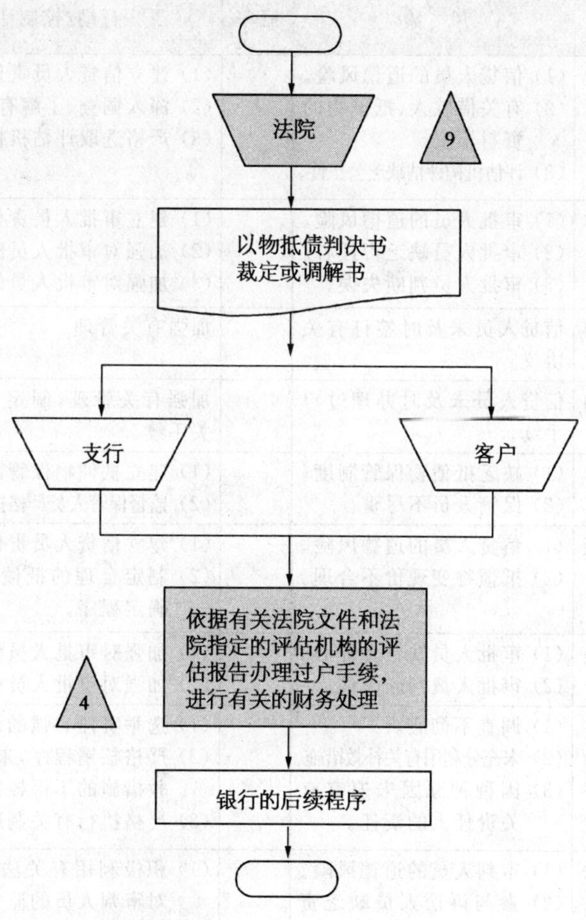

风险控制点：

(1) 信贷人员风险意识差，甚至有道德问题；有关资料不实，评估机构评估不公正。
(2) 审批人员有道德风险或缺乏责任心；审批时判断失误。
(3) 信贷人员未及时签订有关协议。
(4) 未及时办理以物抵债的过户手续。
(5) 缺乏以物抵债的保管制度；保管人员不尽职尽责。
(6) 信贷人员有道德风险；债务变现价不合理。
(7) 审批人员缺乏责任心，或判断失误。
(8) 对有关责任调查不彻底；补救措施不力；追究有关责任不力。
(9) 审判人员存在道德风险；诉讼人员责任心不强，或缺乏法律意识。

图 3-10　依法生效的法院裁决办理的以物抵债业务流程图

表 3-5　以物抵债业务基本风险评价与控制工作表

目　标	风　险	概率	行动/控制活动	评价与结论
目标 1:正确编制以物抵债方案。	(1) 信贷人员的道德风险。 (2) 有关借款人、抵债物的资料不实。 (3) 评估机构评估缺乏公正性。		(1) 建立信贷人员责任制。 (2) 深入调查、了解有关情况。 (3) 严格选取评估机构。	
目标 2:客观、严格、正确的审批以物抵债方案。	(1) 审批人员的道德风险。 (2) 审批人员缺乏责任心。 (3) 审批人员判断失误。		(1) 建立审批人员责任制。 (2) 加强对审批人员的监督。 (3) 加强对审批人员的培训。	
目标 3:我行利益有合同的保护。	信贷人员未及时签订有关协议。		加强有关管理。	
目标 4:及时将有关抵债物过户到银行名下。	信贷人员未及时办理过户手续。		加强有关管理,制定专人办理有关手续。	
目标 5:妥善保管抵债物。	(1) 缺乏抵债物保管制度。 (2) 保管人员不尽责。		(1) 建立抵债物保管制度。 (2) 监督保管人员严格执行保管制度。	
目标 6:及时以合理价格变现抵债物。	(1) 信贷人员的道德风险。 (2) 抵债物变现价不合理。		(1) 建立信贷人员责任制。 (2) 制定合理的抵债物变现价格确定程序。	
目标 7:审查损失的产生是否合理。	(1) 审批人员缺乏责任心。 (2) 审批人员判断失误。		(1) 加强对审批人员的监督。 (2) 加强对审批人员的培训。	
目标 8:对已有的损失进行弥补,要求有关人员承担责任。	(1) 调查不彻底。 (2) 未充分利用有关补救措施。 (3) 因种种原因未追究有关责任人的责任。		(1) 选举责任心强的调查人员。 (2) 严格核销程序,未充分利用补救措施的不得核销。 (3) 严格执行有关制度。	
目标 9:积极寻求司法保护。	(1) 审判人员的道德风险。 (2) 参与诉讼人员缺乏责任心。 (3) 诉讼人员缺乏法律知识。		(1) 积极利用有关法律程序加强对审判人员的监督。 (2) 加强对参与诉讼人员的监督。 (3) 通过培训或督促提高参与人员法律意识。	

(二) 核销呆坏账

根据《金融企业呆账准备提取及呆账核销管理办法》,商业银行经采取所有可能的措施和实施必要的程序之后,符合下列条件之一的债权或者股权可认定为呆账。

(1) 借款人和担保人依法宣告破产、关闭、解散,并终止法人资格,金融企业对借款人和担保人进行追偿后,未能收回的债权。

(2) 借款人死亡,或者依照《中华人民共和国民法通则》的规定宣告失踪或者死亡,金融企业依法对其财产或者遗产进行清偿,并对担保人进行追偿后未能收回的债权。

(3) 借款人遭受重大自然灾害或者意外事故,损失巨大且不能获得保险补偿,或者以保险赔偿后,确实无力偿还部分或者全部债务,金融企业对其财产进行清偿和对担保人进行追偿后,未能收回的债权。

(4) 借款人和担保人虽未依法宣告破产、关闭、解散,但已完全停止经营活动,被县级及县级以上工商行政管理部门依法注销营业执照,终止法人资格,金融企业对借款人和担保人进行追偿后,未能收回的债权。

(5) 借款人触犯刑律依法受到制裁，其财产不足归还所借债务，又无其他债务承担者，金融企业经追偿后确实无法收回的债权。

(6) 由于借款人和担保人不能偿还到期债务，金融企业诉诸法律，经法院对借款人和担保人强制执行，借款人和担保人均无财产可执行，法院裁定终结执行后，金融企业仍无法收回的债权。

(7) 由于上述1至6项原因借款人不能偿还到期债务，金融企业对依法取得的抵债资产，按评估确认的市场公允价值入账后，扣除抵债资产接收费用，小于贷款本息的差额，经追偿后仍无法收回的债权。

(8) 开立信用证、办理承兑汇票、开具保函等发生垫款时，凡开证申请人和保证人由于上述1至7项原因，无法偿还垫款，金融企业经追偿后仍无法收回的垫款。

(9) 按照国家法律法规规定具有投资权的金融企业的对外投资，由于被投资企业依法宣告破产、关闭、解散并终止法人资格的，金融企业经清算和追偿后仍无法收回的股权。

(10) 经国务院专案批准核销的债权。

坏账是指企业无法收回或收回的可能性极小的应收账款，包括应收账款和其他应收款等。由于发生坏账而产生的损失，称为坏账损失，对预计发生的坏账损失就要计提坏账准备。

银行卡透支形成的呆账，依照《关于印发〈银行卡透支呆账准备、坏账准备提取及透支呆账、坏账和其他损失核销的暂行规定〉的通知》(财债字[2000]48号)进行认定和核销不再提取银行卡透支坏账准备，并停止执行坏账核销政策。

发放助学贷款形成的呆账，依照《关于印发〈助学贷款呆坏账损失核销的规定〉的通知》(财金[2000]158号)进行认定和核销，但不再提取助学贷款坏账准备，并停止执行坏账核销政策。

提取呆账准备的资产指金融企业承担风险和损失的下列资产，具体包括贷款(含抵押、质押、担保等贷款)、银行卡、透支、贴现、银行承兑汇票垫款、信用证垫款、担保垫款、进出口押汇、股权投资和债权投资(不含采用成本与市价孰低法确定期末价值的证券投资和购买的国债本息部分的投资)、拆借(拆出)、应收利息(不含贷款应收利息)、应收股利、应收保费、应收分保账款、应收租赁款等债权和股权。

商业银行应当根据提取呆账准备的资产的风险大小确定呆账准备的计提比例。呆账准备期末余额最高为提取呆账准备资产期末余额的100%，最低为提取呆账准备资产期末余额的1%。

呆账核销必须按照严格认定条件，提供确凿证据，严肃追究责任，逐户、逐级上报、审核和审批，对外保密，账销案存的原则。

商业银行必须建立呆账损失责任认定和追究制度。每核销一笔呆账，必须查明呆账形成的原因，明确相应的责任人，包括经办人、部门负责人和单位负责人。对呆账损失负有责任的人员，视金额大小和性质轻重进行处理；有违法犯罪行为的应当移交司法机关，依法追究法律责任。各总行必须按照呆账发生和呆账核销审批的有关情况建立呆账责任人名单汇总数据库，以加强呆账核销的管理。

商业银行必须建立呆账核销责任追究制度。对呆账没有确凿证据证明，或者弄虚作假向审核或审批单位申报核销的，应当追究有关责任人的责任，视金额大小和性质轻重进行处理。有违法犯罪行为的，应当移交司法机关，依法追究法律责任。呆账损失责任人不落实而予核销的，应当追究批准核销呆账的负责人的责任。对应当核销的呆账，由于有关经办人、部门负责人和单位负责人的原因而不核销、隐瞒不报、长期挂账的，对有关责任人进行处理或者处罚。

商业银行必须建立呆账核销后的资产保全和追收制度。除法律法规规定债权与债务或投资与被投资关系已完全终结的情况外，对已核销的呆账继续保留追索的权利，并对已核销的呆账、贷款表外应收利息，以及核销后应计利息等继续催收。

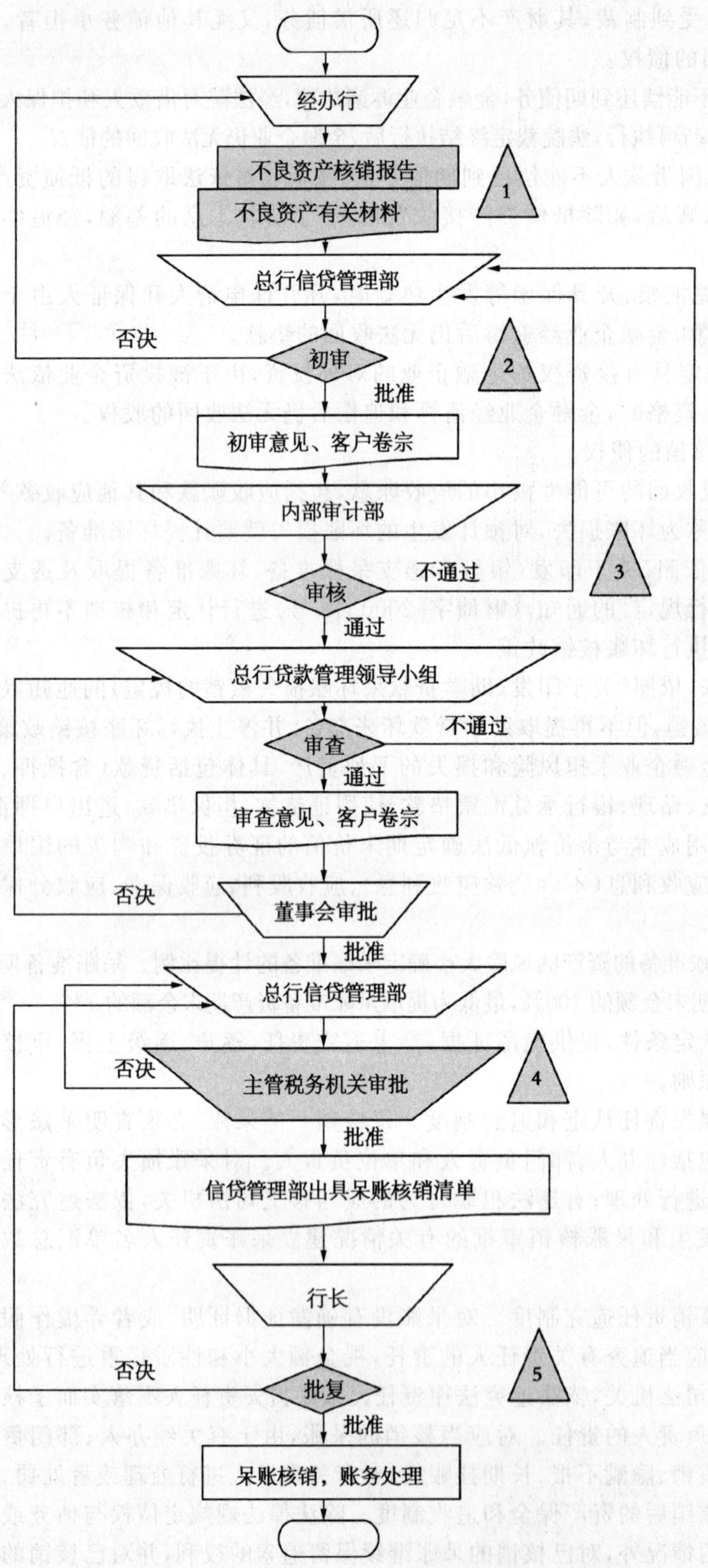

风险控制点：

(1) 经办行道德风险，导致核销信息不准确，不完整。
(2) 初审人员工作不认真负责，初审不合规、不客观公正。
(3) 审核不严格，不客观公正。
(4) 行政司法人员有道德风险；有关政策不明确，不稳定，法规不健全。
(5) 领导把关不严，审批不客观公正。

图 3-11　商业银行核销呆坏账业务基本流程图

表 3-6　核销呆坏账风险评价与控制工作表

目　标	风　险	概率	行动/控制活动	评价与结论
目标 1:确保核销信息的真实性和完整性。	(1) 经办行道德风险造成核销材料等不真实、不完整。 (2) 经办行经营管理风险导致债务不明晰等问题。		(1) 上级行应加强对经办行呆坏账申报材料核实。 (2) 建立经办行呆坏账申报的内部制约机制。 (3) 说明申报“假呆账”的后果。	
目标 2:确保初审客观公正。	(1) 初审人员对核销工作及其程序不熟悉,缺乏经验。 (2) 初审人员工作不认真细致。 (3) 未真实反映了解道德真实情况或妥协退让。		(1) 对初评有关人员进行有关业务培训和考核,并经常交流工作经验,提高工作能力。 (2) 建立和实行相应的激励机制和惩罚制度,以便提高员工的初审积极性。 (3) 对因职业道德方面的问题导致的错误应当批评教育,酌情处理。	
目标 3:保证内部审计部审核准确。	(1) 审核人员不熟悉核销工作,缺乏经验。 (2) 审核人员工作不认真,流于形式。		同上。	
目标 4:促请行政司法部门正确审理呆坏账核销。	(1) 有关政策不明确,不稳定,法规制度不健全。 (2) 行政司法人员因地方利益或道德风险审批不认真或有失客观公正。		(1) 要求经办人员注意学习和研究有关政策法律,尽可能采取措施防范法律风险和政策风险。 (2) 对于地方保护主义和道德风险应当抵制,并向行政司法人员说明判定错误或隐瞒真实情况所应承担的责任。	
目标 5:确保主管行长审批客观公正。	(1) 主管行长审批不认真。 (2) 主管行长因为不熟悉业务、有关法规和政策规定,导致审批不正确。 (3) 主管行长的道德风险导致审批不客观公正。		(1) 认真执行呆坏账核销审批责任制。 (2) 行长对主管行长进行有关业务和法规政策的培训和工作监督与评价。 (3) 董事会、党委和行长要经常提醒主管行长在职业道德方面起表率作用,把好审批关。 (4) 定期对主管行长进行责任监督和检查。	

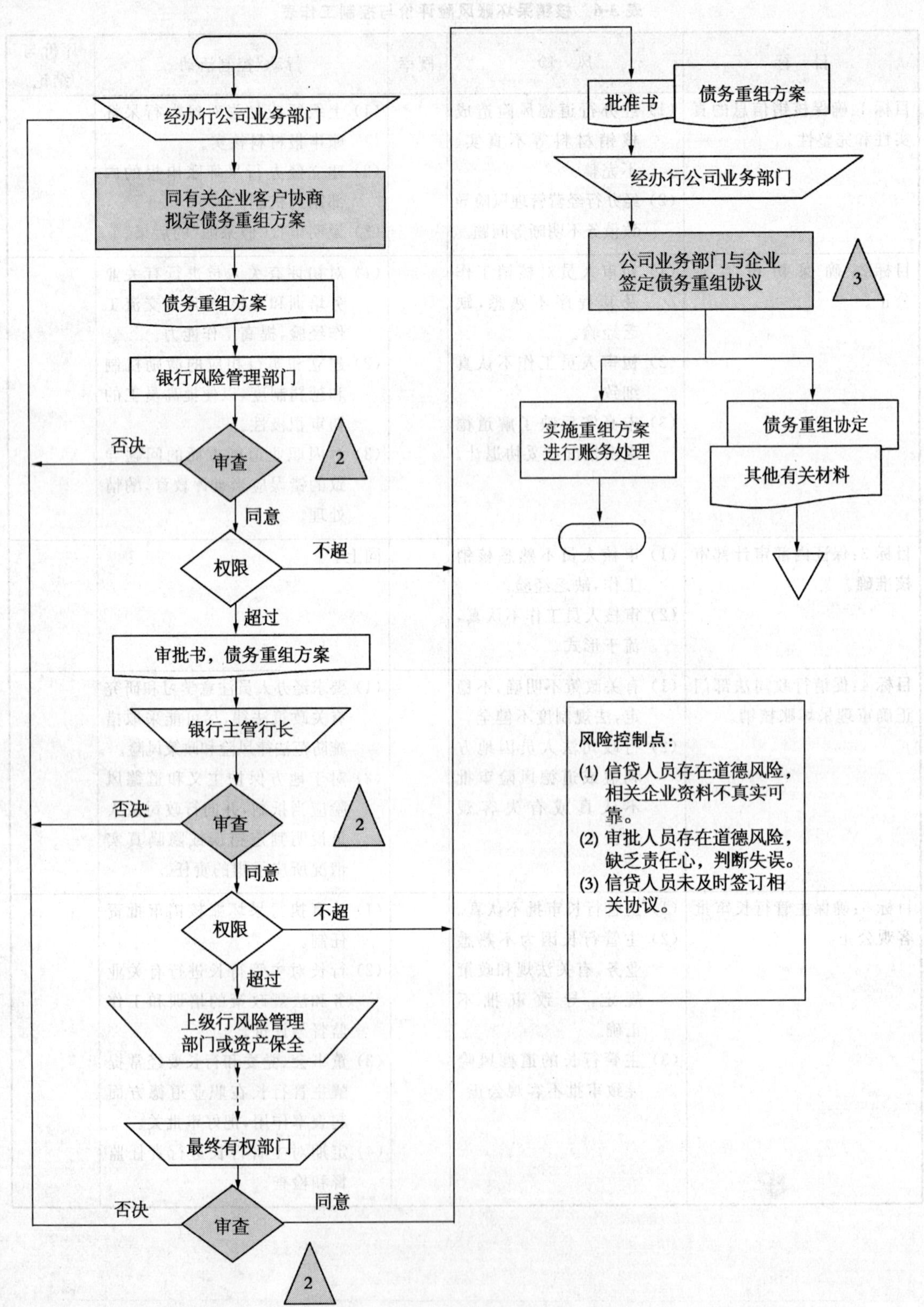

图 3-12　商业银行债务重组基本流程图

（三）债务重组

表 3-7　债务重组风险评价与控制活动工作表

目　标	风　险	概率	行动/控制活动	评价与结论
目标 1：正确编制债务重组方案。	(1) 信贷人员有道德风险。 (2) 相关企业的资料不实。		(1) 建立信贷人员责任制。 (2) 深入调查、了解有关情况。 (3) 严格选取有关评估机构。	
目标 2：客观、严格、正确地审批债务重组方案。	(1) 审批人员有道德风险。 (2) 审批人员缺乏责任心。 (3) 审批人员判断失误。		(1) 建立审批人员责任制。 (2) 加强对审批人员的监督。 (3) 加强对审批人员的培训。	
目标 3：使银行利益有合同的保护。	(1) 信贷人员责任心不强，未及时签订有关协议。 (2) 有关协议不能充分维护银行权益。		(1) 加强有关管理。 (2) 提高签字人员责任心，反复审批协议条款，否则产生了不良后果应追究责任。	

第二节　贷款业务内部控制评价

一、贷款业务内部控制执行情况测试

表 3-8　贷款业务内部控制测试表

测试方法	测试内容	执行情况说明	工作底稿索引号
询　问	与审计对象信贷管理和风险管理部门负责人、相关业务人员和会计人员座谈，询问有关贷款内部控制管理规定，有关贷款内部控制执行情况，重点询问贷款"三查"（即贷前调查、贷时审查、贷后检查）制度的执行程序、不良贷款的管理和有关对账程序。		
观　察	(1) 实地观察贷款业务不相容职务的职责分离情况，察看其实际执行效果。 (2) 实地观察贷款档案和质押凭证的保管情况，察看保管是否完整、安全。		
穿行测试	随机抽取审计对象几笔贷款档案作样本进行穿行测试。验证审计对象是否按规定程序进行业务操作，不相容职务是否由不同职员独立完成，对审计对象业务各个控制环节上可能产生的风险进行分析，对各个环节上的内部控制是否健全进行评价。		

除了穿行测试外，还可以采用符合性测试的方法，测试内容主要包括以下方面。

(1) 根据穿行测试的结果,选取贷款样本,调阅贷款档案,验证下述问题,评价审计对象贷款业务内部控制执行的有效性。

(2) 验证客户带来的资信风险是否控制在规定的限额内。与审计对象信贷员讨论,确定下列问题:银行客户统一授信、客户信用评级和公开授信等方面的制度或办法是否传达到相关职员,信贷员是否深入理解上述三方面的制度和办法;对客户的信用评级和授信限额的核定是否由独立的人员和部门完成;客户的授信限额是否至少每年审核和调查一次;发放新贷款前,借款人目前的贷款余额是否控制在授信限额内,并根据选取的贷款样本,调阅贷款档案,对上述问题进行验证。

(3) 验证借款人是否真实且具有民事活动的资格,是否符合客户标准条件。

① 验证客户提供的身份资料及申请贷款资料是否齐全、真实且相互一致。

② 必要条件下,可以向工商局查询或实地考察企业,验证其真实性。

③ 重新测算客户的各项准入指标,并与审计对象提交的书面说明核对。

(4) 验证信贷员贷款调查是否深入,风险评估是否充分。

① 就下列问题与信贷员座谈:评估信贷员在贷款分析方面的经验和胜任能力;贷款选择方法、贷款调查分析的方式和财务分析技巧、提交贷款调查分析报告的格式和内容。

② 根据选取的贷款样本,调阅贷款档案,并验证贷款调查的程序、贷款调查报告的格式和内容是否与银行相关规定相符。

③ 计算贷款调查报告提出的贷款额度与该客户使用审计对象其他信用(包括贷款、担保、贸易融资和其他信用)所占用的风险额度之和,并与核定的客户总的授信额度对比。

(5) 验证贷款调查资料是否真实、合法、充足、准确。

① 调阅贷款档案,验证信贷员是否在调查报告上签字。

② 验证审计对象是否按规定由独立人员对信贷员上报材料及调查报告进行审查,审查人是否在调查报告上签字。

(6) 验证审计对象经营的信用业务品种或种类是否经过授权。

① 将审计对象提供的信用业务品种清单与上级行的书面授权文件核对,确定审计对象经营的信用业务是否经过授权。

② 计算审计日审计对象的存贷比例和信用业务总余额,确定是否控制在上级行规定的限额内。

(7) 验证审计对象贷款是否按规定程序进行审批。

① 将贷款审批的书面记录与银行贷款审批程序、审批权限核对,重点验证:a. 各级贷款审批人的审批时间顺序;b. 各级贷款审批人审批的金额、期限、利率是否在权限范围以内;c. 各级贷款审批人的具体审批意见和签字。

② 计算对同一客户连续三个月累计发放贷款合计,并与审计对象单笔贷款审批权限核对,验证对同一客户贷款是否有化整为零的现象。

(8) 验证借款借据是否经过审批,并且与借款合同,贷款审批记录一致。

选取借款借据样本,核对有权人签字,并追查核对借款合同和贷款审批记录。

(9) 验证贷款入账前,借款借据是否经过会计严格的审查。

① 询问会计和复核人员,是否建立对借款借据的审核制度,以及审核的程序和内容。

② 选取借款借据传票,核对会计经办、复核的签章。

(10) 验证贷款提款转账是否安全，并符合贷款用途。获取借款客户存款分户账，追查核对借款借据和有关转账凭证，并加以验证。

① 新发放贷款的借款借据是否由信贷人员传递给结算部门审核入账。

② 核对贷款入账后借款企业的资金使用凭证，是否与借款合同规定的用途一致，并经过主办信贷员签字。

③ 检查是否存在借新还旧现象，如有，验证各种贷款审批文件、保证性文件是否齐全。

(11) 验证贷后检查的合规性，防止贷款挪用和不良贷款的产生。

① 与信贷员讨论：贷后检查的频率和内容；是否按照规定的格式和内容拟写贷后检查报告；了解信贷员的工作责任感。

② 根据选取的贷款样本，调阅贷款档案，验证信贷员贷后检查程序是否符合相关规定。

③ 将信贷员调查报告与银行关于贷后检查内容的书面说明核对，从报告的内容和深度评估贷后检查工作的质量。

④ 询问贷款主管是否定期检查和监督信贷员的贷后检查工作，并核对信贷员工作手册上的检查记录和签字。

(12) 验证定期催收的法律时效是否有效。根据选取的贷款样本中的逾期贷款、呆滞贷款和呆账贷款清单，追查核对贷款催收函，并验证以下内容。

① 信贷员是否在贷款到期后按规定定期向借款人、担保人发送“贷款催收函”，并依法取得回执。对未向借款人、担保人发送“贷款催收涵”或未取得回执的，要查明原因。

② 审计对象是否建立不良贷款催收和签收登记本。

③ 贷款主管是否定期检查不良贷款的催收情况，核对检查记录。

(13) 验证抵押、担保是否合法有效。根据选取的贷款样本，调阅贷款档案，并验证以下内容。

① 抵押物、质押物和担保人是否符合银行抵押担保政策规定的条件。

② 抵押率是否控制在规定的范围内。

③ 抵押物是否在规定的管理机构登记并在有关产权、公证登记机构办妥登记备案手续；抵押合同是否真实完整。

(14) 验证对抵押物是否进行完整有效的控制。

① 通过询问确定审计对象对抵押或质押的物品、票据、权利凭证、单据和有关文件是否由专门部门和人员保管。抵押品保管、表外科目登记和贷款业务部门是否严格实行职责分离。

② 实地察看抵(质)押物，将盘点结果与表外科目账核对，确定账实是否相符，不符查明原因。

③ 对抵(质)押品是否建立有效的安全保卫措施，实地测试这些措施的有效性。

④ 询问抵(质)押品保管人员，抵(质)押品在接收和保管以前是否经过银行法律部门的审核，并追查法律部门的审核记录。

⑤ 询问有关人员，审计对象是否对一些重要的抵押品进行保险，并核对保单，确保偿付时银行为受益人。

⑥ 询问审计对象是否建立对抵(质)押品进行定期评估。如有，调阅并审阅评估报告，并将评估价值与贷款余额比较。

(15) 验证银行贷款文件是否齐全，并得到有效保管。根据选取的贷款样本，调阅贷款档案,并验证以下内容。

① 核对贷款档案中已经记录在档的文件,确定是否齐全,是否符合银行规定。

② 实地测试审计对象是否建立了对贷款档案的安全防范措施及其有效性。

二、贷款业务实质性测试

(一) 贷款余额、贷款质量真实性审计程序

(1) 取得审计对象信贷管理系统的电子文件和会计核算系统中有关审计对象贷款类科目的流水账、分户明细账、总账、借款人存款明细账,执行下列复核。

① 利用计算机将贷款类科目从流水账到总账再到会计报表核对相符。

② 将信贷管理系统的贷款金额(包括期初余额、本年发生额和年末余额)与会计报表金额核对相符,若有不相符或重大调整项目,则应查明原因。

(2) 执行分析性复核。

分析各项贷款金额和贷款质量的增减变动情况。

① 取得审计对象上年末贷款余额、本年的信贷计划和本年贷款的增长情况,将本年贷款余额与上年余额进行对比,分析本年贷款余额是否在正常范围内,若有异常增减变动,则应查明原因。

② 取得审计对象上年贷款五级分类明细表和同行业贷款质量的平均指标,与本年贷款分类明细表进行对比,分析贷款质量的变动是否在正常范围内,若有异常变动,则应查明原因。

③ 分析利息收入是否与贷款金额与贷款质量相匹配。

(3) 执行重大项目检查。

运用计算机对核对相符后的信贷数据按贷款余额、当年发生额、不良贷款的余额分别从大到小进行排序,以便审计人员开展下列工作。

① 抽取贷款余额或发生额前10位(根据审计力量和审计时间由各审计组决定)的借款人进行详细检查。

② 抽取一定数量的不良贷款(根据审计力量和审计时间由各审计组决定,一般情况下,不良贷款中风险高的贷款,应加大检查力度)的借款人进行详细检查。

③ 抽取欠息大户的借款人进行详细检查。

检查的主要内容包括以下方面:

① 审查贷款档案,检查借款人的条件是否符合规定,担保、抵押是否合法,有无正常的审批手续,检查贷款的户名、余额、期限、利率、到期日等内容,是否与会计部门的记录一致。

② 通过实地调查或函证核实贷款余额和应收利息的真实性。一是核对借款人贷款的期初余额、本年发生额、年末余额以及贷款利息的支付与银行的账面记录是否一致,若不相符,应查明每一笔不相符的金额及原因;二是追踪贷款资金的用途和去向,查明登记入账的贷款是否确实已经发放给真实的借款人,借款人获得贷款后,是否按借款合同的规定使用贷款,有无转移、挪用和骗取银行贷款的现象;三是核实借款人提供的贷款资料是否真实,重点检查借款人实收资本是否到位、财务报表是否真实、经营活动是否正常;四是对不良贷款和欠息大户,还应查明形成不良贷款和欠息的原因。

③ 对余下的贷款，进行抽样审计。

(4) 通过计算机筛选异常的贷款项目进行审查。

① 审查发现审计对象自办公司的贷款。重点审核自办公司的各项借款、投资和往来账簿，分析其资金的来源和使用情况，检查审计对象有无利用自办公司筹资并账外发放贷款的问题。

② 审查相互担保企业的贷款。

③ 审查长期欠息的贷款。

④ 审查对借款人旧贷款未收回，又新发放的贷款。

⑤ 审查同一法人代表、或同一办公地址、或同一电话号码，而借款人不同的贷款。

⑥ 审查企业集团及其子公司的所有贷款。

⑦ 审查运用多种信用工具(如贷款、银行承兑汇票、信用证、信用卡透支)的借款人，综合考虑其偿债能力。

(5) 利用审计人员的专业判断。

① 结合其他信用工具的审查，主要是定期存单、银行承兑汇票、信用证和担保等业务的审计，检查审计对象有无利用这些信用工具账外融资再对外发放贷款的行为。

② 结合对其他各类会计科目，主要是各种存款和往来账户的审查，揭露是否存在设立贷款和利息收入过渡户以及账外放款的情况。

③ 审查委托贷款。重点审查委托存款合同，若无真实的委托存款合同，则可以证实贷款为假委托贷款。

④ 审查个人住房和个人消费贷款。由于个人住房和个人消费贷款户数多、单笔金额小，增加了审计的难度，主要依靠审计人员根据了解的异常情况进行判断抽样，对下列异常情况应重点审查：一是通过审查个人贷款的基本资料，检查有无同一借款人在同一房地产开发项目中购买多套住房的现象，或通过身份证识别来自同一地方(特别是农村或偏远山区)的许多借款人购买同一房地产开发项目的现象，通过对上述异常现象的审查，检查有无房地产公司搞假按揭骗取银行贷款的问题；二是审查银行内部员工贷款的用途，有无内部员工将贷款用于股票投资的问题；三是审查有欠息的个人贷款，特别是同一房地产项目中大量欠息的贷款。此外，在审查个人贷款时，同时应检查银行在代办一些业务如代办保险时收取的手续费和回扣是否入账，有无截留私设“小金库”的问题。

(6) 抽取一定量的正常贷款，特别是办理过借新还旧手续的正常贷款。调阅信贷档案，结合贷款台账和会计账户进行审查核实。

① 检查贷款已到期(含展期后到期)应转未转入逾期贷款的情况。

② 检查贷款的发放时间，是否已经到期，验证此笔贷款有无办理过借新还旧手续。

③ 调阅贷后检查报告，在借款合同执行期内，对借款人生产经营已停止、项目已经停建的情况，贷款应划分为可疑贷款。

④ 检查借新还旧贷款，唯有同时满足以下四条才能将借新还旧贷款认为正常贷款：即借款人生产经营活动正常，且能按时支付利息；重新办理贷款手续；贷款抵押、担保继续有效；贷款属周转性。其余任何形式的借新还旧贷款都应认定为不良贷款，并应以原贷款合同的到期日为基础，划分为相应种类不良贷款。

⑤ 检查展期贷款是否符合《贷款通则》等有关规定，借款人未申请展期或申请展期未得到

批准，或审计对象违反规定审批展期贷款，都应认定为关注贷款。

(7) 调阅信贷档案和会计账簿通过分析不良贷款认定及汇总表，抽取一定数量的不良贷款，特别是近期新增的不良贷款。

① 审阅借款合同、借款借据、会计记录和贷后检查报告，检查有无将正常贷款转入逾期贷款的现象。

② 审阅信贷档案，检查有无已办理以物抵债手续和质押凭证过户手续的贷款未进行账务处理的情况。

③ 审阅信贷档案，结合延伸调查借款人或函证查证借款人经营的真实状况和资信状况，检查贷款分类是否合理。

④ 结合借款人资料、贷前调查和审查审批表，延伸调查借款人在贷前、贷后的经营状况、资信状况、财务状况和借款的使用情况，分析不良贷款形成的原因，对因审计对象在贷款管理过程中所形成的不良资产，应分清责任。

(8) 审查银团贷款。主要审查银团贷款是否由当地人民银行或地方政府协调组织实施；审查牵头行和参贷行是否对贷款项目的可行性进行了科学的分析和评估；对逾期和不能按时付息的银团贷款，应重点查明原因，审查有无将银团贷款挪作他用的现象，有无地方政府干预的现象。

(9) 审查转贷款的资产质量。主要是通过实地调查了解借款人通过转贷款进口设备是否产生预期效益，能否按时还本付息和支付银行的转贷手续费，审查借款人的经营状况和财务报表，来评价转贷款的资产质量，对由银行垫付转贷款本息的，应重点调查，查明原因。

(10) 审查贷款质量的披露。主要检查审计对象是否向上级行、监管部门真实全面地披露其贷款质量和存在的风险，有无隐瞒不良贷款的比例，粉饰经营风险的问题。

(11) 审查以物抵债资产质量及处置。一是审查以物抵债资产价值是否由具有合法资格的评估机构进行评估确定，有无低值高估的现象；二是审查抵债资产的会计处理(包括原贷款的转销、确定入账价值与账面价值差额的处理)是否符合财政部的有关规定；三是抵债资产的管理是否健全有效，是否由资产保全部门调专人进行登记保管，并落实保管责任制，定期进行实物的盘点清查，对抵债资产产生的收益(如租赁收入)有无截留和私设“小金库”的现象；四是对收回的抵债资产(如房屋、汽车)有无违规自用的现象。

(12) 完成贷款质量真实性审定表。

(二) 贷款业务合规性审计程序

(1) 审查借款人是否具备贷款的资格和规定的条件，贷款发放手续是否齐全，有无违反规定对不具备借款人资格的企业发放贷款，使贷款本息遭受损失的问题。

(2) 审查贷款的投向是否符合国家产业政策和信贷政策，贷款用途是否符合有关规定。查阅借款人的存款分户账和延伸检查贷款资金的去向，有无将流动资金贷款用于购置固定资产，有无挪用贷款违规进入股市和期货市场。

(3) 审查贷款的审批是否符合规定的审批程序，即是否体现了贷款审批环节之间的制约关系和审贷分离的原则，有无越级审批和未经信贷调查的审批，有无逆程序或变相逆程序审批信贷业务。

(4) 审查是否存在规避权限管理的行为。如化整为零发放贷款、以短期贷款名义发放中长期贷款以及借名贷款现象。

(5) 审查是否存在对关系人发放贷款情况，是否存在因对关系人发放贷款而放松申请贷款条件的情况，是否存在继续向自办公司注入信贷资金情况。

(6) 调阅审计对象年度会计报表、信贷统计报表与银行下达的贷款额度通知书核对，审查审计对象的贷款总额是否控制在银行下达的贷款规模之内，有无通过假委托贷款，或将新发放贷款隐藏在其他科目中等问题。

(7) 审查是否存在以贷收息经营行为。

(8) 审查贷款利率的执行情况。

① 运用计算机对贷款计息文件进行排序和查询，筛选出计息文件中各类贷款利率高于(或低于)国家法定利率的记录进行详细审查。

② 调阅《借款合同》和借款借据，审查借款合同中注明的利率是否符合中国人民银行的规定，有无任意提高或降低贷款利率、自行制定利率或错用利率问题。

③ 调阅《借款合同》、借款借据、利息收入明细账和手续费收入明细账，审查是否在借款合同中订有附加条款，通过向借款人加收手续费、咨询费等名义变相提高贷款利率的情况。

④ 调阅《借款合同》、借款借据、利息收入明细账，审查商业银行是否在发放贷款当日即扣收贷款利息，从而变相提高贷款利率的现象。

⑤ 调阅停息、减息、缓息和免息贷款明细账，审查在办理停息、减息、缓息和免息过程中是否严格执行国务院规定，有无越权办理现象。

(9) 审查是否按规定办理对保证人、抵押(质押)人的抵(质)押、财产共有人的承诺以及办理保险等审查、估值、产权转移、登记保管等手续。

(10) 审查票据贴现是否具有真实的商品交易。票据贴现要求具有合法、真实、有效的商品交易合同和增值税发票，必要时，还应到企业调查核实入库单、运输单和相关的会计分录。

(11) 审查贷款和贴现资金的去向。审查借款人有无诈骗银行贷款转移国外和用于个人挥霍，或挪用贷款去投资股票、期货而造成损失的现象。

(12) 审查外汇贷款是否符合规定的条件，是否按外管局的规定办理外汇贷款登记，延伸检查借款人是否按规定的用途使用外汇贷款。

(13) 审查有关贷款管理的指标是否控制在人民银行规定的指标内。通过上述对贷款余额和贷款质量的检查，核实单一客户贷款余额比例、最大10户客户贷款比例、逾期贷款(呆滞、呆账)比例、中长期贷款比例等指标是否控制在规定的范围内。

(三) 贷款利息收入审计程序

(1) 取得计算机系统中利息收入的计息文件，审查计息文件的完整性和有效性。取得利息收入明细账、表内表外应收利息明细账和总账、各月贷款明细账。

对贷款利息收入，在目前条件下，有两种可供选择的审计方法，审计人员可根据获取电子数据的情况和自身的计算机水平分别采用分析性复核法或计算机辅助审计法。

(2) 分析性复核法。

① 分组设计期望值。在对贷款利息收入进行分析性复核时，由于贷款种类和贷款期限不同，所采用的贷款利率不一致，因此在设计期望值时，一般可以按贷款种类来分组设计期望值(若利息收入在各月之间波动较大，也可以按月或按季分组)。具体方法是取得各月各类贷款

的平均余额，根据法定利率计算出各组的期望值。

② 对作为设计期望值的贷款平均余额进行检查，以保证设计的期望值是可信赖的。

③ 确定可接受的偏差。

④ 比较期望值与实际利息收入及应计利息。对超过可接受偏差的金额进行调查。

⑤ 对分析性复核结果进行评价。

(3) 计算机辅助审计法。

① 计算机编程法。根据取得完整的电子数据，可以直接运用计算机编程对利息收入进行精确复核。取得上年末贷款余额表、本年的贷款流水账、适用利率表，编制利息收入的计算程序，用计算机重新计算贷款利息的正确性。对计算机计算出的分户利息收入与计息文件中不相符的账户进行逐户审查。

② 通过计算机对贷款计息文件进行检索，检查同类贷款有无适用利率不一致的记录。导致利率不一致有两种情况，一是操作员输入有误，二是人为调整。若有则应筛选出来重点审查。

③ 通过计算机检查有无人为进行计息积数调整的记录。

(4) 审查利息收入的确认和计量

① 抽取原始凭证，与利息收入明细账核对，核实记入利息收入的资金，是否全部从借款人的账户中付出；检查计息清单与利息收入、应收利息(表内外)的数字是否相吻合。

② 实施重大项目检查。一是查阅各利息收入明细账，从中抽取大额的利息收入，与贷款合同及计息清单进行核对；二是抽取贷款大户，检查其利息收入的入账时间和金额。

③ 将延伸调查贷款单位的利息支出数与银行收取的贷款利息进行核对，若有不相符的现象，则应查明借款人付息的去向。

④ 实施利息收入入账时间测试。审阅结账日前后的利息收入记录，与有关凭证相核对，检查其入账日期是否正确，是否存在跨年度入账，从而调节利润的情况。

(四) 呆账准备的审计程序

呆账准备的审计程序如下所示。

(1) 取得贷款分类统计表，呆账准备金提取计算表，核对两表贷款总额和分类是否一致。

(2) 通过分析复核，检查贷款减值准备提取是否正确。审计人员应结合信贷资产质量的检查，核实审计对象对资产的风险大小确认是否符合实际，确定计提呆账准备金的比例是否充足，计提基数是否完整，账务处理是否正确。

(3) 审查不良贷款的确认条件。不良贷款的确认是否符合财政部和人民银行规定的条件。

(4) 审查不良贷款的核销程序。取得核销不良贷款的有关审批资料，审查审计对象不良贷款核销是否经相应财政部门审核同意，银行相关部门按规定审查批准后核销。

(5) 审查不良贷款核销的真实性。有无弄虚作假多报不良贷款搞假核销，或者收回不良贷款转入账外的现象。

第四章 资金业务

第一节 资金业务内部控制

商业银行在经营的不同时期,会出现本外币资金头寸的富裕或不足,本着安全、流动与效益性的原则,各商业银行在授权管理权限内,会根据需要对本外币资金头寸进行不同形式的资金营运。

一、商业银行资金业务中的主要风险及表现

1. 资金融通到期不能偿付或收回的风险

这主要是由于决策失误、经营管理不善,资金使用效果欠佳,交易对手风险,证券回购及自营外汇买卖价格倒挂形成损失等原因造成的。

2. 资金融通业务的会计处理及业务操作方面的风险

如出现账目错误,会计处理及业务操作规程不符合国家有关法律的规定,超期限、超利率借、拆入资金,超范围、超限额拆除资金,再贴现票据无真实贸易背景,再贷款及拆入资金用于放贷、投资等违规行为。

3. 资金融通业务存在个人欺诈风险

如利用资金融通业务盗取资金,在证券回购及自营外汇买卖等方面损公肥私等。

二、商业银行资金业务流程

商业银行资金业务主要包括:拆借、再贷款、再贴现、证券回购、自营外汇买卖等。

拆借业务主要是指总行直接或授权分支机构为具备同业拆借业务资格的银行同业,以及信托投资公司、金融租赁公司提供以信用为基础的短期资金融通业务。总行或授权分支机构与其他金融机构签订融资合同后,在授信范围内向客户提供从隔夜拆借至365天区间范围的融资业务品种,通过银行间同业拆借市场进行,拆借利率根据资金供求情况及一定期间的市场

利率水平确定，资金清算以转账方式进行，拆借资金当日到账。

同业拆借的主要作用是调剂资金余缺，弥补短期资金不足。交易对象为银行间拆借市场成员并获得我行授信资格。

中央银行的贷款是商业银行基础货币的重要来源，它对于维护金融体系安全，抑制通货膨胀，调节经济具有非常重要的意义。该业务的对象主要是商业银行和国家财政，在特殊的情况下，也对一些非银行金融机构发放小额贷款。

中央银行贷款的特征是：以短期贷款为主；不以盈利为目的；控制对财政的放款；不直接对工商企业和个人发放贷款。

中央银行贷款的方式是：审查商业银行的贷款数额、期限和用途，确定利率。通常是短期的，以政府债券和商业票据为担保。

向人民银行贷款的程序为：借款银行提出贷款申请，借款审查，借款发放，贷款的收回。

再贴现是指商业银行为弥补营运资金的不足，将由贴现取得的商业银行票据提交中央银行，请求中央银行以一定的贴现率对商业票据进行二次买进的经济行为。中央银行通过调整再贴现率提高或者降低再贴现额度，从而调节信用规模。

证券回购是指债券持有者在卖出一定债券取得相应资金的同时，承诺在某一天按指定价格购回同等的债券，它是一种以债券为载体，伴随债券买卖活动而产生的资金融通行为。

自营外汇买卖是指经国家外汇管理部门批准，直接在国际金融市场上买卖外汇。自营外汇买卖集中在总行办理。一般由总行国际资金部门委托交易室买进或卖出，总行清算中心负责记其借贷账户。

自营外汇买卖的特点是：第一，买卖外汇的人民币资金自主筹集，相应的头寸为银行的头寸，不属于国家的外汇结存，银行有自主调节外汇买卖金额的权利；第二，外汇买卖价格须自己制定，银行可在人民银行规定的基准汇率上下浮动 2.5‰，具有一定限度；第三，外汇买卖的汇率及币种结构的风险及损益要由银行本身自行承担。

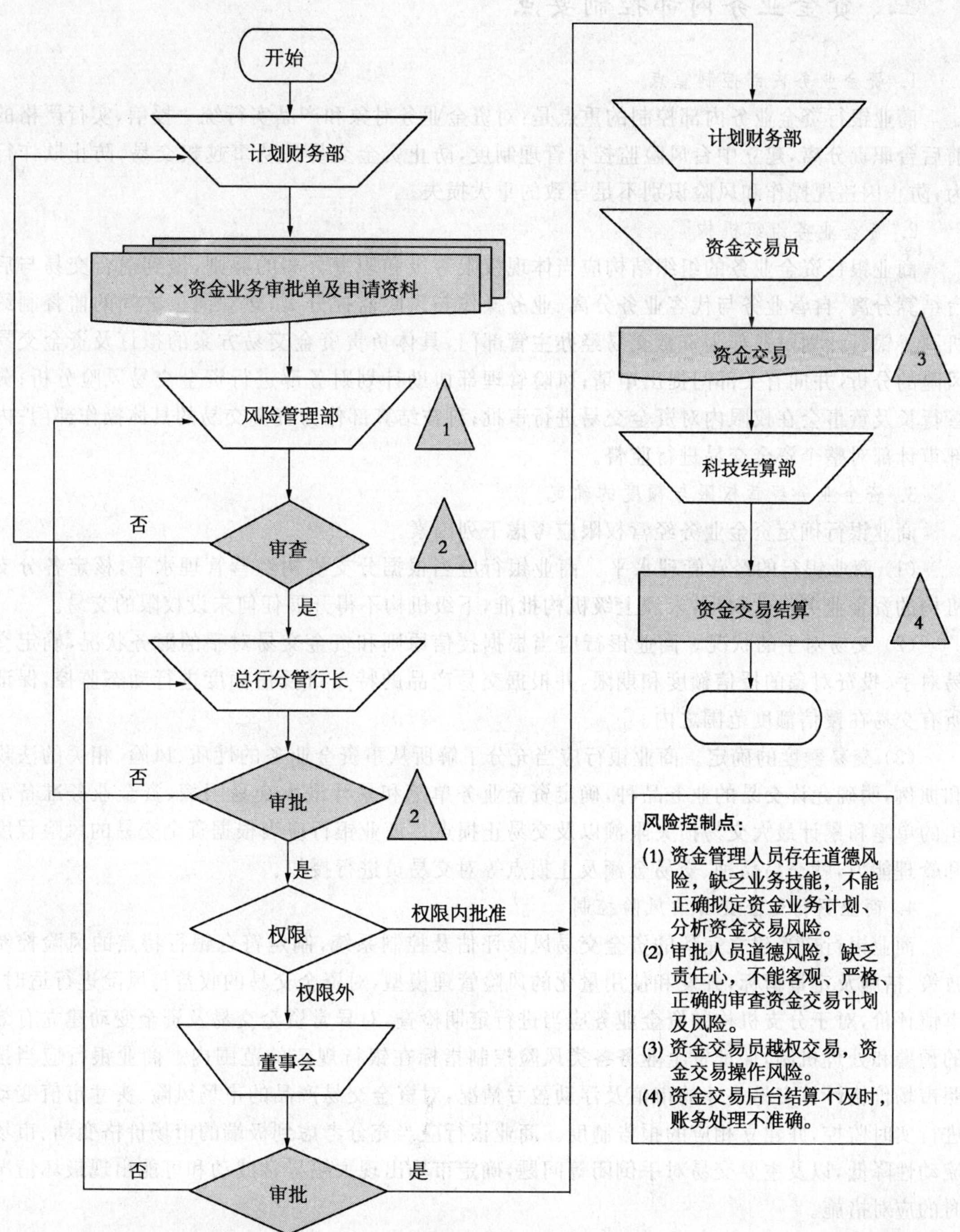

图 4-1　商业银行资金业务流程图

三、资金业务内部控制要点

1. 资金业务内部控制重点

商业银行资金业务内部控制的重点是:对资金业务对象和产品实行统一授信,实行严格的前后台职责分离,建立中台风险监控和管理制度,防止资金交易员从事越权交易,防止欺诈行为,防止因违规操作和风险识别不足导致的重大损失。

2. 资金业务组织机构

商业银行资金业务的组织结构应当体现权限等级和职责分离的原则,做到前台交易与后台结算分离、自营业务与代客业务分离、业务操作与风险监控分离,建立岗位之间的监督制约机制。银行计划财务部为资金交易经办主管部门,具体负责资金交易方案的拟订及资金交易风险的分析,并向有关部门提出申请;风险管理部协助计划财务部进行资金交易风险分析;分管行长及董事会在权限内对资金交易进行审批;科技结算部作为资金交易的具体操作部门;内部审计部对整个资金交易进行监督。

3. 资金业务经营权限与额度的确定

商业银行确定资金业务经营权限应考虑下列因素。

(1) 商业银行的经营管理水平。商业银行应当根据分支机构经营管理水平,核定各分支机构的资金业务经营权限,未经上级机构批准,下级机构不得开展任何未设权限的交易。

(2) 交易对手的状况。商业银行应当根据授信原则和资金交易对手的财务状况,确定交易对手、投资对象的授信额度和期限,并根据交易产品的特点对授信额度进行动态监控,保证所有交易在授信额度范围之内。

(3) 交易额度的确定。商业银行应当充分了解所从事资金业务的性质、风险、相关的法规和惯例,明确允许交易的业务品种,确定资金业务单笔和累计最大交易限额、资金业务准备承担的单笔和累计最大交易损失限额以及交易止损点。商业银行应当根据资金交易的风险程度和管理能力,就交易品种、交易金额及止损点等对交易员进行授权。

4. 商业银行资金交易的风险控制

商业银行应当建立完备的资金交易风险评估及控制系统,制定符合银行特点的风险控制政策、措施及定量指标,开发和使用量化的风险管理模型,对资金交易的收益与风险进行适时、审慎评价,对于分支机构的资金业务应当进行定期检查,对异常资金交易及资金变动建立有效的预警和处理机制,保证资金业务各类风险控制指标在银行规定的范围内。商业银行应当按照市场价格计算交易头寸的市值及浮动盈亏情况,对资金交易产品的市场风险、头寸市值变动进行实时监控,并建立相应的报告制度。商业银行应当充分考虑到极端的市场价格变动、市场流动性降低,以及主要交易对手倒闭等问题,确定市场出现大幅异常波动和可能出现最坏情况时的应对措施。

商业银行应当建立有效的资金交易后台结算部门对前台交易的反映和监督机制,后台结算部门应当独立地进行交易结算及付款,并根据交易员的交易记录,在规定时间内向交易对手逐笔确认交易,核对前台交易的授权交易限额、交易对手的信用额度和交易价格等,对于超出授权范围内的交易应当向有关主管部门报告。

商业银行应当建立资金营运的内部控制,资金的调出、调入应当有真实的业务背景,严格按照授权进行操作，并及时划拨资金，登记台账。对大额资金调拨，资金汇出行应当做好跟踪监测工作，确保汇出资金及时到达指定行。商业银行资金业务新产品的开发和试行应当经高级管理层授权批准，在风险控制制度和操作规程完备、人员合格和设备齐全的情况下，交易部门才能全面开展新产品交易。

商业银行应当建立资金业务的风险责任制，明确规定各个部门、岗位的风险责任和相应的处罚措施。

(1) 前台交易人员应当承担越权交易及虚假交易的责任，应当对未执行止损规定形成的资金损失负责。

(2) 中台监控人员应当承担风险报告失准的责任。

(3) 后台结算人员应当对结算的操作性风险负责，并承担对交易员越权交易报告的责任。

(4) 高级管理层应当对资金交易出现的重大损失承担管理责任。

5. 对高风险金融衍生产品的风险控制

商业银行应当明确金融衍生产品的性质、风险揭示和对冲策略，并根据银行的风险承受能力合理确定金融衍生产品的风险限额和相关交易参数；交易人员应当向高级管理层如实汇报金融衍生产品中的或有资产、隐含风险和对冲策略等交易细节。

6. 交易员的培训与激励机制

交易员上岗前应当取得相应资格或经过培训。商业银行应当建立对资金交易员适当的激励机制，并加强对交易员的日常管理。应当要求交易员严格遵守交易员行为准则，在职责权限及各项授信限额、交易限额及止损点内以真实的市场价格进行交易，并保证交易信息的机密性。

7. 保存与交易有关的文字资料

妥善保存资金交易的所有交易记录和与交易记录有关的文件、账目、原始凭证、报表、电话录音等资料。

除上述一般性的控制要点之外，商业银行还应根据每种资金业务的特点、风险，进行更为详细的内部控制。

第二节　资金业务内部控制评价

一、资金业务内部控制执行情况测试

商业银行资金业务内部控制执行情况测试主要包括下列方法与内容。

(一) 询问

询问银行资金业务部门主管、资金业务交易员和资金后台结算人员等有关内部控制执行情况，重点询问各项审批手续和内部复核、对账程序。

（二）观察

实地观察资金业务的不相容职务的职责分离情况，察看其实际执行效果。

（三）穿行测试

随机抽取审计对象几笔资金业务档案作样本进行穿行测试。验证审计对象是否按规定程序进行业务操作，不相容职务是否由不同职员独立完成，对审计对象资金业务各个控制环节上可能产生的风险进行分析，对各个环节上的内部控制是否健全进行评价。

重点验证前台交易与后台结算是否分离、自营业务与代客业务是否分离、业务操作与风险监控是否分离，谈判签约人员与审批人员是否分离等。

（四）符合性测试

除穿行测试外，还有符合性测试，主要过程如下。

根据穿行测试的结果，选取资金业务样本，调阅业务档案，验证下述问题，评价审计对象资金业务内部控制执行的有效性。

(1) 验证审计对象经营的资金业务品种或种类、规模是否经过授权。

① 获取审计对象经营的信贷业务品种清单及截止审计日的余额，与上级行授权审计对象经营资金业务品种的书面文件进行核对，确定审计对象经营的资金业务是否经过授权。

② 审查审计对象资金业务单笔及累计规模、单笔及累计盈亏，与上级行授权交易金额及止损点等书面文件进行核对，确定审计对象是否在授权范围内进行资金业务。

(2) 验证开展资金业务是否由资金计划部门提出申请，并按一定程序获得审批。

① 就下列问题与资金计划部门管理人员、资金业务经办人员等座谈，评估其在资金业务管理方面的经验和胜任能力。从事资金业务是否由资金计划部门提出申请；资金业务种类、规模、时间、收益成本测算、确定依据；对资金业务是否进行风险分析等。

② 将资金业务审批的书面记录与银行关于资金业务审批的相关规定进行核对，重点验证：a. 各级资金业务审批人（部门）的审批时间顺序；b. 各级审批人（部门）审批的资金业务种类、规模、止损点等是否在权限范围内，有否存在越权审批；c. 各级审批人（部门）集体讨论会议记录、审批意见、签字等。

(3) 验证资金交易操作是否合规。

就下列业务与资金业务交易员座谈，评估其在资金业务操作方面的经验和胜任能力。是否熟悉交易员行为准则？是否熟悉相关资金业务市场运行机制及其风险特征，并在整个交易过程中密切关注市场趋势？是否将发现的市场异常情况及时向上级汇报？交易前对资金交易对手是否进行信誉和经济实力调查？重大资金业务合同、协议的签订是否有财务部门参加并经主管行长批准？是否严格在授权范围内交易，认真登记交易台账等。

(4) 验证资金业务合同内容是否完整、合法，有无批准手续。

① 选取资金业务合同样本，审核资金业务合同条款是否齐全，资金业务利率、费率、期限是否符合监管部门和人民银行规定。

② 审查资金业务合同是否经有权人签字，并追查核对资金业务合同和资金业务审批记录。

(5) 验证后台结算部门是否独立及时进行交易结算和付款，会计记录是否及时正确。

① 后台结算部门是否独立及时进行交易结算和付款，并根据资金交易员的交易记录，在规定的时间内向交易对手逐笔确认交易事实。

② 资金业务及其产生的收益、成本是否及时在账内如实反映，是否定期将资金业务明细账与总账、资金业务合同、实际数核对，融出资金来源是否符合规定，融出资金是否按规定用途使用。

(6) 验证有无专人负责资金业务档案管理。

① 是否有专人保管资金业务合同、契约？

② 有关资金业务资料是否报财务部门备案？

③ 是否及时收集交易对手的财务报表和相关资料？

④ 对托管在外的有价证券是否定期检查、确保保存完好？

⑤ 回购的有价证券有无办理相关质押手续？是否由银行登记和保存？

二、典型资金业务实质性测试

(一) 拆借业务审计程序

1. 拆出资金业务

(1) 拆出资金会计核算检查。取得或编制同业拆出明细表，复核其加计数是否正确，并与台账、“拆放同业”、“拆放金融性公司”、“拆放外资金融机构”总账、明细账的金额核对相符。调阅“拆放同业”、“拆放金融性公司”、“拆放外资金融机构”、“存放中央银行款项”、“利息收入——拆放同业利息收入”、“利息收入——拆放金融性公司利息收入”、“利息收入——拆放外资金融机构利息收入”明细账，并抽查大额凭证，审查拆出资金的会计核算和统计报告是否真实，有无通过“存放同业款项”、“存放金融性公司款项”、“存放外资金融机构款项”科目隐瞒拆出资金的现象，或者拆出资金与拆入资金进行轧差反映的现象。有无账外拆出资金行为。

(2) 拆出对象检查。调阅“拆放同业”、“拆放金融性公司”、“拆放外资金融机构”、“存放中央银行款项”明细账，抽查对应原始凭证与资金拆出合同或协议有关条款核对。审查是否有超范围办理拆借的问题，如，有无向非银行金融机构的分支机构拆出资金。

(3) 拆出期限和限额检查。调阅“拆放同业”、“拆放金融性公司”、“拆放外资金融机构”、“存放中央银行款项”明细账及相应借款凭证并抽查部分还款凭证，并与资金拆出合同或协议上的规定日期核对，审查拆出期限和限额是否符合有关规定。如，向证券公司、信托投资公司、集团财务公司、金融租赁公司拆出资金的期限是否不超过 7 天；拆出资金金额是否不超过该非银行金融机构实收资本金的 10%；是否超授权限额拆出资金。

(4) 拆出手续检查。调阅资金拆出合同或协议，由“拆放同业”、“拆放金融性公司”、“拆放外资金融机构”、“存放中央银行款项”明细账，抽查部分大额原始凭证，检查资金划转手续是否合规。

(5) 拆出资金来源和比例管理检查。调阅向上级行和人民银行报送的拆借资金月报表、“存放中央银行款项”、“拆放同业”、“拆放金融性公司”、“拆放外资金融机构”明细账及相应原始凭证。审查拆出资金的来源是否符合规定，是否为缴存法定存款准备金留足必要的备付金、归还到期人民银行再贷款、上缴应缴联行汇差资金后剩余资金。

审查有无占用人民银行的贷款和联行资金。计算公式为:可拆出资金的最高额度=自有资金+各项存款-(应缴准备金+应留存款准备金)-各项贷款。若可拆出资金的最高额度为正数,则表示有拆出能力,反之,则无拆出能力。如无拆出能力或拆出能力较小,而拆出资金较大,则可能占用了联行资金或人民银行贷款,需要进一步分析原因。审查商业银行拆出资金旬末平均余额与各项存款(扣除存款准备金、备付金、联行占款)余款之比是否控制在8%以内。计算公式为:拆出资金旬末平均余额/(各项存款-存款准备金-备付金-联行占款)旬末平均余额≤8%。

(6) 拆出资金利息检查。取得“利息收入——拆放同业利息收入”、“利息收入——拆放外资金融机构利息收入”、“利息收入——拆放金融性公司利息收入”分户账和拆出资金协议或合同核对,审查拆出资金是否实行转账结算,利息收入和手续费收入是否通过转账办理,核对是否按合同按期收取利息,有无隐瞒利息收入,或者有无通过签订补充合同或附加合同等方式在规定利息之外收取“好处费”或“回扣”行为。

(7) 以前年度遗留的场外拆出资金检查。取得以前年度遗留的场外资金拆出合同或协议及相关档案资料,审查场外资金是否经过备案,是否逐步进行清理。

(8) 拆出资金风险检查。调阅“拆放同业”、“拆放金融性公司”、“拆放外资金融机构”、“存放中央银行款项”、“利息收入——拆放同业利息收入”、“利息收入——拆放金融性公司利息收入”、“利息收入——拆放外资金融机构利息收入”明细表,抽查大额拆出资金凭证,并与业务部门的拆借台账核对,审查资金拆出是否存在风险,拆出资金和利息能否按时收回,是否存在多次展期、借新还旧的现象;审核到期未收回拆出资金的原因,有无人为因素;审查呆账准备是否根据资产风险程度和回收可能性合理确定,判断其充足性。

2. 拆入资金业务

(1) 拆入资金会计核算检查。取得或编制同业拆入明细表,复核其加计数是否正确,并与“同业拆入”、“金融性公司拆入”、“外资金融机构拆入”总账、明细账的余额核对相符。调阅向上级行和人民银行报送的拆借资金月报表、资金拆入合同、“同业拆入”、“金融性公司拆入”、“外资金融机构拆入”、“存放中央银行款项”、“利息支出——同业拆入利息支出”、“利息支出——金融性公司拆入利息支出”、“利息支出——外资金融机构拆入利息支出”明细账及相应原始凭证,审查是否按借款性质、往来单位等设置明细账;审查往来资金是否按实收资金列账核算;审查拆入资金的会计核算是否真实,有无通过“拆放同业”、“投放金融性公司”、“拆放外资金融机构”科目隐瞒拆入资金或者将拆入资金与拆出资金轧差核算反映的现象;审查有无利用拆入资金搞账外经营。

(2) 拆入资金用途检查。调阅上级行下达的资金拆入比例(额度)和单笔拆借合同、“同业拆入”、“金融性公司拆入”、“外资金融机构拆入”、“存放中央银行款项”明细账及相应原始凭证,审查拆入资金的运用是否符合规定,有无存在用拆入资金发放固定资产贷款、计划投资、购买有价证券、经营或炒卖房地产及投资参股等问题。

(3) 拆入资金期限和比例检查。调阅“同业拆入”、“金融性公司拆入”、“外资金融机构拆入”、“存放中央银行款项”明细账,月末各项存款科目分户账,并将月末各项存款余额加总,审查拆借资金有无超过人民银行规定的期限和比例。按照规定,商业银行每月每日平均拆入资金金额不得超过上月末各项存款余额的5%,拆入期限最长不得超过7天,只能办理一次展期，拆借利率不得超过央行日拆贷款利率的30%。

(4) 拆入资金利息支出检查。调阅资金拆入台账、合同、“同业拆入”、“金融性公司拆入”、“外资金融机构拆入”、“存放中央银行款项”、“利息支出——同业拆入利息支出”、“利息支出——金融性公司拆入利息支出”、“利息支出——外资金融机构拆入利息支出”明细账及相应原始凭证，并与拆借合同中的利率核对，审查拆入利息的计算是否正确，是否按合同规定计算和支付利息，利息是否转账结算，有无采取多提少提应付拆借利息的方式调节利润的行为。

(5) 前年度遗留的场外拆入资金的检查。调阅资金拆入台账、合同及相关档案资料，审查前年度遗留的场外拆入资金有无经过备案，是否逐步进行清理。

(二) 再贷款和再贴现业务审计程序

1. 再贷款业务

(1) 再贷款申请的检查。调阅再贷款申请书，贷款合同，资产负债表，审查再贷款申请书上的申请事项是否符合向人民银行申请再贷款的条件，信贷资金营运是否正常；审查借款的种类和期限是否合规。

(2) 再贷款用途的检查。调阅“向中央银行借款”、“存放中央银行款项”明细账，并抽查再贷款资金转出的凭证，审查再贷款资金是否用于解决借款人同城票据清算和现行汇差清算的临时头寸不足，以及其他短期流动性不足，有无违规用于放款和证券投资等问题。

(3) 再贷款会计核算的审计。取得或编制再贷款、再贷款利息支出明细表，复核其加计数与“向中央银行借款”、“利息支出——人行往来利息支出”明细账是否相符，并与再贷款合同和台账核对，审查是否按期偿还再贷款和支出利息，有无拖欠现象；审查利息计算是否正确，有无多付、少付等问题。

2. 再贴现业务

(1) 再贴现申请的检查。调阅商业银行办理贴现的票据和有关购销合同、增值税发票，审查再贴现的票据是否合法、有效，有无真实的贸易背景。

(2) 再贴现会计核算的审计。

① 对再贴现的记账凭证与分户账、分户账与总账、总账与会计报表进行核对，审查是否一致，如若不一致，找出原因。

② 审核“再贴现”、“存放中央银行款项”、“利息支出——再贴现支出”科目，获取或编制再贴现利息支出明细表，复核其加计数与“再贴现支出”分户账的余额核对是否相符，审查再贴现净额、再贴现息的计算(尤其是带息票据再贴现息的计算)是否正确，有无在贴现利息之外向人民银行支付好处费，有无虚列支出、少计支出的问题。

(3) 再贴现票据到期的检查。调阅商业银行的“贴现”、“再贴现”、“准备金存款”、“存放中央银行款项”分户账及再贴现票据到期日还款凭证，对照再贴现凭证上的日期，审查商业银行是否于贴现票据到期日前在人民银行存款账户内留足资金，审查其是否按期归还人民银行再贴现款项，有无故意拖欠不还的现象。

(三) 金融资产回购业务审计程序

1. 证券回购合规性审核

取得人民银行批准文件和总行授权书，核实进行证券回购业务是否经过批准。调阅“买入返售金融资产”、“卖出回购金融资产”，审核交易额度是否控制在批准限额之内，交易品种是否经过批准；是否通过全国统一拆借网络中心办理；证券回购的对象、利率、期限、资金来源和用途是否合规；有无超过授权权限和范围交易的行为。审计人员应重点审查没有成交交割单的证券回购业务，看买卖双方是否直接签订协议进行回购，确定其是否为场外交易。

2．证券回购交易账务处理的审计

向被审计对象索取其证券回购业务的全部成交交割单及回购协议，并与“买入返售金融资产”、“卖出回购金融资产”明细账进行核对，以确定证券回购是否真实存在，账面记录是否正确完整。

3．前年度未收回资金的审查

应重点关注前年度未收回资金的审查，通过审核有关资料及凭证，分析其原因，发现其他线索，如有无通过证券回购业务搞账外经营、私设小金库等问题。同时审核呆账准备计提是否充足，是否根据资产风险大小和回收可能性合理确定。

4．证券抵押的检查

取得“买入返售金融资产”明细账和返售金融资产明细表，运用盘点法，抽查返售金融资产的原件进行核对。对于以前年度场外交易，审计人员重点审查卖出金融资产方是否有真实充足的金融资产，并确定交给买入金融资产方，有无虚开代保管金融资产凭证问题；对于场内交易，审计人员重点审查卖出金融资产方的金融资产是否确定属其所有，有无挪用客户金融资产的问题。

（四）自营外汇买卖业务审计程序

1．自营外汇买卖业务合规性的审计

(1) 取得外管局批准文件和总行授权书，核实进行自营外汇买卖业务是否经过批准，交易额度是否控制在批准限额之内，交易外币品种是否经过批准。

(2) 审查审计对象办理自营外汇买卖业务是否以其自有外汇资金进行交易，每天交易总量是否控制在其外汇资本金或外汇营运资金 20%以内。审查商业银行办理自营外汇买卖的累计亏损额有无超过其自有外汇资金或外汇营运资金的 1%，当亏损额超过其外汇资本金或外汇营运资金的 2%时，是否停办此项业务。

2．自营外汇买卖账务处理的审计

(1) 取得外汇交易成交水单和交易合同，并与“外汇买卖”、“存放境外同业款项”等会计明细账进行核对，查明是否每笔自营外汇买卖均及时记账，有无不及时记账，造成资金体外循环和损益不实的现象。

(2) 调阅外汇买卖业务交易台账和外汇买卖明细账，计算其交易利润（亏损），审查自营业务的收益或亏损是否及时正确地计入汇兑损益科目，损益的计算是否正确，有无隐瞒亏损问题。

(3) 取得年终决算报表、外汇买卖明细账、其他营业支出明细账和外汇买卖科目余额及损益计算表，审查年末是否及时将外汇买卖损益进行结转，将各币种账户的外币金额折算成人民币所采用的汇率是否正确，有无不进行正确结转以调节利润的问题。

第五章 存款和柜台业务

第一节 存款和柜台业务内部控制

一、存款业务主要风险及表现

商业银行存款业务按资金性质可以划分为单位存款、个人储蓄存款和财政性存款三类。商业银行存款业务中的主要风险有操作风险、信誉风险、流动性风险。其主要表现在以下方面。

(1) 缺乏对存款客户基本情况和资金来源的了解，导致客户利用账户从事洗钱等活动。

(2) 对客户存入的款项不入账，挪用客户资金从事账外经营。

(3) 银行内部对空白重要凭证和印鉴管理不严，导致内部员工盗用空白凭证或印鉴窃取客户资金。

(4) 内部员工空存实取，盗取银行资金。

(5) 为吸收存款，擅自提高(或变相提高)存款利率。

(6) 擅自改动计算机系统的账户信息文件，如户名、账号，从而达到盗窃银行资金的目的。

(7) 擅自改变计算机系统的计息积数(如改变计息的起止日期、改变计息的范围)、利率等办法，通过多计或少计利息支出，来调节利润；或者内部专业人员通过修改程序，将多计的利息转入其个人的账户中。

(8) 为完成上级行下达的任务，虚增或隐瞒存款。

(9) 因银行经营不善，导致到期不能支付客户的存款和清算款项。

二、单位存款业务流程与风险控制点

(一) 单位存款业务流程

开户、出空白凭证、存款——销户、收回未使用空白凭证、计算利息、取款。

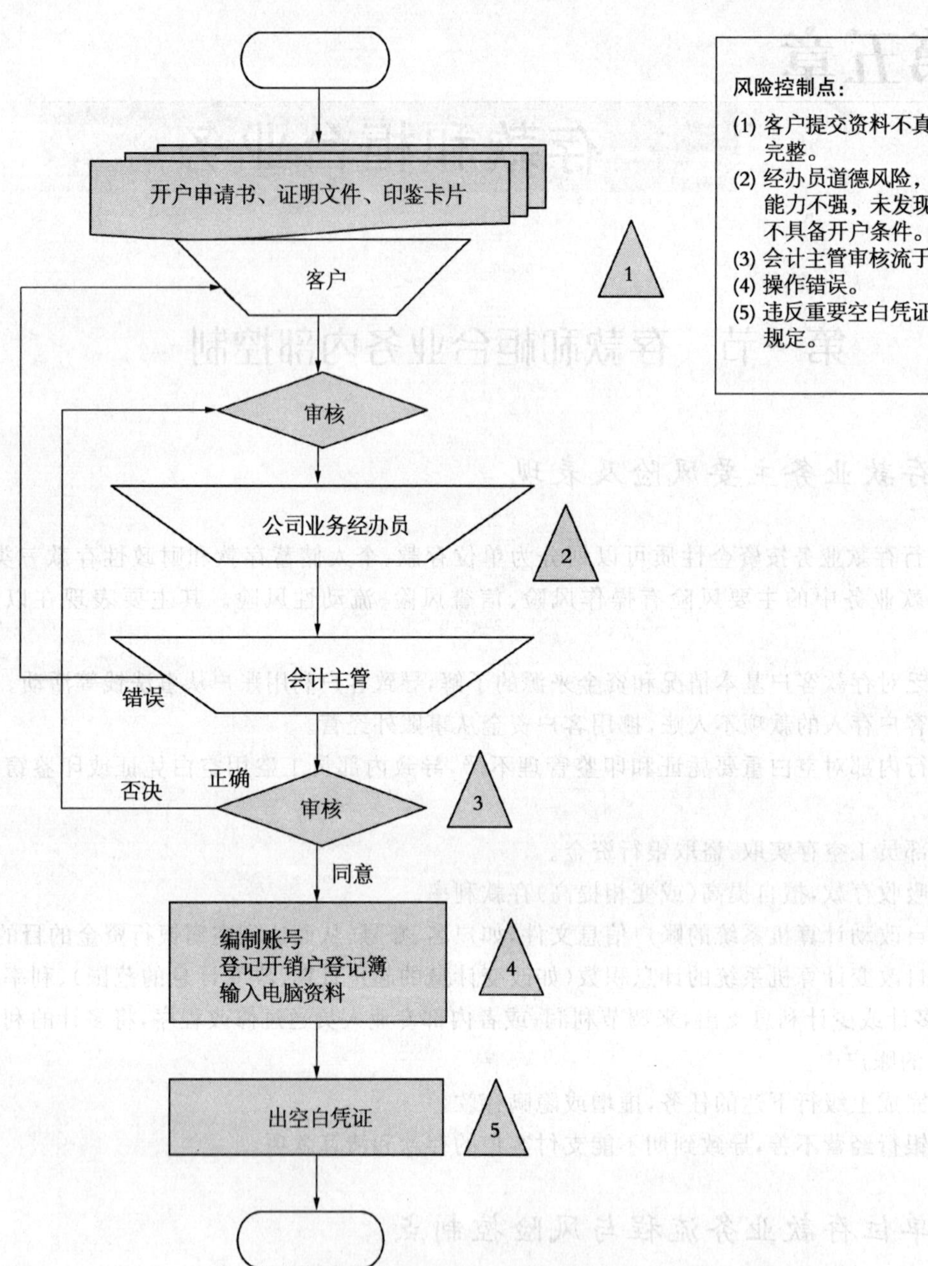

图 5-1　单位存款账户开立流程图

(二) 单位存款业务内部控制及评价要点

1. 商业银行存款及柜台业务内部控制重点

商业银行存款及柜台业务内部控制的重点是:对基层营业网点、要害部位和重点岗位实施有效监控,严格执行账户管理、会计核算制度和各项操作规程,防止内部操作风险和违规经营行为,防止内部挪用、贪污以及洗钱、金融诈骗、逃汇、骗汇等非法活动,确保商业银行和客户资金的安全。

2. 严格审查账户信息

商业银行应当严格执行账户管理的有关规定,认真审核存款人身份和账户资料的真实性、完整性和合法性,对账户开立、变更和撤销的情况定期进行检查,防止存款人出租、出借账户或利用存款账户从事违法活动。具体包括以下几个方面。

(1) 开户单位应符合规定的开户条件;开户资料和手续完备;开户审批制度健全。尤其要验证临时存款户、验资户的开立是否符合规定,资金的来源和用途是否正常。单位外汇账户的开立必须经过外汇管理局批准并核定现汇存款的最高限额,超过限额部分要执行强制结汇制度。

(2) 银行账户会计科目使用正确并定期向单位发送对账单。

(3) 销户、并户时与开户单位核对存款余额、剩余转账支票、现金支票、银行卡等重要空白凭证,并要求开户单位如数缴回银行。撤销后的账户禁止继续使用。对长期休眠账户进行正确确认和归类。

(4) 对银行自身作为客户在银行开立的存款账户进行管理。

(5) 商业银行应当对内部特种转账业务、账户异常变动等进行持续监控,发现情况应当进行跟踪和分析。

(6) “开销户登记簿”、“挂失登记簿”、“重要空白凭证登记簿”、“差错事故登记簿”、“长短款大事登记簿”、“印章登记簿”等是否设置完备,记载及时全面,查阅方便。

3. 资金收付

(1) 银行应按单位资金性质和用途开立相应账户,分别记账核算。为保证账户资金余额正确,应建立和完善银行与客户、银行与银行以及银行内部业务台账与会计账之间的适时对账制度,对对账频率、对账对象、可参与对账人员等做出明确规定。

(2) 所有存取款业务必须按规定程序办理。单位存入款项时,应认真审核缴款单、进账单等要素是否真实完整,款项来源是否合理正常。对于大额、异常交易进行登记和报备,防止客户利用银行从事非法活动。

(3) 单位支付款项时,对付款凭证要素进行严格审查,提高对签章、票据真伪的甄别能力,并利用计算机技术,加大预留签章管理的科技含量,防止诈骗活动。对大额存单签发、大额存款支取实行分级授权和双签制度,按规定对大额款项、异常款项支付进行登记和报备,防止犯罪分子利用银行从事非法活动。

(4) 单位利用存款账户进行计算,银行应严格执行“谁的钱进谁的账”的原则,严防漏户、串户。对收入款项及时入账,对客户提出的票据要及时提出交换或通过联行往来办理转账。对发现的错账和未提出的票据或退票,应当履行内部审批、登记手续。

4. 利率与利息管理

单位存款利率应符合国家规定，利息支出计算正确，并及时入账，记录在正确的会计期间，严禁利用利息支出账户调控银行利润。计算机计息程序是否完善？如错账重整、串户调整，计算机调整的计息积数是否正确。

5. “印押证”的分管制度

(1) 各商业银行必须按照保密制度及有关规定，指定专人保管，使用会计印章、联行密押和重要单证。

(2) 联行专用章、联行密押、联行报单必须三人分管，并建立交接登记制度。

(3) 营业终了，联行专用章、密押、各种业务印章以及重要单证必须分别装箱加锁，放入保险柜妥善保管。

(4) 联行密押和联行专用章，在未启用前或停用待上缴销毁期间必须由行长或指定的专人装箱加封，寄库保管。过期密押销毁时，应按有关规定办理。

(5) 对重要单证要建立领用、收发和定期检查制度。

(6) 填错作废的重要空白凭证，应加盖“作废”戳记，及时登记“作废重要单证登记簿”，并将作废的重要空白凭证装订在当日同类重要单证之后。

三、储蓄存款业务流程及内部控制评价要点

(一) 储蓄存款业务流程

1. 存款

个人持身份证和现钞，填写存款凭条，柜台储蓄人员收到后，核实现钞与证件无误后记账，存款单或活期存折退存款人。

2. 取款

个人持身份证和存单，填写取款凭条，柜台储蓄人员收到后，核实存单与证件无误后记账付款，现钞(活期存款还包括活期存折)交存款人清点收纳。

3. 结账

日终，柜台储蓄员将库存现金与计算机打出的现金库存进行核对——连同存取款凭条交会计综合人员。将会计凭证与科目结单进行核对，核对无误交事后监督。

(二) 储蓄存款业务内部控制及评价要点

1. 操作员管理制度

(1) 银行为每一个业务员操作员设立一个永久归其使用的操作员号和操作员卡；每位操作员设置自己的密码，每月至少更换一次。

(2) 对操作员号和操作员卡是否按照不同岗位职责实行分级管理？柜员所办理业务超过柜员权限，是否经过授权？

(3) 是否坚持上级签到，离机签退的原则？

(4) 授权人员是否严格按授权范围进行刷卡办理授权？

2. 储蓄账户的开立和管理

(1) 储户开立账户是否符合实名制规定？户名和身份证号码是否真实？

(2) 库管箱钥匙、备用钥匙的保管、交接是否按规定办理?

(3) 重要空白凭证、业务印章是否指定专人进行管理? 重要空白凭证是否按顺序发放、使用?

(4) 储户遗失存单(折)、忘记密码,是否按规定核实储户身份证件和有关信息后办理挂失手续。

(5) 对于查询、冲账、补账、挂失、冻结、扣划等特殊业务交易是否经过网点负责人进行授权,并在传票上加盖授权人印章。

(6) 是否对长期"休眠"账户进行正确确认和分类。

(7) "挂失登记簿"、"重要空白凭证登记簿"、"差错事故登记簿"、"长短款大事登记簿"、"印章登记簿"等是否设置完备,记载及时全面,查阅方便?

3. 储蓄存款收付

(1) 办理规定金额以上的现金收付业务或领现业务,是否经授权后才能办理。

(2) 所有存取款业务是否按规定程序办理,并记录在正确的会计期间。

(3) 从对公存款账户转入储蓄存款账户的交易是否有严格审查制度。

(4) 对付款业务是否贯彻"先记账、后付款"的原则。

(5) 大额取现是否有严格的登记审批制度。

4. 事后监督管理

(1) 对前台录入的数据是否进行逐笔监督,以核对前台人员输入的正确性、合法性、真实性。

(2) 事后监督对各经营网点业务的监督是否于次日监督完毕。

(3) 事后监督对发现的问题是否要求各网点对差错立即改正,立即分析原因。

5. 储蓄存款利息计算

(1) 各类储蓄存款利率是否符合相关规定。

(2) 利息支出的计算是否正确,利息支出是否记录在正确的会计期间。

(3) 计算机计息程序是否完善? 如错账重整、串户调整,计算机调整的计息积数是否正确。

第二节 存款和柜台业务内部控制评价

一、存款和柜台业务内部控制执行情况测试

除穿行测试外,还需要进行符合性测试,测试内容如下。

根据穿行测试的结果,选取存款业务样本,调阅业务档案,验证下述问题,评价审计对象存款业务内部控制执行的有效性。

(1) 验证单位提供开户申请材料是否齐全、真实合法,是否具备相应开户条件,开立账户是否合理、正确。

表 5-1 存款和柜台业务内部控制测试表

测试方法	测试内容	执行情况说明	工作底稿索引号
询 问	询问银行营业机构负责人及经办人员是否熟识与对公存款、储蓄存款业务相关的内部管理规定和操作规程，本机构存款业务内部控制执行情况。		
观 察	1. 实地观察存款业务的不相容职务的职责分离情况，察看其实际执行效果。 2. 实地观察操作员上机操作的程序和授权执行情况。 3. 实地观察重要空白凭证、印、押、证的保管情况。		
穿行测试	随机抽取审计对象几笔对公存款业务、储蓄存款业务档案作样本进行穿行测试。验证审计对象是否按规定程序进行业务操作，不相容职务是否由不同职员独立完成，对审计对象存款和柜台业务各个控制环节上可能产生的风险进行分析，对各个环节上的内部控制是否健全进行评价。		

① 调阅审计对象开户资料和开销户登记簿，测试开立账户是否有足够的证明文件。检查有无开户单位的营业执照复印件、法定代表人的身份证明、单位印章等，开立基本账户有无人民银行颁发的开户许可证副本。

② 通过检查开户文本，测试基本账户、一般账户、临时账户和专用账户的使用和管理是否符合人民银行的规定。

③ 抽取一定样本，审查开户文件资料，测试外汇账户的开立和使用情况是否符合外汇管理的规定。

④ 抽查长期休眠户的开户资料和交易记录，测试对长期休眠户的管理是否有效。

⑤ 抽取一定样本储蓄存款开户资料进行检查，测试开立账户的管理和实名制的执行情况。

(2) 检查重要空白凭证领用登记簿，验证重要空白凭证的管理是否符合相关规定。

(3) 检查大额取现登记簿，验证对大额取现的审批和登记情况。

(4) 通过函证或实地调查，验证银行与开户单位的对账情况。

(5) 审查利息计息积数、适用利率，测试利息计提情况及会计处理的一致性。

(6) 通过抽查储蓄凭证，检查事后监督的及时性和有效性。

二、存款和柜台业务实质性测试

存款业务审计程序主要包括以下方面。

(一) 对公存款业务

1. 各账目逐级审核

获取对公存款科目的电子文件，包括账户信息文件、存款科目总账、分户明细账、全年的流水账，通过计算机，从流水账到总账逐级核对相符，再与资产负债表上各类存款的数额核对相符。对重大调整项目和未达款项应查明原因。

2. 实施分析性复核

(1) 将本年对公存款余额与上年余额进行对比分析,将本年对公存款各月的增减变动情况进行分析,若有异常增减变动,则应重点查明原因。

(2) 获取被审计商业银行上级行下达的存款考核目标和奖惩办法,以及其为完成上级行任务而自定的具体措施、分解落实到基层网点的任务文件和相应的奖惩办法,检查其目标任务和奖惩,查明有无为了完成上级行下达的任务而人为调整存款的现象。

(3) 分析对公存款金额与利息支出数是否匹配。若利息支出超出正常范围,应查明是支付高息造成,还是隐瞒存款造成;若利息支出低于正常范围,应查明是应付利息未提足造成,还是虚增存款造成。

3. 通过计算机核实存款余额的真实性和资金收付的合法性

(1) 实施重大项目检查。通过计算机检索年末、月末前后时间段内企业存款和"汇出汇款"、"内部往来"、"同业往来"、"应收应付"等会计科目的流水账,重点关注大额资金的去向,查找年末月末有无故意漏记或多记存款而低估和高估负债,审查有无在年末为压低存款基数或为完成指标,而利用"汇出汇款"、"内部往来"、"同业往来"、"应收应付"等会计科目调减调增企业存款。

对余下的存款业务,进行抽样审计。

(2) 通过分析账户信息文件,重点关注户名、地址、电话号码、开户时间、法定代表人等信息,查找以下信息。

① 商业银行自身违规开立的账户,主要通过户名、地址和电话号码检索。

② 虚拟或盗用企业账户,从事账外经营。可以通过计算机对开户名称和交易记录进行检索,查找可疑账户和异常交易进行详细检查。还可以通过从工商部门取得该地区所有企业名单的电子数据利用计算机进行对比分析来查找虚拟账户。要核对开户资料和印鉴、追踪资金去向,必要时需延伸核实企业银行存款账和开户情况。关注异常交易记录,如进出大多是整数(可能是存款或贷款),较有规律的掺杂有带尾数资金出入(可能是利息)的账户。

(3) 通过计算机检索大额现金取款的记录。通过流水账的"摘要"字段检索代码为"现金支票"的记录,然后按账户汇总,抽查全年单笔取现和汇总取现前10位(具体位数由审计人员根据实际情况确定)的账户进行详细审查,关注现金去向,审查有无利用账户进行洗钱的问题。

(4) 对当年销户和余额为零的账户,抽取一定的样本进行详细审查,主要检查大额资金的收付、销户原因和销户资金的去向。

(5) 对临时存款和应解汇款大额资金收付和异常现象应筛选出来重点审查。

4. 核对单账是否相符

根据定期存款开销户登记簿、定期存款明细账,核对单位定期存款证实书存根联与明细账是否一致,如单账不符,必须查出其原因。如单账相符,则抽查以下内容。

(1) 大额资金的定期存款。根据记账凭证,审计资金来源是否从企业账户转来,转入资金额是否与单位开户证实书存根联相等。

(2) 存款金额有尾数的定期存款,查明尾数的原因。

(3) 到期未取(特别是长期未取)的定期存款。查明长期未取的原因,必要时延伸到存款单位进行调查。

5. 检查存款利息支出

对存款利息支出，在目前条件下，有两种可供选择的审计方法，审计人员可根据获取电子数据的情况、自身的计算机水平，分别采用分析性复核法或计算机辅助审计法。

(1) 分析性复核法。

① 分组设计期望值。在对对公存款的利息支出进行分析性复核时，由于存款性质(如一般存款和金融机构存款)和存款期限不同，所采用的存款利率不一致，因此在设计期望值时，可以进行细化分组，可以按存款账户的类型分值、按存款期限分组来设计期望值。具体方法是取得各月各类存款平均余额，根据法定利率计算出各组的期望值。

② 对作为设计期望值的存款平均余额进行检查，以保证设计的期望值是可信赖的。

③ 确定可接受的偏差。

④ 比较期望值与实际利息支出。对超过可接受偏差的金额进行调查，查明产生偏差的原因和金额。

⑤ 对分析性复核结果进行评价。

(2) 计算机编程法。根据取得完整的电子数据，可以直接运用计算机编程对利息支出进行精确复核。

取得对公存款的计息文件、每天的存款总账、利率表，编制利息支出的计算程序，用计算机重新计算计提利息的正确性。分别将同一法定利率，同一期限档次内的存款归类，用各类存款每天余额相加乘以同档次法定利率得到各类存款应付利息款，与银行当年应付利息计提数核对。对计算机计算出的分户利息与计息文件中不相符的账户进行逐户审查。

除用计算机编程法外，还可以用计算机进行下列辅助审计。

(3) 通过计算机对账户主档文件(或计息文件)进行检索，检查同一类存款有无适用利率不一致的记录。导致利率不一致有两种情况，一是操作员输入有误，二是人为调整。若有则应筛选出来重点审查。

(4) 通过计算机检查有无人为进行计息积数调整的记录。通过计算机调整积数，不同的计算机系统有不同的处理方法，有的是在计息文件中，直接在“积数调整”字段录入数据；有的是通过调整交易记录的计息日期来达到调整积数的目的。因此审计时，一是从电子数据中检索出有“积数调整”的记录进行详细检查；二是对记账日期与计息日期不一致的记录进行详细检查。

(5) 对特殊业务交易的积数调整进行审查。通过计算机检索特殊业务交易，如冲账、补账业务记录，检查其计息是否进行正确调整。还可手工检查特殊业务登记簿(或报表，该表每日一份)中记录的调整积数依据是否真实，是否人为调整计息积数、变相违反国家利率政策。

6. 审查结息的正确性

主要审查结息账户与计息账户的一致性，通过计算机将结息账户与计息账户不一致的记录筛选出来，除保证金存款的利息应转入其对应的结算户外，其他的结算账户应与计息账户一致。

7. 审查应付利息和利息支出明细账

审查应付利息贷方发生额，是否与计提的利息支出数一致；审查实际发生利息支出是否存在不冲应付利息科目，直接列利息支出科目导致重复列支利息的情况。抽查利息支出冲减数，对大额的利息支出冲销数，年末“应付利息”、“利息支出”科目大笔整数的发生数和红字冲销数，调阅原始凭证，审查有无虚列、人为调节利润情况；有无用利息收入直接冲减利息支出以偷逃税金问题。

8. 检查有无高息

结合审计业务管理费等费用支出，检查有无以其他名义支付高息的现象。

9. 审查外汇账户

审查经常项目和资本项目外汇账户的收支范围是否符合外汇管理的规定，有无超限额保留外汇以及超期限使用外汇账户的现象。

10. 审查财政性存款

主要检查有无将财政性存款混作一般存款或储蓄存款的问题，检查商业银行是否及时足额将财政性存款划缴当地人民银行。

（二）储蓄存款业务

1. 核对账目与存款数额

索取储蓄存款的电子文件，包括活期（定期）账户信息文件、各种储蓄科目总账、分户明细账、全年的流水账，通过计算机，从流水账到总账逐级核对相符，再与资产负债表上各类储蓄存款的数额核对相符。

2. 实施分析性复核

(1) 将本年储蓄存款余额与上年余额进行对比分析，对本年储蓄存款各月的增减变动情况进行分析，若有异常增减变动，则应重点查明原因。

(2) 获取被审计商业银行上级行下达的储蓄存款考核目标和奖惩办法，以及其为完成上级行任务而自定的具体措施、分解落实到基层网点的任务文件和相应的奖惩办法，查明有无为了完成上级行下达的任务而人为调整储蓄存款的现象。

(3) 分析储蓄存款金额与储蓄利息支出数是否匹配。若利息支出超出正常范围，应查明是支付高息造成，还是隐瞒存款造成；若利息支出低于正常范围，应查明是应付利息未提足造成，还是虚增存款造成的。

3. 通过计算机检查实名制的执行情况

主要通过检索账户信息文件，查找户名大于4个字、无身份证号码或者身份证号码异常的账户，对这些账户筛选出来后进行详细审查。

4. 通过计算机检查公款私存或利用账户洗钱的问题

一是检索转账存入、现金取款的记录；二是检索单笔存款超过一定金额（这个金额根据各地经济发展水平由审计人员决定）的记录；三是按账户将全年的发生额汇总后，审查前10位（具体由审计人员根据银行的管理情况决定）的账户。通过查看存取款凭单和开户资料，对可疑资金来源、大额取现的情况重点审查。最后依据存款户的名称、账户的余额查找“公款私存”或洗钱的线索。

5. 审查储蓄存款的利息支出

对储蓄存款利息支出，审计人员可根据获取电子数据的情况、自身的计算机水平分别采用分析性复核法或计算机辅助审计法。

(1) 分析性复核法。

① 分组设计期望值。在对储蓄存款利息支出进行分析性复核时，由于储蓄存款种类和期

限不同，所采用的存款利率不一致，因此在设计期望值时，可以按存款种类分组（如定期、活期）、也可以按时间（如按月、季）分组来设计期望值。具体方法是取得各月各类存款的平均余额，根据法定利率计算出各组的期望值。

② 对作为设计期望值的存款平均余额进行检查，以保证设计的期望值是可信赖的。

③ 确定可接受的偏差。

④ 比较期望值与实际利息支出。对超过可接受偏差的金额进行调查，查明产生偏差的原因和金额。

⑤ 对分析性复核结果进行评价。

(2) 计算机编程法。取得储蓄计息文件、分科目每天的储蓄总账、利率表，运用计算机编制计算计提利息的正确性。分别将同一法定利率，同一期限档次内的储蓄存款归类，用各类存款每天余额相加乘以同档次法定利率得到各类存款应付利息数，与银行当年应付利息计提数核对。

除计算机编程法外，还可以用计算机对电子数据进行辅助审查。

(3) 通过计算机对活期（定期）主档文件（或计息文件）进行检索，检查同一类储蓄存款有无适用利率不一致的记录，若有则应筛选出来重点审查。

(4) 通过计算机检查有无人为进行计息积数调整的记录。通过计算机调整积数，不同的计算机系统有不同的处理方法，有的是在计息文件中，直接在“积数调整”字段录入数据；有的是通过调整交易记录的计息日期来达到调整积数的目的。应针对不同的计算机系统采用不同的审计方法。

(5) 应付利息和利息支出的审查方法参照对公存款。重点关注利息划转环节，核对上级行的利息列支数与下级行（所）的入账数是否一致，有无虚列利息支出转存账外的现象。

6. 审查存款准备金

(1) 审查存款准备金的缴存范围和比例。

(2) 实施分析性复核。根据前面审核后的存款金额和缴存范围及比例，设计期望值，然后与实际缴存的准备金进行比较，对重大差异进行调查，查明产生差异的原因。

第六章

支付结算业务

本章及下一章讲述商业银行中间业务内部控制及审计。商业银行中间业务是指不构成商业银行表内资产、表内负债,形成商业银行非利息收入的业务。根据属性,商业银行中间业务主要有:支付结算类业务、代理类业务、担保类业务、承诺类业务和咨询类业务等。

第一节　支付结算业务内部控制

支付结算业务因采用不同的结算工具和结算方式而存在区别。根据实际情况,可将其分为三种类型:第一,汇款业务。由付款人主动将款项交存银行,委托银行向收款人划拨款项。第二,委托收款。由收款人向银行提交相关单据后,委托银行向付款人收取款项。第三,信用证结算。由于银行开立信用证具有担保承诺性质,因此,我们将信用证业务放在下一章中作为担保、承诺类中间业务论述,在此省略。支付结算业务按国别不同可以分为国内结算及国际结算。

一、国际结算业务内部控制

商业银行国际结算有外汇汇款、托收和信用证三种。其中信用证我们将之视为担保类中间业务放在下一章中论述。

(一) 汇出汇款

汇出汇款指付款人主动将款项交付给银行,委托银行用某种信用工具支付一定金额给收款人的结算方式。

1. 汇出汇款业务流程

(1)客户向银行提出汇款申请,并提交相关材料。

(2)银行对客户资料进行审核并落实客户汇出款所需款项。

(3)银行按客户填写汇款申请书的内容将款项汇至客户指定目的地。

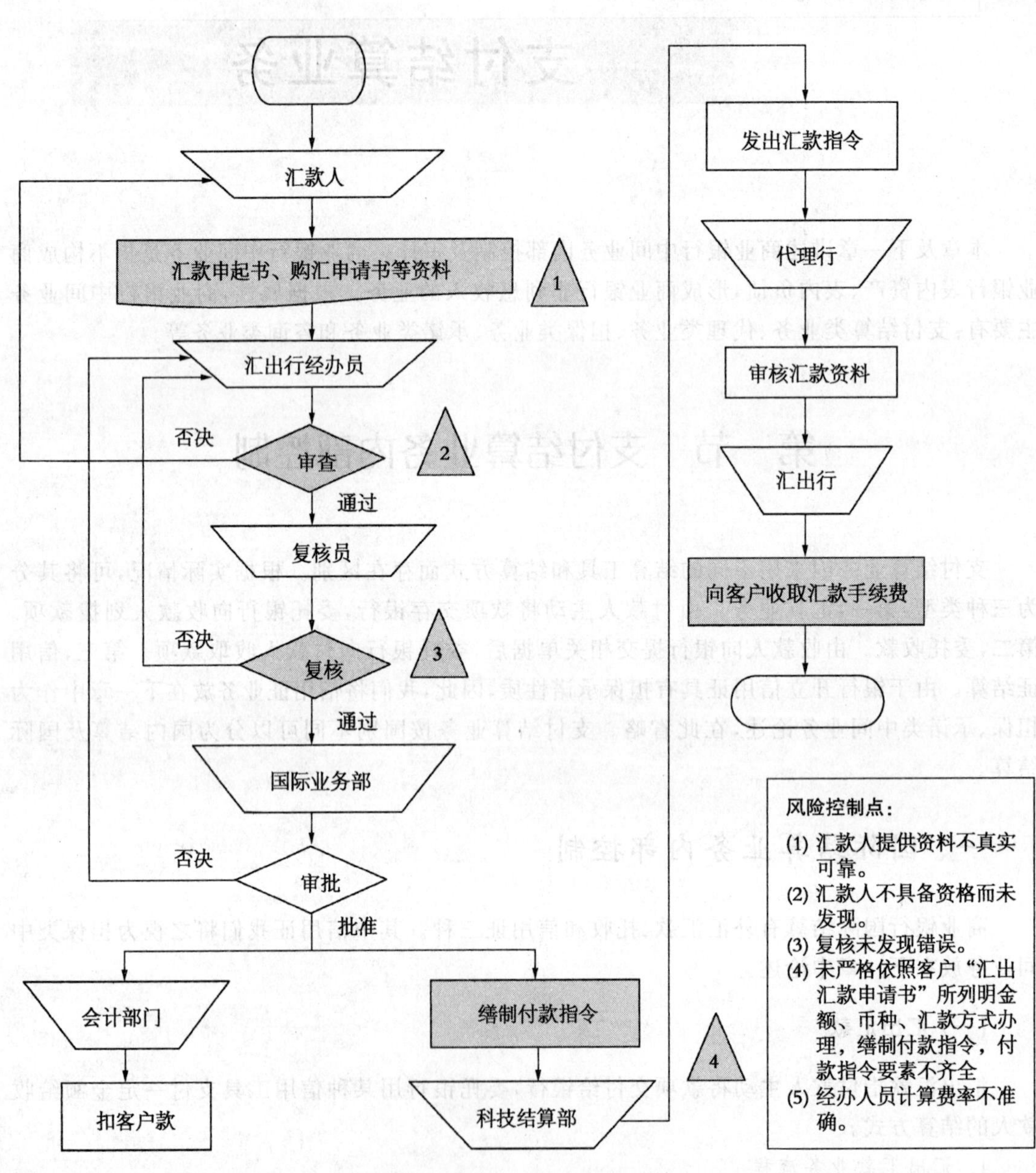

图 6-1　汇出汇款业务流程图

2. 汇出汇款业务主要风险控制点

(1) 办理外汇汇款主要是操作风险,为了避免操作风险的发生,银行应当建立汇款业务操作规程,经办人员和复核人员应该严格按照操作规程办理业务。同时建立健全的岗位责任制,每个员工应有明确的授权,严禁一人兼岗,越权审批。有批准资金划转权的高级管理人员不得兼任经办岗,应当防止一人一岗调动资金。

(2) 汇款人资格审查。汇出汇款应该符合相关外汇管理规定。汇款人必须在"对外付汇进口单位名录内"。如不在名录内或属"需外汇管理局审核其真实性",须提交外汇管理局的备案表或售汇核准件,并从汇款用途,按照贸易、非贸易、贸易从属费、资本项目等不同类别,依照外汇管理局规定,审查不同类型汇款所需的有关文件。

(3) 办理汇出汇款,要严格依照客户"汇出汇款申请书"列明金额、币种、汇款方式办理,缮制付款指令,付款指令各个要素不能缺少,经办人员计算费率要准确。

(4) 会计员借记客户分户账,必须依据要素完整的汇出汇款凭证,特别是有权划转资金的高级管理人员的签字。解付行收到汇入汇款要顺序登记,登记栏目要齐全,解付汇入汇款坚持"先收妥后解付"原则,也就是办理解付的前提必须是在收到汇款行拨付头寸或收到借记指令。

(5) 办理不同方式的解付,要分别依据汇款行的电报、电传、SWIFT、正本的支付委托书或汇票解付。审核印押相符后,加盖印押相符章。电汇和信汇解付时,应由收款人在收据上签收;票汇的解付应注意汇票的挂失和特殊约定及收款人是否为善意持票人或汇票的受益人,解付前必须验明证件。

3. 重点审查的相关单据表格

(1) 汇款申请书。

(2) 购汇申请书。

(3) 汇出汇款业务资料审查单。

(4) 付款指令。

(二) 出口托收

出口托收分出口跟单托收和光票托收。国际贸易中,一般都是跟单托收。出口跟单托收是指交易一方(出口商)依交易合同委托银行,凭一定的商业单据(物权单据、运输单据、发票、履约凭证及/或其他非金融单据)及金融单据(汇票/其他取款凭证),向交易对方(进口商)收取交易款项的商业信用支付方式。

1. 出口跟单托收特点

(1) 以商业信用作为货款收付的基础,无须银行授信,手续简便。

(2) 银行费用较信用证低,交易双方均可接受。

(3) 与汇款相比,托收要比预付货款安全。

(4) 对出口商风险较大。

2. 出口跟单托收业务流程

(1) 客户向银行提出申请,提交全套资料。

(2) 银行核实单据的份数及代收银行地址后,将全套单据按客户指示寄交代收银行。

(3) 在收到代收行汇来的货款前,银行可根据客户要求向代收行催收或传递其他信息。

(4) 收到代收行款项后,将款项划入客户指定账户。

出口单位
出口托收申请书及出口全套单据、汇票
1
托收行经办员
否决
审查
2
通过
复核员
否决
复核
2
通过
国际业务部
否决
审批
3
批准
缮制托收委托书
托收委托书、出口全套单据、汇票
国外代理行
出口全套单据
进口商
提单、验货，付款或拒付
代理行
贷记通知书、拒付通知书
托收行
账务处理
收妥汇款通知书
拒付通知书
出口单位
风险控制点：
(1) 单据是否真实可靠，要素是否齐全。
(2) 员工道德风险，审查、复核不仔细。
(3) 缮制托收委托书时，其内容与托收申请书不一致，特别是有关交单条件、交款指示、付款人名称和付款人地址等项目有误。

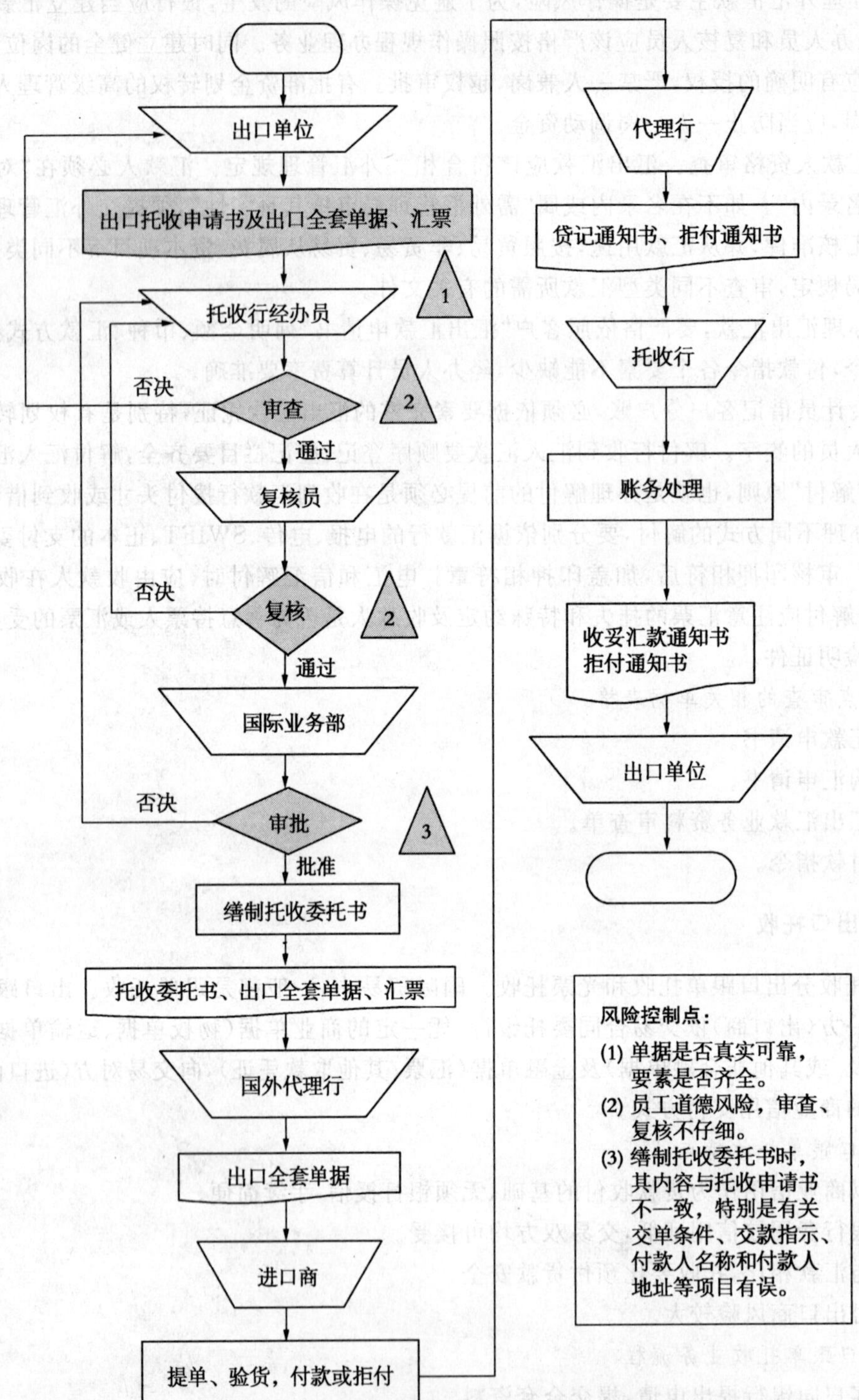

图 6-2　出口托收流程图

3. 办理托收业务应注意事项

办理出口托收业务，商业银行不承担任何信用风险，但是承担操作风险。

(1) 制定托收业务操作规程和岗位责任制，要求管理人员和经办人员了解和熟悉国际商会第322号出版物《托收统一规则》。办理托收业务的岗位应与开拓市场的岗位相分离，负责账务处理的岗位应与负责资金划转岗位相分离，经办人员、复核员和有权批准转移客户资金的高级管理人员应该相互制约、相互监督，会计处理账务要依据完整的、有效的托收凭证，真正起到监督作用。

(2) 在接收委托申请书时，托收行应该认真审查其内容是否明确、所附单据之间是否一致，项目是否齐全；在票据持有人提示票据时，作为托收行应当查看票据币种、金额、印鉴，无印鉴的票据不得受理。托收行在缮制托收委托书时，其内容与托收申请书一致，特别是有关交单条件、交款指示、付款人名称和付款人地址等项目不得有误。制表和复核不应漏签名，以明确责任。委托书的编号、缮制、复核、寄单、留档、查询和催收等各环节落实到人，做到出了问题有据可查。

坚持交接单据的签收制度。跟单托收方式所附单据在接单、审单和寄单等环节之间的交接中应该签收以明确责任。审单时如发现不符，应及时与托收委托人联系。

办理出口托收业务时，需要重点审查以下相关单据。

(1) 出口托收申请书。

(2) 缮制委托书。

(3) 出口托收业务资料审核单。

二、国内支付结算业务内部控制

国内现行结算方式主要有：汇兑、托收承付和委托收款。

汇兑是汇款人委托银行将其款项支付给收款人的结算方式。

汇兑的基本规定是：签发汇兑凭证必须记载下列事项：表明"信汇"或"电汇"的字样；无条件支付的委托；确定的金额；收款人名称；汇款人名称；汇入地点、汇入行名称；汇出地点、汇出行名称；委托日期；汇款人签章。汇兑凭证上欠缺记载事项之一的，银行不予受理。

托收承付是购销合同由收款人发货后委托银行向异地付款人收取款项，由付款人向银行承认付款人的结算方式。

委托收款是收款人委托银行向付款人收取款项的结算方式。委托收款的基本规定：单位和个人凭已承兑商业汇票、债券、存单等付款人债务证明办理款项的结算，均可以使用委托收款结算方式。

(一) 商业银行国内支付结算工具——票据

票据是商业银行之间执行支付中介职能的结算工具，一般有银行汇票、商业汇票、银行本票和支票。

1. 银行汇票

银行汇票是出票银行签发的，由其在见票时按照实际结算金额无条件支付给收款人或持票人的票据。银行汇票的出票银行为银行汇票的付款人。

单位和个人各种款项结算，均可使用银行汇票。银行汇票可以用于转账，填明"现金"字样的银行汇票也可以用于支取现金。申请人或者收款人为单位的，银行不得为其签发现金银行汇票。

银行汇票的出票和付款，全国范围限于中国人民银行和各商业银行参加"全国联行往来"

的银行机构办理。跨系统银行签发的转账银行汇票的付款，应通过同城票据交换将银行汇票和解讫通知提交给同城的有关银行审核支付后抵用。代理付款人不得受理未在本行开立存款账户的持票人为单位直接提交的银行汇票。

2. 商业汇票

商业汇票是出票人签发的，委托付款人在指定日期无条件支付确定的金额给收款人或者持票人的票据。

商业汇票分为商业承兑汇票和银行承兑汇票。商业承兑汇票由银行以外的付款人承兑。商业汇票的付款人为承兑人。银行承兑汇票由银行承兑。

在银行开立存款账户的法人，必须具有真实的交易关系或债权债务关系，才能使用商业汇票。

商业承兑汇票的出票人，为在银行开立存款账户的法人，与付款人具有真实的委托付款关系，具有支付汇票金额的可靠资金来源。商业承兑汇票可以由付款人签发并承兑，也可以由收款人签发交由付款人承兑。

银行承兑汇票的出票人必须具备下列条件：在承兑银行开立存款账户的法人；与承兑银行具有真实的委托付款关系；资信状况良好，具有支付汇票金额的可靠资金来源。银行承兑汇票应由在承兑银行开立存款账户的存款人签发。

3. 银行本票

银行本票是银行签发的，承诺自己在见票时无条件支付确定的金额给收款人或者持票人的票据。

银行本票的出票人为经中国人民银行批准办理银行本票业务的银行机构。签发银行本票必须记载下列事项：表明“银行本票”的字样；无条件支付的承诺；确定的金额；收款人名称；出票日期；出票人签章。欠缺记载上列事项之一的银行本票无效。

4. 支票

支票是出票人签发的，委托办理支票存款业务的银行在见票时无条件支付确定的金额给收款人或者持票人的票据。支票分为现金支票（印有“现金”字样）、转账支票（印有“转账”字样）、普通支票（未印“现金”或“转账”字样）。

现金支票只能用于支取现金。转账支票只能用于转账。普通支票可以支取现金，也可以用于转账。在普通支票左上角划有两条平行线的，为划线支票。划线支票只能用于转账，不得支取现金。

支票的出票人，必须是经中国人民银行当地分支行批准办理支票业务的银行开立可以使用支票的存款账户的单位和个人。

（二）结算票据开立审查的内部控制

由于支付结算业务必须以各种结算票据作为载体，商业银行或者需要根据客户的申请开立各种结算票据如银行本票/汇票，或者应客户的申请对客户开出的结算票据进行承兑担保，如对客户开出的商业承兑汇票进行承兑，或者对客户提交或联行转来的各种结算票据进行审核。因此，在支付结算业务中需要对这些行为进行内部控制。

(1) 建立支付结算业务的各项操作规程、章程或规定；要求员工严格按规章制度办理业务。

(2) 建立现金管理制度，重要空白结算凭证管理制度，岗位责任制度，业务复核和授权制度，业务/库存定期检查制度，编押核押制度，计算机系统的风险控制制度。

(3) 在结算票据的开立审查中实行职责分离。记账，复核，签发，压数，编押/核押、盖章、授权、重要空白凭证管理工作应由不同人员承担。

(4) 银行汇票/本票的开立。

① 出票行受理汇票/本票申请书,应核实申请人是否有足额的资金,申请书填写的内容是否齐全、清晰,签章是否为预留银行签章。申请书填明“现金”字样的,申请人和收款人是否均为个人。

② 银行应在收妥款项后签发银行汇票/本票,并用压数机压印出票金额(定额本票除外)。银行的签章应为经人民银行批准的银行汇票/本票专用章加其法定代表人或者其授权的代理人的签名或者盖章。

③ 银行汇票需要编制密押的(如全国银行汇票),应由编押员用密押器编押,将编制的密押填写在汇票“多余金额”上方空白栏,并盖上名章。

(5) 银行汇票/本票的解付。代理付款行对持票人交来的汇票、解讫通知和二联进账单,应审查汇票和解讫通知是否齐全、汇票号码和记载的内容是否一致,汇票是否是统一规定印制的凭证,汇票是否真实,提示付款期限是否超过;汇票填明的持票人是否在银行开户,持票人名称是否为该持票人,与进账单上的名称是否相符;出票行的签章是否符合规定,加盖的汇票专用章是否与印模相符;使用密押的,密押是否正确;压数机压印的金额是否由统一制作的压数机压印,与大写的出票金额是否一致;汇票的实际结算金额大小写是否一致,是否在出票金额以内,与进账单所填金额是否一致,多余金额结计是否正确。必须记载的事项是否齐全;出票人签章是否符合规定,是否有压数机压印的出票金额,并与大写出票金额一致;出票金额、出票日期、收款人名称是否更改,更改的其他记载事项是否原记载人签章证明;持票人是否在背书上签章,背书转让是否在规定范围内,背书是否连续,签章是否符合规定。

代理付款行对持票人为个人的汇票除审查上述内容外,还要审查持票人的身份证件,在背书上是否有持票人的签章和注明身份证件名称、号码及发证机关,并要求持票人提交身份证件复印件留存备查。需要支取现金的,应按照现金管理规定审查支付。

(6) 支票业务。

① 存款人领购支票,银行应通过核对其签章或支付密码、结算证、IC卡,确认客户身份的真实性。存款账户结清时,是否将全部剩余空白支票交回银行注销。

② 现金支票只能用于支取现金,转账支票和划线支票只能用于转账。支取现金要符合国家现金管理规定。

③ 审核支票的出票人预留银行的签章或支付密码等以确认客户身份的真实性。审核支票的出票金额是否超过出票人实有的存款金额、持票人(收款人)是否在支票背面签章。持票人为个人的,是否交验本人身份证件,并在支票背面注明证件名称、号码及发证机关。

④ 审核受理支票是否超过提示付款期限,背书是否连续。

⑤ 对出票人签发空头支票、签章与预留银行签章不符的支票,或支付密码错误的支票,银行应予以退票并按规定处理。

(7) 银行承兑汇票业务。

① 银行汇票的承兑申请及贴现应纳入统一授信,严格按规定办理。其办理流程及内部控制要点见第三章第一节第四个问题,在此不再赘述。

② 承兑行收到持票人开户行寄来的委托收款凭证及银行承兑汇票,应与汇票卡片审核无误后,经授权人员批准办理付款。银行承兑汇票到期前应及时向出票人收取票款。

(8) 商业承兑汇票业务。

① 持票人开户行接到商业承兑汇票及委托书款凭证时,应经有关人员审查和复核后,由

专人及时寄付款人开户行收取款项。

② 商业承兑汇票的付款人开户银行收到商业承兑汇票和委托收款凭证，经审查和复核后，应及时通知付款人。

③ 规定的拒付期过后，付款人账户有足够款项支付的，经有关人员审查，复核和授权后，应及时办理转账。付款人账户款项不足支付的，经办员应在委托收款凭证上加盖“无款支付”字样，作退回处理。

④ 银行收到划回款项，应及时办理转账划入收款人账户。银行接到拒付款证明，汇票及委托收款凭证，审查有关内容，及时通知持票人，并做好签收登记。

（二）汇款业务内部控制

1. 汇出款项的审查和办理

银行受理汇款凭证，应审核汇款凭证的各项要素是否齐全、汇款人的签章与预留银行签章是否相符、汇款人账户是否有足够的余额。填明“现金”字样的汇款凭证，收款人和付款人是否均为个人。对审查无误的汇款凭证，正确选择汇款线路和清算渠道，及时办理转账，并按规定标准收取相关费用。

2. 汇入款项的处理

银行收到汇入款项，对付款人在银行有结算账户的，审查无误后及时入账；对收款人未在银行有结算账户的，应专人登记应解汇款登记簿，及时通知收款人来办理取款手续。汇款凭证未注明“现金”字样而需要支取现金的，应由有权审批人按照现金管理规定进行审批签字后办理支付。

3. 定期审核

定期核对应解汇款和汇出汇款的账卡、账簿是否相符。

（三）委托收款业务的内部控制

1. 发出托收业务的审查和办理

收款人办理委托收款，应向银行提交委托收款凭证和有关债务证明。银行应认真审核单证的各项要素和收款人签章，与所附的已承兑商业汇票、债券、存单等付款单位的债务证明是否相符。托收业务凭证经审核授权后，应加盖业务公章，由专人将委托收款凭证及有关债务证明一起寄付款人开户行，并由专人登记“发出委托收款登记簿”和表外账，并将留存的卡片专夹保管。

对托收承付，银行应认真审查托收款项符合托收承付结算方式规定的范围、条件、金额起点及其他有关规定。

在同城范围内，收款人使用同城特约委托收款方式收取公用事业费，银行应审核收付双方事先签订的经济合同、付款人向开户银行的授权以及人民银行的批准文件等。

2. 收到托收业务的审查和办理

银行收到委托收款凭证及有关债务证明后，应认真审核有关内容，由专人逐笔登记“收到委托收款登记簿”和表外账，并专夹保管。将委托收款凭证的回单联加盖业务公章后，连同有关债务证明一并及时送交付款人，并做好签收登记。银行收到付款人的付款通知书，或拒付期满或承付期满，由记账员、复核员分别对付款凭证审核无误后，将款项及时转出。付款人账户无款支付，应由专人在委托收款凭证和“收到委托收款登记簿”上注明退回日期和“无款支付”字样，填制未付款项通知书。

对托收承付凭证，经办员审查无误后，应在凭证上填注收到日期和承付期（区分验单付款和验货付款)。付款人开户银行对不足支付部分,应作为逾期未付款项,按逾期付款处理。付款人拒绝付款,银行应取得付款人出具的拒绝证明或“拒绝付款理由书”。并由专人将无款支付或拒绝付款的有关单证,及时退回收款人开户行。

银行收到款项划回凭证,核对无误后及时记入收款人账户。银行收到退回凭证及有关单证,应由专人按规定进行处理,并做好签收记录。对过期未划回又未退回凭证的委托收款,由专人及时办理查询。

第二节 支付结算业务内部控制评价

一、支付结算业务内部控制执行情况测试

表 6-2 结算票据开立审查内部控制测试程序表

被审计对象名称:

测试方法	测试内容	执行情况说明	工作底稿索引号
询　问	(1) 取得有关银行汇票和银行本票的签发和兑付的规定或章程,取得空白银行汇票、空白银行本票的管理制度,取得现金管理规定,审查其完善、恰当和合法性,有无在结算制度之外规定附加条件,影响汇路畅通。 (2) 询问结算部门执行有关规定的实际情况,有无发生重大诈骗案件、重大责任事故或违反规定的行为,有无按规定对违反结算纪律的开户单位实行制裁。 (3) 询问有关业务监督部门的结算业务检查情况,客户投诉情况。		
观　察	(1) 实地观察柜台办理结算事项情况、会计部门账务处理以及会计事后监督对有关票据检查情况,查看其实际执行效果,重点观察岗位职责的分离情况。 (2) 实地观察重要空白凭证的保管情况。		
审查书面文档	(1) 抽查部分票据,检查票据的真伪;检查票据记载事项是否齐全,有无漏项;检查票据的编押/核押、盖章、签发、解付等是否经相关不同岗位职责的人员执行。有无受理远期支票、超过提示付款期限支票、背书不连续支票、空头支票及逾期汇票/本票等不合规票据。 (2) 取得有关票据结算的凭证、账本和有关存款账户,审查办理结算业务的各项手续是否齐备,会计处理是否正确,银行有无垫款和给客户透支。 (3) 比较付款人支付款项的日期与银行提出交换或通过联行汇划的日期,比较银行收到划入款项的日期和银行将款项解付收款人的日期,核对联行报单或票据上的收款单位和账号与银行入账的实际收款单位和账号,审查滞留时间是否正常,有无压单压票,延压截留他行资金和挪用客户资金的行为。		

续表

测试方法	测试内容	执行情况说明	工作底稿索引号
	(4) 抽查银行汇票解付的有关凭证，检查实际结算金额低于出票金额时，其多余金额出票银行是否退交申请人。 (5) 检查银行承兑汇票有无经有相应权限的部门审批，银行承兑汇票到期是否及时向出票人收取票款，有无汇票已过期而未收取票款以及承兑汇票出现垫款而未转入逾期贷款的情况。 (6) 调阅有关结算业务会计账簿，比较付款人支付手续费和银行手续费收入入账情况，审查银行是否按规定收费，会计处理是否正确完整。 (7) 检查现金银行汇票/本票的申请人和收款人是否均为个人。 (8) 检查现金支票是否只用于支取现金，转账支票和划线支票是否只用于转账。 (9) 调阅大额现金支付登记簿和有关会计凭证，审查大额现金支出是否经过适当的授权和批准，现金结算范围是否符合国家规定。 (10) 审查银行签发超过大额现金标准、注明“现金”字样的银行汇票/本票，是否实行登记备案制度。 (11) 检查空白银行汇票/本票管理情况，将有关账簿与银行汇票/本票的签发相核对。 (12) 抽查“票据和结算凭证领用单”和有关凭证，审查存款人领购支票/商业汇票时，银行是否确认客户身份的真实性。 (13) 调阅存款账户销户登记簿，审查存款账户结清时，银行是否要求存款人将全部剩余空白支票/空白商业汇票交回银行注销。 (14) 检查是否设置各种登记簿、统计台账，完整记录票据结算业务。抽查部分业务，如测试银行承兑汇票登记簿、汇票登记簿的余额是否与保存的汇票卡片累计金额相符。 (15) 调阅退票登记簿，检查银行对空头支票、签章与预留银行签章不符的支票、支付密码错误的支票是否按规定处理。		

表 6-3　汇款和托收业务内部控制测试程序表

被审计对象名称：

测试方法	测试内容	执行情况说明	工作底稿索引号
询　问	(1) 取得汇款业务操作规程、取得托收业务操作规程，审查有关制度规定的完善、恰当和合法性。 (2) 询问会计部门主管、相关业务人员及会计事后监督人员有关结算业务内部控制执行情况，询问结算部门有无发生重大责任事故或违反规定的行为及客户投诉情况。		
观　察	实地观察柜台办理结算事项情况、会计部门账务处理以及会计事后监督的有关检查情况，查看内控制度实际执行效果。重点观察岗位职责的分离情况。		

续表

测试方法	测试内容	执行情况说明	工作底稿索引号
审查书面文档	(1) 汇款业务审查。 ① 调阅汇款业务有关凭证,审查不相容职务的分离情况。 ② 取得“汇出汇款”账户、有关存款账户和有关凭证,审查客户资金是否充足,银行是否不预垫付。 ③ 取得“应解汇款”账户,有关存款账户和有关凭证,审查汇入款项的处理是否正确,有无将转账支付的款项转入储蓄和银行卡账户的情况。 ④ 抽查汇出款项的处理,审查汇款线路和清算渠道的选择是否正确。 ⑤ 比较汇款人划出款项的日期与银行划转款项的日期,比较银行收到汇款的日期与解付款项的日期,审查滞留时间是否正常;核对联行报单或 SWIFT 报文上的收款单位和账号与银行入账的实际收款单位和账号,审查记账是否正确。 ⑥ 检查汇款人支付手续费或电子汇划费或邮电费与银行收入入账情况,审查银行是否按规定收费,会计处理是否正确。 ⑦ 审查填明“现金”字样的汇款凭证,其收款人和付款人是否均为个人;汇款凭证未注明“现金”字样而支取现金时,是否经有权人员审批同意。 ⑧ 审查超过规定限额的外汇汇出款是否有外汇管理局的核准文件。 ⑨ 审查银行对于单笔金额达到或超过等值 50 万美元的汇款,是否按规定报送当地外汇管理局备案。 ⑩ 调阅结算档案文件,检查办理结算业务的各项手续是否齐备;对部分需要进行审批的项目,如外汇汇出汇款,检查是否经过有相应审批权限的部门进行审批。对汇出境外款项,审核汇款企业是否符合对外付汇资格条件。 ⑪ 检查是否设置各种登记簿、统计台账,完整记录汇款业务。 (2) 托收业务审查。 ① 调阅托收业务有关凭证,审查不相容职务的分离情况。 ② 调阅托收承付业务登记簿,审查是否符合托收承付结算方式规定的范围、条件、金额起点及其他相关规定。 ③ 调阅托收业务登记簿和有关档案文件,审查使用同城特约委托收款方式收取公用事业费的手续是否齐备。 ④ 抽查托收业务的办理,审查代收行或账户行的选择、索汇路线的确定是否符合有关规定,托收委托书的制作是否恰当。 ⑤ 调阅托收承付业务登记簿和有关凭证,审查付款人开户银行对不足支付部分是否按逾期付款处理,是否根据逾期付款金额和逾期天数计算逾期付款赔偿金。 ⑥ 调阅托收业务登记簿,审查付款人拒绝付款或无款支付时,或对过期未划回又未退回凭证的委托收款,银行是否按规定处理。 ⑦ 比较汇款人划出款项的日期与银行划转款项的日期,比较银行收到汇款的日期与解付款项的日期,审查滞留时间是否正常,有无压单压票、截留挪用客户和他行资金的行为。 ⑧ 调阅跟单托收和光票托收业务档案,审核业务办理是否符合有关规定和国际惯例。 ⑨ 取得“应收托收款项”、“代收托收款项”等表外账户和有关备查账簿,以及“应解汇款”、“联行往来”、“手续费收入”等账户和有关凭证,比较付款人支付手续费与银行手续费收入入账情况,审查银行是否按规定收费,会计处理是否正确完整。 ⑩ 检查是否设置各种登记簿、统计台账,完整记录托收业务。		

二、支付结算业务实质性测试

表 6-4 票据结算业务审计程序表(审计期间)

被审计对象名称：

审计程序	执行情况说明	工作底稿索引号
一、银行汇票/本票审计 (一) 核对 (1) 取得相关电子数据,利用计算机核对“应解汇款”、“汇出汇款”、“开出本票”科目报表、总账、明细账(卡片账),审查账表、账账(卡)是否相符。 (2) 核对“开出汇票/本票登记簿”与“汇出汇款”、“开出本票”账户,审查银行记载汇票/本票业务是否完整。 (3) 核对空白银行汇票/本票的账户是否相符,如不符须查明原因,审查有无违规签发无资金来源的银行本票、银行汇票。 (二) 执行分析性复核 (1) 根据年度或各月份银行签发汇票/本票的业务量、该项业务的收费标准,估算预期应达到的业务收入水平(包括手续费和邮电费),并与实际业务收入相比较,判断差异是否重大。对重大差异,进一步调查找出差异原因。 (2) 根据银行签发汇票/本票的每月业务量,比较每月相应的业务收入,审查收入变动与业务量变动是否匹配。对变动异常的月份要进一步检查。 (三) 业务处理正确性和合规性审查 (1) 抽查“汇出汇款”、“开出本票”账户与“活期存款”、“现金”账户及有关凭证,审查银行是否在收妥款项后签发银行汇票/本票,有无违规签发无资金来源的银行本票、银行汇票。 (2) 抽查银行汇票/本票的解付,通过核对日期审查银行是否及时解付款项,通过检查会计处理审查银行是否按规定解付款项。有无违规将单位资金或转账支付的资金转入储蓄账户和银行人账户,有无受理未在银行开立存款账户的单位持票人提交的银行汇票,有无压单压票、延压截留他行资金和挪用客户资金的行为。 (3) 检查“汇出汇款”、“开出本票”账户和有关凭证,审查会计处理是否正确,有无将非银行汇票/本票业务的资金存放此账户。 (4) 利用计算机检查银行支付结算业务费率表的参数设置是否符合规定,有无随意调整收费标准调节利润的问题。 (5) 抽查“汇出汇款”、“开出本票”、“中间业务收入”账户和有关凭证,审查银行签发汇票/本票是否按照规定的收费标准收费,并全部计入相关的收入账户。 (四) 重大项目或可疑项目审查 (1) 抽查大额现金汇票/本票,审查其签发是否符合规定。 (2) 取得相关手续费收入账户,利用计算机检索红字冲销分录和调整分录,调阅有关凭证和证明文件,审查有关处理的正确性。 (3) 利用计算机检索有关明细账户有无存在长期不动户、睡眠户,查找和分析其原因。 二、支票/商业汇票审计 (一) 业务处理正确性和合规性审查		

续表

审计程序	执行情况说明	工作底稿索引号
(1) 抽查"活期存款"账户或"个人支票存款"账户和有关凭证,审查支票是否在有效期内支付,背书是否符合规定。 (2) 调阅"活期存款"账户或"个人支票存款"账户,审查这些账户是否有足够的余额支付支票款项,银行有无发生垫款或为其提供透支。 (3) 调阅"活期存款"账户或"个人支票存款"账户、退票登记簿,检查银行对空头支票、签章与预留银行签章不符的支票、支付密码错误的支票是否按规定处理,处罚收入是否全部计入"营业外收入"账户。 (4) 抽查"活期存款"、"个人支票存款"、"现金"账户和"手续费收入"账户,审查银行办理支票结算是否按照规定的收费标准收费,并全部计入相关的收入账户。 (5) 结合"委托收款登记簿"抽查商业承兑汇票的解付,审查业务办理是否符合规定,有无受理超过提示付款期限的汇票。 (6) 结合"银行承兑汇票登记簿"抽查银行承兑汇票的解付,审查银行是否到期及时向出票人收取票款;出票人账户无款或不足支付的,银行是否转入该出票人的逾期贷款户。 (二) 收入审查 (1) 执行分析性复核。根据年度或各月份支票结算的业务量、该项业务的收费标准,估算预期应达到的业务收入水平,并与实际业务收入相比较,判断差异是否正常。对重大差异,进一步调查找出差异原因。 (2) 取得有关电子数据利用计算机准确计算支票业务收入,再与实际业务收入比较。 (三) 重大项目或可疑项目审查 (1) 取得有关电子数据,利用计算机检索现金结算业务,并调阅大额现金支付登记簿和有关会计凭证,审查现金结算范围是否符合国家规定,大额现金支出是否合规。有无违规大额提现,利用转账支票和划线支票支取现金的现象。 (2) 取得相关手续费收入账户,利用计算机检索红字冲销分录和调整分录,调阅有关凭证和证明文件,审查有关处理的正确性。		

表 6-5　汇款和托收业务审计程序表

被审计商业银行:

审计程序	执行情况说明	工作底稿索引号
一、汇款业务审计 (一) 核对 (1) 利用计算机核对"汇出汇款"科目报表、总账、明细账(卡片账),审查账表、账账(卡)是否相符。 (2) 核对"汇出汇款登记簿"与"汇出汇款"账户,审查银行汇款业务记载是否完整。 (3) 利用计算机检索银行业务电子数据、SWIFT 电文,生成汇出汇款业务数据,与"汇出汇款"账户比较,审查银行是否完整记载该项业务。 (二) 收入审查 (1) 执行分析性复核。根据年度或各月份汇出汇款的业务量(包括笔数和金额)、该项业务的收费标准,估算预期应达到的业务收入水平(包括手续费和邮电费),并与实际业务收入相比较,判断差异是否重大。对重大差异,进一步调查找出差异原因。		

续表

审计程序	执行情况说明	工作底稿索引号
(2) 调阅"汇出汇款登记簿"、"中间业务收入"明细账户和有关存款账户、汇款凭证，抽查银行是否按规定执行收费标准，并全部计入相关的收入账户。 (3) 取得有关电子数据利用计算机精确计算汇款业务收入，再与实际业务收入比较。 (三) 业务处理正确性和合规性审查 (1) 调阅"汇出汇款"、"活期存款"或"活期储蓄存款"、"中间业务收入"账户和有关凭证，抽查汇款业务的会计处理是否正确，有无办理空头汇款为客户垫付资金，有无将手续费收入截留账外。 (2) 调阅"应解汇款"、"活期存款"或"活期储蓄存款"账户和有关凭证，抽查银行收到汇入汇款的处理，审查银行是否及时办理转账，会计处理是否正确。有无违规将转账支付的资金转入储蓄账户和银行卡账户。 (3) 抽查"汇出汇款"、"应解汇款"账户和有关凭证，核对联行报单或SWIFT电文、加押电传，审查银行有无将非汇款业务的资金存放此账户。 (4) 抽查境外汇入汇款，审核银行是否落实汇款头寸后，根据外汇管理局规定区分不同性质的外汇办理解付。 (5) 抽查外汇汇出汇款，审核是否符合规定条件，汇款企业是否在外汇管理局"对外付汇进口单位名录"上或是否有外汇管理局批文，所需商业单据和凭证是否有效齐备。有无为无贸易背景的企业对外汇款。 (6) 抽查汇出汇款和汇入汇款的办理，通过核对日期审查款项滞留时间是否正常，有无压单压票、截留挪用客户和他行资金的行为。 (四) 重大项目或可疑项目审查 (1) 取得相关手续费收入账户。利用计算机检索红字冲销分录和调整分录，调阅有关凭证和证明文件，审查有关处理的正确性。 (2) 抽查大额外汇汇出汇款(超过规定限额)。审核是否具备外汇管理局核准文件或有无按规定向外汇管理局备案。 (3) 取得有关电子数据，利用计算机检索汇款解付中的大额提现，并调阅大额现金支付登记簿和有关会计凭证，审查大额现金支出是否合规，有无违规大额提现问题。 二、托收业务审计 (一) 核对 (1) 核对"发出委托收款凭证登记簿"(包括托收承付、跟单/光票托收等业务)、应收委托收款表外账户、有关报表，审查账表、账簿是否相符。 (2) 核对"收到委托收款凭证登记簿"、代收委托收款表外账户、有关报表，审查账表、账簿是否相符。 (二) 收入审查 (1) 执行分析性复核。根据年度或各月份委托收款业务量(笔数)、规定的收费标准，估算预期应达到的业务收入水平(手续费和邮电费)，并与实际业务收入相比较，判断差异是否重大。对重大差异，进一步调查找出差异原因。 (2) 取得有关电子数据利用计算机精确计算托收业务收入，再与实际业务收入比较。		

续表

审计程序	执行情况说明	工作底稿索引号
(3) 测试托收业务收入入账时间，抽查结账日前后的大额托收业务收入记录，核对相关凭证，审查其入账时间是否正确，有无存在跨年度入账造成损益不实的问题。 (三) 业务处理正确性和合规性审查 (1) 调阅"发出委托收款凭证登记簿"、应收委托收款表外账户、"中间业务收入"和"活期存款"账户，以及相关凭证，审查托收业务的会计处理是否正确，是否按照规定收取结算手续费并全部计入相关的收入账户。 (2) 调阅托收承付结算凭证和有关业务档案，审查托收承付结算方式的使用是否符合规定的条件，业务办理(包括贷款的承付和付款，逾期付款和拒绝付款时的处理等)是否符合有关规定。 (3) 调阅跟单托收、光票托收登记簿，有关凭证和有关业务档案，审核业务办理是否符合有关规定和国际惯例(包括单据的审核、编号和登记，代收行和索汇路线的选择，托收委托书的缮制，收汇、结汇的账务处理等)。 (4) 调阅代收外汇托收款项明细账和有关付款会计凭证，取得托收委托书、国外寄来的代收单据，审查付款手续是否完备，是否有外汇管理局批汇文件(如需)。 (四) 重大项目或可疑项目审查 (1) 取得相关手续费收入账户，利用计算机检索红字冲销分录和调整分录，调阅有关凭证和证明文件，审查有关处理的正确性。 (2) 取得代收外汇托收款项明细账，利用计算机检索大额托收款项业务，调阅相关凭证和业务档案，审查托收业务办理是否合规。		

第七章 中间业务

第一节　中间业务内部控制

一、代理业务

商业银行代理类中间业务指商业银行接受客户委托、代为办理客户指定的经济事务、提供金融服务并收取一定费用的业务，包括代理政策性银行业务、代理中国人民银行业务、代理商业银行业务、代收代付业务、代理证券业务、代理保险业务、代理其他银行银行卡收单业务等。商业银行代理业务应由市场拓展管理部与委托单位签订委托代理协议，并由市场拓展管理部与科技结算部共同进行业务测试，制定中间业务的会计核算与操作规程，为委托单位开立专用账户。

（一）商业银行代理收付业务内部控制要点

代理收付款是商业银行接受单位或个人委托代为办理委托人指定款项的收付事项的业务。对代理收付款业务的内部控制主要从以下方面进行。

1. 代理行为合法有效

在代理收付款业务时，商业银行要与委托方签订书面协议，委托方提交收付款项的合法依据及有效单据，代理收付款项的范围限于代收货款、劳务费、管理费、运费、环保费，代收公用事业单位的水、电、煤气费，以及代付货款、运费、租金、保险费、劳务费等。

2. 代理协议合法有效

协议书要明确代理的内容、范围、对象、时间、金额及形式，有关费用的承担及支付等内容。

3. 代理过程合规

商行按照合同严格履行代理义务，代收的款项随收入进度按期汇总划转委托单位账户，不得挪作他用；代付的款项在委托单位交存的备付额度内根据协议规定办理支付，不能用信贷资金垫款或变相垫支。

4. 代理费用收取合理

代理收付业务所需的组织宣传费用由委托单位负担，只负责按协议办理具体的收付业务，不负责收付双方的任何经济纠纷。代理手续费按协议及时足额收取，核算正确，无截留、隐瞒收入转入账外账。

5. 收支两条线

商业银行应当严格按照会计制度正确核算和确认各项代理业务收入，坚持收支两条线，防止代理收入被截留或挪用。

（二）商业银行代理发行股票、债券业务流程及内部控制要点

1. 商业银行代理发行股票、债券业务流程

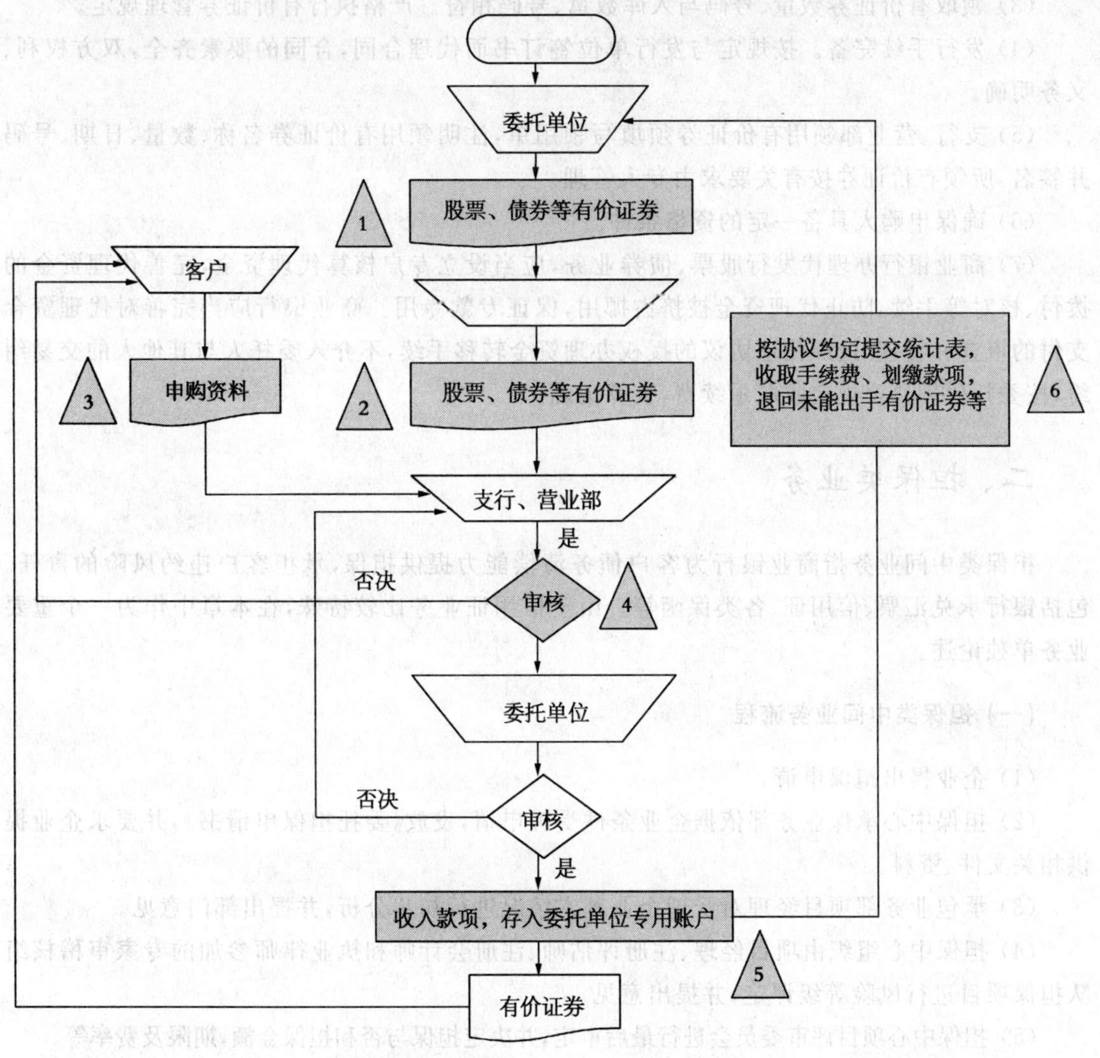

风险控制点：

(1) 领取有价证券数量、号码与入库数量、号码不相符。
(2) 领用手续不齐全、不规范，领用有价证券保管不善。
(3) 客户道德风险，提供申购资料不真实可靠。
(4) 客户不具备申购条件。
(5) 有价证券出售款项被挤占挪用。
(6) 不能及时与委托单位办理款项划拨等手续。收取手续费计算错误，不合规定。

图 7-1　商业银行代理发行股票、债券业务流程图

2. 商业银行代理发行股票、债券内部控制要点

(1) 确保商业银行具有代理发行股票、债券等有价证券的资格。代理发行规章制度完备。

(2) 按规定与发行单位签订书面代理合同,合同的要素齐全,双方权利、义务明确,对代理发行的风险进行评估和控制。

(3) 领取有价证券数量、号码与入库数量、号码相符。严格执行有价证券管理规定。

(4) 发行手续完备。按规定与发行单位签订书面代理合同,合同的要素齐全,双方权利、义务明确。

(5) 支行、营业部领用有价证券须填写领用单,注明领用有价证券名称、数量、日期、号码并签名,所领有价证券按有关要求由专人管理。

(6) 确保申购人具备一定的资格条件。

(7) 商业银行办理代发行股票、债券业务,应当设立专户核算代理资金,完善代理资金的拨付、核对等手续,防止代理资金被挤占挪用,保证专款专用。商业银行应当完善对代理资金支付的审查和管理,按照代理协议的授权办理资金转移手续,不介入委托人与其他人的交易纠纷,按委托代理协议规定收取手续费,核算正确。

二、担保类业务

担保类中间业务指商业银行为客户债务清偿能力提供担保,承担客户违约风险的责任。包括银行承兑汇票、信用证、各类保函等。由于信用证业务比较特殊,在本章中作为一个重要业务单独论述。

(一) 担保类中间业务流程

(1) 企业提出担保申请。

(2) 担保中心承保业务部依据企业条件受理申请,发放《委托担保申请书》,并要求企业提供相关文件、资料。

(3) 承包业务部项目经理对受理企业基本情况进行初步分析,并提出部门意见。

(4) 担保中心组织由项目经理、注册评估师、注册会计师和执业律师参加的专家审稽核组队担保项目进行风险等级评定,并提出意见。

(5) 担保中心项目评审委员会进行最后审定,并决定担保与否和担保金额,期限及费率等。

(6) 经审核同意的担保项目,由担保中心与贷款银行和申请担保人办理相关手续。

(二) 担保业务内部控制要点

(1) 是否存在超授权对外办理担保业务?

(2) 担保条款内容是否由法规部门审定,担保文本是否经上级行备案?

(3) 是否建立保证业务台账,并全面及时予以登记?

(4) 所有担保业务是否按规定落实保证金或其他担保措施?

(5) 是否按担保协议比例收取保证金?

(6) 担保发生垫款时,是否及时转入有关科目核算并特别管理?

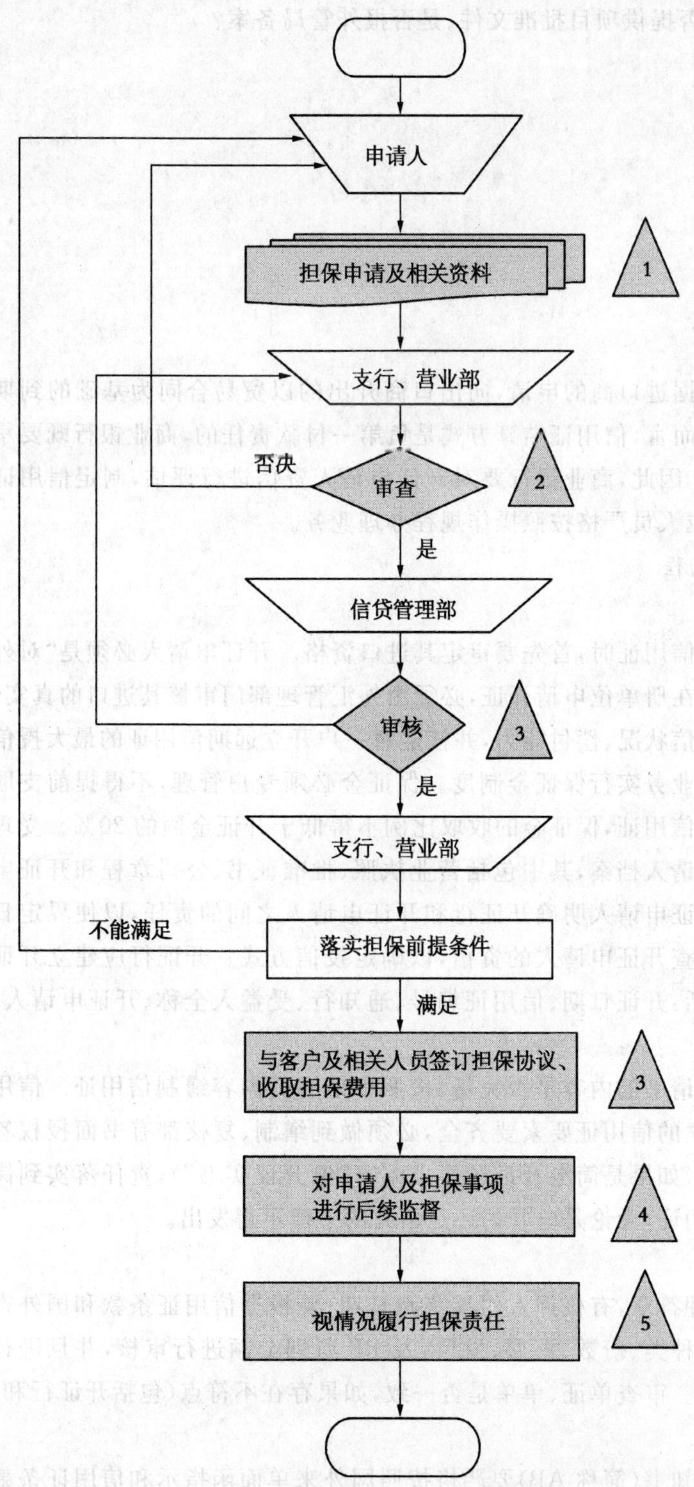

风险控制点：

(1) 相关资料的真实、完整性。
(2) 审查人员的能力与道德风险。
(3) 信息的真实、完整和充分性。
(4) 合规性和信用风险。
(5) 信息不对称及监管不力。
(6) 担保人信用、合同履行情况。

图 7-2　担保类中间业务流程图

(7) 保函有效期过后，是否收回注销或由申请人提交注销保函的公函？

(8) 申请办理履约保函是否提供项目批准文件、是否报外管局备案？

(三) 重点审查的相关表格

客户担保申请书。

三、信用证业务

(一) 进口跟单信用证业务

进口跟单信用证是银行根据进口商的申请，向出口商开出的以贸易合同为基础的到期履行付款的承诺文件。对开证行而言，信用证结算方式是负第一付款责任的，商业银行既要承担信用风险，又要承担操作风险。因此，商业银行要对开证申请人资信进行评估，制定信用证业务的操作规程，并要求业务岗位人员严格按照操作规程办理业务。

1. 进口跟单信用证业务流程

(1) 开立信用证

商业银行在受理申请开立信用证时，首先要审定其进口资格。开证申请人必须是“对外付汇单位名录”上的在册单位；不在册单位申请开证，必须由外汇管理部门审核其进口的真实性。必须严格审查开证申请人的资信状况、偿付能力，并核定每一户开立远期信用证的最大授信额度。商业银行办理远期信用证业务实行保证金制度。保证金必须专户管理，不得提前支取或挪作他用。为非授信企业开立信用证，保证金的收取比例不得低于开证金额的20%。受理开证申请的商业银行应该建立申请人档案，其中包括营业执照、批准证书、公司章程和开证申请书等。受理开证机构必须向开证申请人明确开证行和开证申请人之间的责任，以便界定日后的法律责任。开证行要严格审查开证申请人的资信，以确定授信方式。开证行应建立开证登记簿制度，登记簿的内容应包括：开证日期、信用证编号、通知行、受益人全称、开证申请人、信用证货币金额和备注等。

开证行要严格审核开证申请书的内容是否完备，按照申请书的内容缮制信用证。信用证的开立过程要手续完备，所开立的信用证要素要齐全，必须做到缮制、复核都有书面授权签字的高级管理人员的印签和加押(如果是简电开证还要求邮寄“电开证实书”)，责任落实到岗到人。必须明确，要素不全的信用证，无论是电开的还是信开的一律不得发出。

(2) 进口审单

对信用证印押，要加盖印押符章，有核押人的签字和日期；要根据信用证条款和国外寄单索偿通知书(简称BP)对单据、种类、份数、汇票、发票，及BP所列金额进行审核，并且进行整理、编号、登记以便签收和查考。审查单证、单单是否一致，如果存在不符点(包括开证行和BP已列出的)均应向进口商列明。

商业银行缮制来单付款通知书(简称AB)要严格按照国外来单面函指示和信用证条款填写，及时发出，经办、复核和批准均应签字不得漏项。

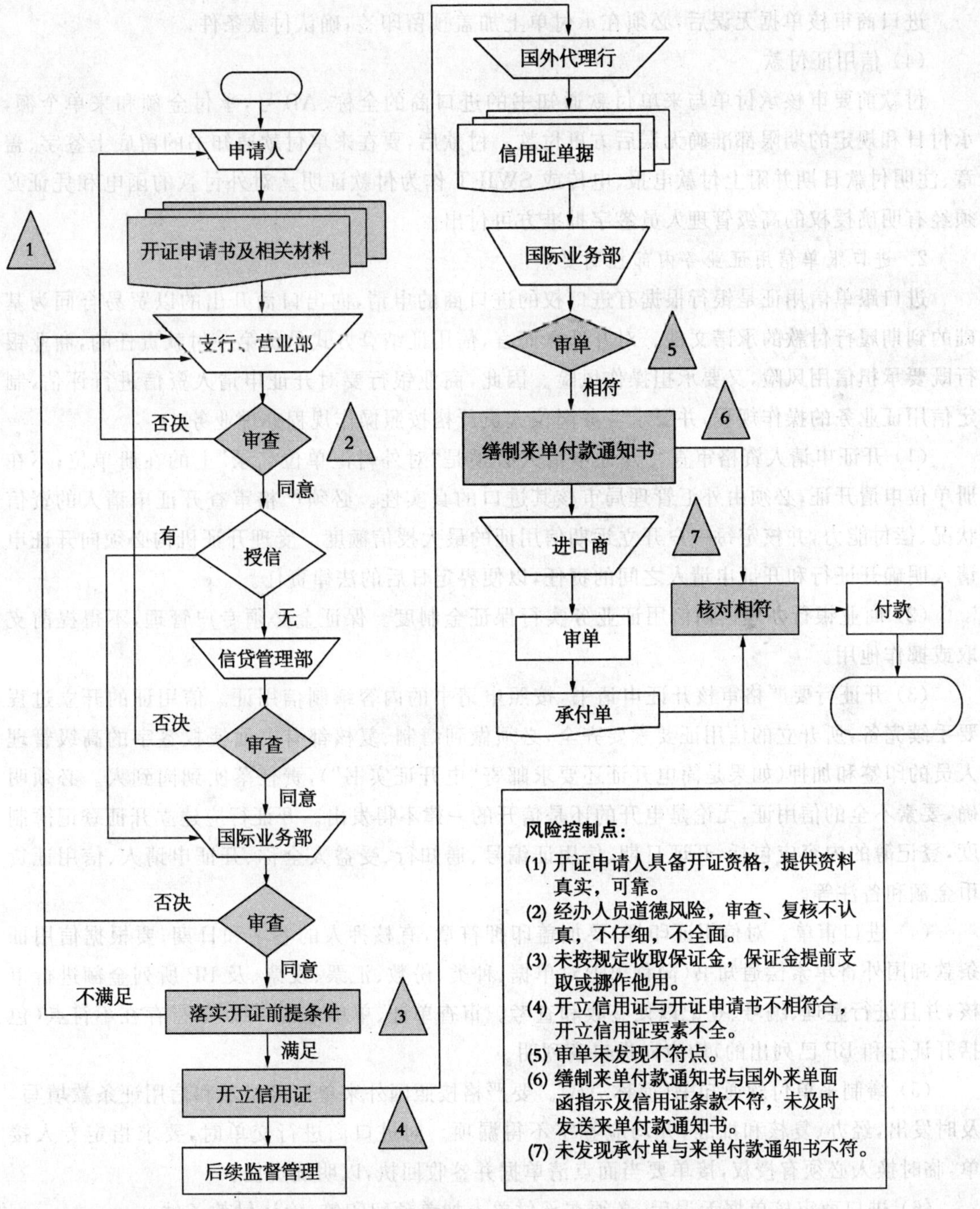

图 7-3　进口跟单信用证业务流程图

向进口商进行交单时，要求指定专人接单，临时换人必须有授权，接单要当面点清单据并签收回执，以明确责任。

（3）进口付汇

进口商审核单据无误后，必须在承付单上加盖预留印签，确认付款条件。

（4）信用证付款

付款前要审核承付单与来单付款通知书的进口商的全称、AB 号，承付金额和来单金额，承付日和规定的期限都准确无误后方可付款。付款后，要在来单付款通知书的留底上签字、盖章、注明付款日期并附上付款电报、电传或 SWIFT 作为付款证明。对外付款的函电和凭证必须经有明确授权的高级管理人员签字批准方可付出。

2. 进口跟单信用证业务内部控制要点

进口跟单信用证是银行根据有进口权的进口商的申请，向出口商开出的以贸易合同为基础的到期履行付款的承诺文件。对开证行而言，信用证结算方式是负第一付款责任的，商业银行既要承担信用风险，又要承担操作风险。因此，商业银行要对开证申请人资信进行评估，制定信用证业务的操作规程，并要求业务岗位人员严格按照操作规程办理业务。

（1）开证申请人资格审查。开证申请人必须是“对外付汇单位名录”上的在册单位；不在册单位申请开证，必须由外汇管理局审核其进口的真实性。必须严格审查开证申请人的资信状况、偿付能力，并核定每一户开立远期信用证的最大授信额度。受理开证机构必须向开证申请人明确开证行和开证申请人之间的责任，以便界定日后的法律责任。

（2）商业银行办理远期信用证业务实行保证金制度。保证金必须专户管理，不得提前支取或挪作他用。

（3）开证行要严格审核开证申请书，按照申请书的内容缮制信用证。信用证的开立过程要手续完备，所开立的信用证要素要齐全，必须做到缮制、复核都有书面授权签字的高级管理人员的印签和加押（如果是简电开证还要求邮寄“电开证实书”），责任落实到岗到人。必须明确，要素不全的信用证，无论是电开的还是信开的一律不得发出。开证行应建立开证登记簿制度，登记簿的内容应包括：开证日期、信用证编号、通知行、受益人全称、开证申请人、信用证货币金额和备注等。

（4）进口审单。对信用证印押，要加盖印押符章，有核押人的签字和日期；要根据信用证条款和国外寄单索偿通知书（简称 BP）对单据、种类、份数、汇票、发票、及 BP 所列金额进行审核，并且进行整理、编号、登记以便签收和查考。审查单证、单单是否一致，如果存在不符点（包括开证行和 BP 已列出的）均应向进口商列明。

（5）缮制来单付款通知书（简称 AB）。要严格按照国外来单面函指示和信用证条款填写，及时发出，经办、复核和批准，并均应签字不得漏项。向进口商进行交单时，要求指定专人接单，临时换人必须有授权，接单要当面点清单据并签收回执，以明确责任。

（6）进口商审核单据无误后，必须在承付单上加盖预留印签，确认付款条件。

（7）信用证付款。付款前要审核承付单与来单付款通知书的进口商的全称、AB 号，承付金额和来单金额，承付日和规定的期限都准确无误后方可付款。付款后，要在来单付款通知书的留底上签字、盖章、注明付款日期并附上付款电报、电传或 SWIFT 作为付款证明。对外付款的函电和凭证必须经有明确授权的高级管理人员签字批准方可付出。

3. 重点审查的相关表格

(1) 开证申请书。

(2) 来单付款通知书。

(3) 申请开立信用证业务资料审查单。

(二) 出口信用证项下的信用证结算

出口信用证结算基本程序有审证、通知、审单等业务环节。

1. 来证的审核

首先,对来证的真实性和安全性的审核。坚持认真核印、核押,加盖印、押符章并签字制度,商业银行必须了解开证行的资信,对信誉不好的开证行要谨慎小心,明确严禁受理的银行。其次,审核来证条款:一是受理的信用证必须符合我国政策和国际惯例,对我国有歧视性条款的应向开证行提出交涉修改;二是要对信用证的付款责任、偿付路线、信用证的生效期和地点、有效期和费用等条款进行认真审核。信用证的修改不得前后矛盾,不得接受对我方不利的条款,要符合有关政策。

2. 信用证通知

经过审证并做主副本信用证。副本信用证的内容、修改、附件与正本信用证完全一致后,编列信用证通知流水号,登记盖章,及时准确地将信用证通知出口商,留底归卷。每天来证数、转证数及待处理数必须登记,以利控制。简电来证未收证实的,要及时查询、催收,已收的简电证实书,要防止重复登录、重复编号和重复通知。

3. 审单、通知和寄单索汇

审单主要包括出口审单、缮制议付通知书、收发单据和收扣费用等工作。出口审单要求经办人员做到:签收议付单据,编制出口收汇通知书(简称 BP)编号,填写审单记录;检查信用证所附代表性文件及有关批注齐全;将单据与信用证核对审查是否单证、单单一致,将不符点和处理意见做相应记录。

缮制出口议付通知书和寄单索汇。根据信用证的要求填制偿付指示、索汇路线、币别、寄单行名称和地址等项目,做到完整、正确、整洁和清楚。

对通知费用、修改费、转递费、议付费等费用计算,不得多收少收、重收漏收。

4. 重点审查的相关表格

重点审查信用证业务中的相关表格,如议付通知书。

四、咨询业务

商业银行的咨询业务,是银行接受客户的委托,充分利用自身优势,通过调查、收集资料、综合分析、评估预测,为委托人提供市场信息、企业资信调查、项目技术论证、可行性调查研究等信息,使委托人能以此作为决策依据的一种服务性业务。

(一) 商业银行咨询业务的种类

商业银行咨询业务主要分为以下三类。

1. 评审类信息咨询

主要包括技术改造项目评估、企业信用登记评估和验证企业注册资金。技术改造项目评估,是依据委托单位提出的咨询委托书和其他评审依据,运用系统工程和价值工程的理论和方法,通过大量的定量分析,对项目的技术设计、市场设计、市场前景、经济效益等方面作出综合的评价,拿出定性的结论。信用等级评估是指通过对企业的资金信用、经营管理能力、经济效益和企业发展前景等四个方面的分析,按 AAA、AA、A、BBB、BB、B、CCC、CC、C 三等九级划分来评定企业等级。验证企业注册资金是根据工商行政管理部门委托,对企业注册资金进行验证调查,并出具验资证明。验资有两方面的要求,一是验证注册资金的真实性;二是验证企业注册资金来源的合法性。

2. 委托中介类信息咨询

主要包括技术贸易咨询、经济合作咨询、专项调查咨询、商品交易咨询。技术贸易咨询是指银行受客户委托,对企业技术转让、技术开发、技术合作、技术服务等进行中介咨询。经济合作咨询是指咨询机构接受客户委托,在国内外为其寻找适当的合资、合作、补偿贸易、来料加工和来件装配等经济合作伙伴。商品交易咨询是咨询机构接受客户委托,为产品供需双方提供信息,促进商品流通。专题调查咨询是咨询机构根据特定的目的和要求,在指定的范围内对某一特定问题进行专门调查和分析,将结果报告客户的服务。

3. 综合信息类咨询

主要包括管理咨询、经济信息咨询和其他咨询。管理咨询是指咨询机构根据企业要求,运用科学方法,对企业经营管理中存在的问题进行定性和定量的研究,提出改善企业经营管理状况的建议,并帮助指导实施的一项服务。

(二) 商业银行咨询业务流程

咨询业务是指银行咨询部门充分发挥银行联系面广、信息灵敏、数据准确的优势,运用银行众多的信息网络和丰富的信息资源,为企业及时、准确地提供金融、经济信息的一项服务。咨询业务的处理程序包括两个方面:一是建立咨询委托关系。由客户提出咨询委托,填制咨询委托书,填明委托单位概况、委托项目内容、委托受理期限、咨询费用以及咨询方式。当银行审核后确认可以满足客户要求提供咨询服务时,即可签订委托咨询合同。二是咨询机构具体进行操作。操作步骤一般如下。

(1) 召集有关人员,组成课题咨询小组,聘请有关专家,分工负责。

(2) 根据课题的内容和要求,开展咨询调查。

(3) 根据调查情况,整理、分析和测算掌握的资料,提出咨询报告。

(4) 组织有关专家对咨询报告进行评估论证,取得最终咨询结果,提交客户认可。

(5) 收取咨询费和跟踪了解客户对咨询成果的利用情况。

(三) 商业银行咨询业务内部控制要点

(1) 双方签订咨询委托书,受理银行是否对委托书进行了认真的审核,是否在自身能力许可的条件下接受委托项目。是否签订委托咨询合同,合同要素是否齐全,权利、义务及违约责任是否明确。

(2) 受托方是否按照委托合同的要求通过必要的程序来认真履行自己的责任。能否牢固树立风险意识，针对不同的业务采用不同的方法来控制风险，提高服务质量。

(3) 咨询和评估人员是否具备咨询资质，结果是否真实合理。

(4) 咨询费的收取是否足额及时，核算是否正确。减免咨询费、评估费是否经严格的审批手续。咨询和评估业务费用支出是否合理，是否列支其他费用。

(5) 是否有健全的咨询、评估业务记录档案。

第二节　中间业务内部控制评价

一、代理类业务内部控制评价

表 7-1　代理业务审计程序表

被审计对象名称：

审计程序	执行情况说明	工作底稿索引号
一、核对 (1) 核对代理业务相关科目的报表、总账、分户账是否一致。 (2) 核对代理业务相关登记簿与总账、分户账是否一致。 (3) 取得《中间业务基本情况统计表》、有关各项代理中间业务的统计资料，与相关账户核对相符。 (4) 核对代理业务相关重要空白凭证、有价单证、有价值品的账、实是否相符。核对中若发现不相符或重大调节项目，必须查明原因。 二、收入审查 (1) 对代理业务量执行分析性复核，取得年度及各月份《中间业务基本情况统计表》及有关各项代理中间业务的统计资料，检查代理业务量的变化是否正常，对异常变化寻找原因。 (2) 对代理业务收入执行分析性复核，根据有关代理业务的业务量、相应的收费标准，估算预期应达到的收入水平，判断实际收入是否正常、差异是否重大。 (3) 取得各项代理协议，有关代理收入会计账簿和凭证，检查是否按照协议规定收取代理业务收入，代理收入是否全部计入相应的收入账户。 (4) 向部分委托单位询证手续费支付情况，审查银行是否及时、足额将手续费收入纳入当期损益。 (5) 检查上年年末和下年年初的代理业务收入入账情况，审查代理业务收入确认是否正确，有无将应列入当年损益的代理业务收入列入其他会计年度。 三、代理业务处理的正确性和合规性审查 (1) 取得有关部门的审批文件，审查需经批准的代理业务是否经审批权限部门的审批。 (2) 取得各项代理协议，有关资产、负债账户或表外账户，检查代理业务的会计核算是否真实、完整。 (3) 取得与委托单位的对账单或对账通知、有关调节表，核对银行会计账务是否正确，必要时向委托单位询证。		

续表

审计程序	执行情况说明	工作底稿索引号
(4) 取得代收代付业务所设立的专户、有关凭证，审查银行是否先收后支不予垫款、是否及时进行资金的划拨收付。 (5) 取得委托贷款协议，委托贷款基金账户、委托贷款账户及相关凭证，检查委托贷款基金的来源、委托贷款用途、委托贷款利率等是否符合国家有关规定。 (6) 取得委托贷款基金账户和委托贷款账户，检查委托基金额与委托贷款额是否匹配，审查银行有无为委托人垫款、允许贷款利率等是否符合国家有关规定。 (7) 取得委托贷款基金账户、委托贷款账户和相关凭证，检查银行有无代扣代缴委托贷款利息应缴的营业税及其附加费。 (8) 取得代理发行证券协议和"代发行证券"账户，核对"代发行证券"科目发生额和代理发行证券规模是否匹配，审查有无多开《代保管凭证》，盗用国家信用，卖空、超发国债问题。 (9) 取得代兑付证券协议，"代兑付证券"账户和有关凭证，核对"代兑付证券"科目发生额与代理兑付证券规模是否匹配。 (10) 检查代兑付证券的款项来源，审查有无直接或间接从银行转入资金、违规垫款的问题。 (11) 检查代兑付证券款项的支出，审查银行有无违规挪用代兑付资金的问题。		

二、担保承诺类业务内部控制评价

表 7-2　担保承诺类业务审计程序表

被审计对象名称：

审计程序	执行情况说明	工作底稿索引号
一、核对 (1) 核对担保承诺业务相关科目的报表、总账、分户账是否一致。 (2) 核对担保承诺业务相关登记簿(或台账)与总账、分户账(或卡片账)是否一致。 (3) 取得《中间业务基本情况统计表》、有关担保承诺业务的统计资料，与相关账户核对是否相符。 二、收入审查 (1) 对担保承诺业务量执行分析性复核，取得年度及各月份《中间业务基本情况统计表》及有关担保承诺类中间业务的统计资料，检查担保承诺业务量的变化是否正常，对异常变化寻找原因。 (2) 对担保承诺中间业务收入执行分析性复核，根据有关担保承诺业务的业务量、相应的收费标准，估算预期应达到的收入水平，判断实际收入是否正常、差异是否重大。		

续表

审计程序	执行情况说明	工作底稿索引号
(3) 取得各项担保承诺协议，有关担保承诺收入、会计账簿和凭证，检查是否按照协议规定收取中间业务收入，担保承诺收入是否全部计入相应的收入账户。 (4) 检查上年年末和下年年初的担保承诺业务收入入账情况，审查担保承诺业务收入确认是否正确，有无将应列入当年损益的担保承诺业务收入错误地列入其他会计年度。 三、业务处理的正确性和合规性审查 (1) 调阅担保承诺类业务档案、有关表外账户和凭证，检查担保承诺业务的会计核算是否真实、正确、完整。 (2) 检查出现担保项下垫款时，银行是否按规定履行了报批或报备手续并由表外转入表内按贷款业务核算，同时审查是否正确计算利息收入。 (3) 调阅银行承兑汇票业务档案，审查出票人是否符合资格和资信条件，汇票是否有效合规，是否具有真实的贸易背景。 (4) 调阅担保业务档案，审查被担保人是否符合担保条件、交易背景是否真实、担保用途是否合规。有无为亏损企业提供对外担保、为外商投资企业注册资本提供担保等问题。 (5) 调阅担保业务档案资料，查看有无授信条件、反担保文件或资产抵押协议等资料，审核有无超出该客户的授信额度；对非授信客户，审核担保措施是否合法有效和充足。 (6) 调阅承诺业务档案，审查承诺业务是否符合有关规定，是否在银行的授权范围内，有无超出对该客户的统一授信限额。 (7) 检查银行对外出具融资类保函、融资租赁类保函、补偿贸易项下的现汇履约保函和超过1年(不含1年)的延期付款保函是否逐笔报外汇管理局审批。 (8) 调阅保证金账户和有关凭证，审查是否设立专户核算保证金，保证金来源是否合规，有无存在提前支取挪用保证金、保证金未专款专用、将其他非担保业务的资金存放此账户等问题。 (9) 抽查银行承兑汇票的到期处理情况，审查银行是否及时向出票人收取票款、发生垫款及时转入逾期贷款户、并按规定计收出票人利息。 (10) 取得往来科目会计账簿，审查有无将与担保承诺业务有关的对外支付款项挂账以掩盖不良资产，如有则调阅相关的业务档案资料进行核对，必要时可向收款人和申请人进行函证或延伸审计，同时查明应收利息情况。 (11) 对担保承诺业务发生的垫款，审查银行是否根据资产风险状况计提呆账准备，分析呆账准备计提是否充足。 四、重大项目或可疑项目审查 (1) 取得担保项下垫款资料，调阅有关业务档案，分析发生垫款的原因，必要时进行延伸审计，查明其存在的问题及风险，是否利用无交易背景的担保骗取银行资金。 (2) 检查有关账簿或台账，注意银行承兑汇票余额有无突然大幅增加等异常波动，重点审查有无为同一客户或关联客户(如担保方、销货方、持票人、同一法人客户等)连续开出银行承兑汇票或滚动签发银行承兑汇票，通过将银行承兑汇票金额与客户的经营规模相对比并追踪资金去向，检查有无掩盖银行垫款或不良贷款、从事账外经营、骗取银行资金等问题。		

续表

审计程序	执行情况说明	工作底稿索引号
(3) 用类似方法,取得担保承诺类业务相关的表外科目明细账,分析担保承诺业务有无异常波动,按申请单位进行分类检索,检查有无为同一客户或关联客户开出累计金额巨大的保函或备用信用证,有无化大为小,化整为零以避开授权限额的情况;同时对一些大额及连续办理担保承诺业务的单位进行延伸审计,检查交易背景的真实性以及银行手续费收入情况。 (4) 取得相关中间业务收入账户,利用计算机检索红字冲销分录和调整分录,调阅有关凭证和证明文件,审查有关处理的正确性。 五、审查分类及披露 审查会计报表附注是否恰当披露银行承兑汇票、对外担保、融资保函、非融资保函、贷款承诺等项目的年末余额及其他具体情况。		

三、信用证业务内部控制评价

表 7-3 信用证业务审计程序表

被审计对象名称:

审计程序	执行情况说明	工作底稿索引号
一、核对 (1) 核对"开出即期(或远期)信用证"、"收到信用证"、"应收(议付)信用证款项"、"开证保证金"科目报表、总账、明细账,审查账表、账账是否相符。 (2) 将上述会计科目与有关信用证的业务台账或登记簿、信用证业务统计报表核对,审查银行是否完整记载该项业务。 (3) 对利用 SWIFT 系统或电传开立信用证的,抽查一定期间的 SWIFT 系统的开证电文(包括修改信用证)、电传发文登记簿,与开出信用证登记簿、有关表外账户相核对,审查银行是否完整记载该项业务。 (4) 对开信用证、简电开证的(必须随寄证实书),抽查一定期间的开证证实书、发信登记簿,与开出信用证登记簿、有关表外账户相核对,审查银行是否完整记载该项业务。 (5) 抽查一定期间的来证 SWIFT 电文或电传、证实书,通知面函、通知签收登记簿,与来证登记簿、有关表外账户相核对,审查银行是否完整记载该项业务。 二、收入审查 (1) 取得年度及各月份信用证业务统计报表,将信用证业务量与上年相比较、与本年度其他月份相比较,审查变动是否异常,有无掩盖信用证业务量隐瞒收入问题。 (2) 执行分析性复核,根据信用证业务有关统计报表或表外账户或登记簿的业务量(包括笔数和金额)、规定的收费项目(开证费、修改费、承兑费、邮电费、不符合处理费、通知费、议付手续费、议付验单费、保兑费、转让费、付款费等)、规定的收费标准,估算预期应达到的业务收入水平,并与实际业务收入相比较,判断差异是否重大。		

续表

审计程序	执行情况说明	工作底稿索引号
(3) 或取得有关电子数据利用计算机准确计算信用证业务主要收费项目的业务收入,再与实际业务收入比较。 (4) 取得与信用证业务有关的"中间业务收入"明细账户,利用计算机检索红字冲销分录和调整分录,调阅有关凭证和证明文件,审查有关处理的正确性。 (5) 测试信用证中间业务收入入账时间,抽查结账日前后的大额信用证业务收入记录,核对相关凭证,审查其入账时间是否正确,有无存在跨年度入账造成损益不实的问题。 三、业务处理正确性和合规性审查 (1) 取得信用证项下垫款资料,调阅信用证有关业务档案,分析信用证发生垫款的原因,必要时要进行延伸审计,查明其存在的问题及风险,有无利用无贸易背景信用证骗取银行资金的问题。 (2) 取得信用证业务电子数据,或信用证业务统计资料、开证登记簿(台账),对单笔开证金额较大、同一客户开证时间集中且累计开证金额较大的,调阅开证申请书及有关信用证档案资料,审查其贸易真实性,必要时可延伸调查开证申请人,查明有无利用虚假证明骗取银行外汇资金的问题。银行有无超权限开证、化整为零开证问题。 (3) 抽查"开出即期(或远期)信用证"账户和有关业务档案,检查开证申请人是否具备开证资格,有无贸易合同、有关进口许可批件及外汇管理局出具的备案表或其他文件(如需);信用证的开立/修改是否符合规定、手续是否完备。重点审核开证企业贸易背景是否真实,对在付汇时购汇的,审查有无提供信用证结算方式要求的有效商业单据,如全套正本运输单据。对转口贸易项下进口信用证属于先支后收范围的,开证前有无报当地外汇管理局审批。 (4) 调阅信用证业务统计资料、信用证业务台账或登记簿有关业务档案,审查远期信用证的开立是否符合规定,开证申请人是否为"对外付汇进口单位名录"上的在册单位或经外汇管理局审核其进口真实性,是否在银行核定该客户开立远期信用证的最大授信额度内。有关手续是否齐备,有无按规定到外汇管理局办理外债登记手续或报外汇管理局审批。 (5) 调阅"开出即期(或远期)信用证"、"保证金"账户和有关业务档案,检查保证金的收取情况。对减免保证金授信开证的,检查有关授信文件,审核是否纳入统一授信,是否落实担保措施。 (6) 取得"保证金"、"活期存款"、"应收信用证款项"、"呆账准备"账户、有关贷款科目明细账、信用证项下垫款资料,审查发生信用证垫款时银行的会计处理是否正确,有无以贷款掩盖信用证垫款或信用证垫款长期挂账问题;审查呆账准备计提是否充足,是否合理反映了资产风险状况。 (7) 调阅"中间业务收入"、"活期存款"、"开出即期(或远期)信用证"、"收到信用证"、"应收(议付)信用证款项"等相关账户和登记簿、有关凭证。审查会计处理是否正确,各项收入是否全部计入有关收入账户。 四、保证金审查 (1) 调阅"保证金"、"活期存款"账户,贷款明细账或贷款台账,审查开证保证金的资金来源,有无将贷款资金直接用作开证保证金。		

续表

审计程序	执行情况说明	工作底稿索引号
(2) 调阅"保证金"账户和有关凭证,审查是否严格实行保证金制度,有无存在保证金未专款专用和未实行专户管理、提前支取挪用保证金、将非开证保证金的其他业务资金存放此账户等问题。 五、审查分类及披露 审查财务会计报告有关信用证业务的分类及披露,是否披露开出即期信用证、开出远期信用证的年末余额及其他具体情况。		

四、咨询业务内部控制评价

表 7-4 咨询业务审计程序表

被审计对象名称:

审计程序	执行情况说明	工作底稿索引号
(1) 取得《中间业务基本情况统计表》及有关咨询顾问类中间业务的统计资料,与咨询业务登记簿或台账核对是否相符,审查银行是否完整记录咨询业务。 (2) 取得咨询顾问协议、咨询顾问业务台账,核对银行是否真实、完整、正确记载所发生的咨询顾问业务。 (3) 对咨询业务量执行分析性复核,取得年度及各月份《中间业务基本情况统计表》及有关咨询顾问类中间业务的统计资料,检查交易类业务量的变化是否正常,对异常变化寻找原因。 (4) 对咨询业务收入执行分析性复核,将咨询顾问类业务收入按月或按季划分,结合咨询顾问类业务的业务量变化,判断咨询顾问类业务收入是否正常,对发生异常变动的月份或季度进一步调查原因。 (5) 调阅咨询顾问协议、咨询顾问业务台账、相关收入账户和凭证,审查是否按照协议或有关规定收取咨询顾问业务收入,是否及时足额计入相关的收入账户,有无转移截留业务收入情况。 (6) 取得银行贷款客户资料清单,检查咨询单位是否为银行的贷款单位,如是则应取得咨询报告,审查咨询业务的真实合理性,注意有无借假咨询名义收取咨询费从而变相提高贷款利率的现象。 (7) 检查上年年末和下年年初的咨询业务收入入账情况,审查咨询业务收入确认是否正确,有无将应列入当年损益的咨询业务收入错误地列入其他会计年度。		

第八章

联行清算业务

第一节　联行往来业务内部控制

商业银行支付结算业务一般通过统称票据交换和联行往来办理。

社会资金往来运动最终要体现在银行间的划拨上，当资金结算业务发生时，必然要通过两个或两个以上的银行机构往来才能完成，如果往来双方同属一个银行系统，即同属一个总行的各个分支机构间的资金账务往来，则称其为联行往来。

1. 全国联行往来

全国联行往来适用于总行与所属各级分支之间，以及不同省、自治区、直辖市各机构之间的资金账务往来。全国联行往来账务由总行负责监督管理。

2. 分行辖内往来

分行辖内往来适用于省、自治区、直辖市分行与所辖各分支机构之间以及同一省、自治区、直辖市辖内各银行机构之间的资金账务往来。分行辖内联行在往来账务由分行负责监督管理。

3. 支行辖内往来

支行辖内往来适用于县(市)支行与所属各机构之间，以及同一县(市)支行内各机构之间的资金账务往来。其所涉及的账务由县(市)支行管理监督。

联行往来账务核算如下。

1. 发报行核算

发报行是联行往来账务的发生行，是保证联行账务正确进行的基础，对整个联行工作质量，起着重要作用。包括报单的编制；报单的审查与寄发；联行往账报告表的编制。

2. 收报行核算

收报行是联行往账的受理者，它对发报行寄来的联行报单及所附凭证，必须进行认真审核和再复核，并应准确、迅速办理转账和对账，以保证全国联行往来核算工作的正确进行。

3. 总行电子计算中心

总行电子计算中心是对全国联行往来账务进行逐笔集中监督的部门，它根据联行往账报告表监督联行往账；按收报行行号编制对账表，寄收报行对账，监督联行来账，以保证全国联行往账与来账双方一致。

一、联行往来业务存在的主要风险

由于银行联行往来业务发生频繁、资金数额巨大，银行的风险比较大。联行业务存在的主要风险和问题体现在以下方面。

1. 单人操作，印、押、证未分管，账务核对不及时，或内外勾结、上下勾结，造成联行资金被挪用、盗用等。

2. 利用联行往来截留、转移、存放资金。

3. 透支联行汇差掩盖资金缺口，如以联行汇差弥补违规贷款、开证所造成的巨额外汇资金缺口问题。

4. 利用联行销账的时滞，积压联行报单，占用联行资金。

5. 乱用联行科目掩盖问题实质，如将非联行业务的资金计入联行科目，利用联行往来科目核算存款、贷款或投资。

6. 资金头寸不足，准备金存款严重超支。

7. 违规为客户垫支款项。

下面我们从往账和来账两个方面论述联行往来业务的内部控制及评价要点。

二、联行往账业务内部控制

（一）联行往账业务处理流程

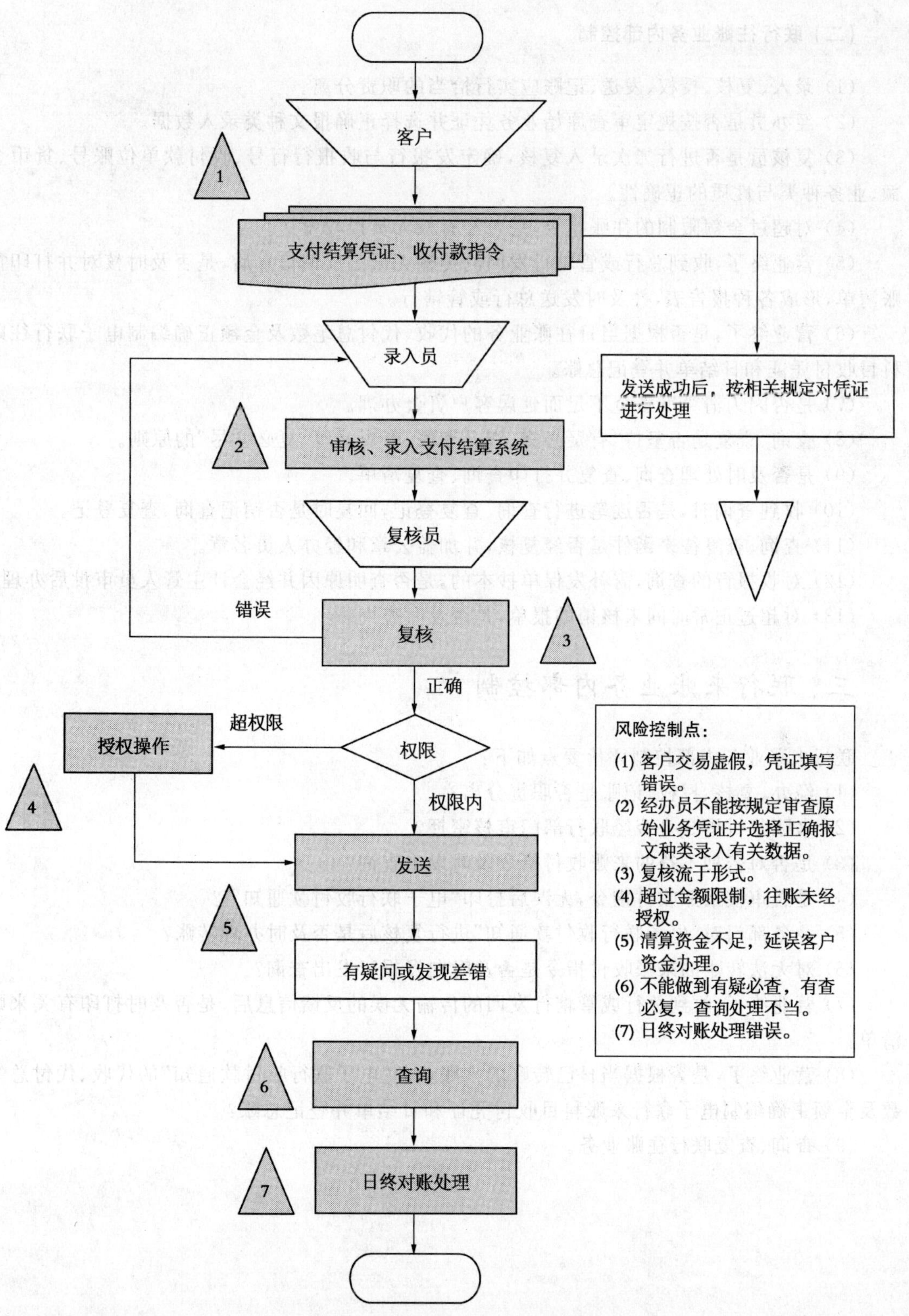

图 8-1 联行往账业务处理流程图

（二）联行往账业务内部控制

（1）录入、复核、授权、发送、记账应实行恰当的职责分离。

（2）经办员是否按规定审查原始业务凭证并选择正确报文种类录入数据。

（3）复核员是否进行二次录入复核，确定发报行与收报行行号、收付款单位账号、货币金额、业务种类与性质的正确性。

（4）对超过金额限制的往账指令，是否经有权人员授权发送。

（5）营业终了，收到总行或管辖行发回的传输无误的反馈信息后，是否及时核对并打印往账清单，形成各种报告表，并及时发送总行或管辖行。

（6）营业终了，是否根据当日往账业务的代收、代付总笔数及金额正确编制电子联行往账科目收付凭证和日结单并登记总账。

（7）是否因为清算准备金不足而延误客户资金办理。

（8）查询、查复是否坚持"有疑必查、查必彻底、有查必复、复必详尽"的原则。

（9）是否及时处理查询、查复并打印查询、查复清单。

（10）收到查询时，是否逐笔进行查询、查复登记，回复时是否销记查询、查复登记。

（11）查询、查复往来函件是否经复核，并加盖公章和经办人员名章。

（12）对收报行的查询，需补发保单抄本的，是否查明原因并经会计主管人员审批后办理。

（13）对超过正常时间未核销的报单，是否及时查询。

三、联行来账业务内部控制

联行来账业务内部控制评价要点如下：

（1）经办、复核、授权、记账是否职责分离？

（2）来账收付指令是否经联行部门审核密押？

（3）是否对密押不符的来账收付指令及时发出查询？

（4）是否审核来账收付指令，无误后打印"电子联行收付款通知"？

（5）业务部门对"电子联行收付款通知"进行复核后是否及时办理转账？

（6）对无法转账的来账收付指令是否及时向发报行发出查询？

（7）营业终了，收到总行或管辖行发回的传输无误的反馈信息后，是否及时打印有关来账清单？

（8）营业终了，是否根据当日已转账的来账业务"电子联行收付款通知"的代收、代付总笔数及金额正确编制电子联行来账科目收付凭证和日结单并登记总账？

（9）查询、查复联行往账业务。

第二节　联行往来业务内部控制评价

一、联行往来业务内部控制执行情况测试

表 8-1　联行往来业务内部控制测试程序表

被审计对象名称：

测试方法	测试内容	执行情况说明	工作底稿索引号
询　问	(1) 取得与联行清算业务相关的内部管理规定，留存资料和记录。 (2) 询问相关业务人员和会计人员有关联行清算业务内部控制执行情况，重点询问各项批准手续和内部复核、对账程序，以及有无发生重大责任事故或违反制度规定的行为。 (3) 询问并取得有关监督检查部门对联行清算业务的检查报告或工作总结。		
观　察	(1) 对联行清算业务不相容岗位的职责分离情况进行实地观察，查看其实际执行效果。 (2) 观察联行重要空白凭证、联行印章、编(核)押机的保管情况。		
审查书面文档	1. 审查职责分离情况 (1) 抽查联行报单或收付款通知、记账凭证、原始附件、联行报告表、有关登记簿等，检查经办人员名章，审查不相容职务是否分离。 (2) 取得有关联行印章、编(核)押机、空白报单(凭证)的登记簿，检查是否执行“印、押、证”三人分管与使用制度。 2. 审查电子联行业务 (1) 抽查往账业务的“电子联行收付款通知”(电子联行凭证)与所附原始业务凭证是否相符，发报行与收报行行号、收付款单位账号、货币金额、业务种类与性质是否正确。 (2) 审查往账业务的电子联行凭证是否经业务主管审核和授权，有无超权限授权现象。 (3) 抽查来账业务的电子联行凭证，检查是否经有关人员审核、复核，是否及时办理转账。 (4) 抽查电子联行往账科目，是否与往账业务电子联行凭证的代收、代付总金额相符。 (5) 抽查电子联行来账科目，是否与已转来账电子联行凭证的代收、代付总金额相符。 3. 审查手工联行业务 (1) 抽查联行邮划或电划报单，检查其是否与所附原始凭证相符，联行报单要素是否齐全正确，是否按规定加编密押。		

续表

测试方法	测试内容	执行情况说明	工作底稿索引号
审查书面文档	(2) 抽查联行来账报单或电报，审核行名与行号是否相符，是否属银行业务，报单所填附件数与附件实际数是否相符，报单与附件的收付款单位账号、名称及金额是否相符，报单印章是否真实、齐全等。 (3) 检查联行报单的编制、寄发是否及时，有无积压。检查收到联行来账报单或电报，是否及时办理转账，有无发生延误的情况。 (4) 检查是否按规定核实收到的加押报单或电报。 (5) 抽查联行往账科目，是否与当日往账业务的代收、代付报单的总金额相符。 (6) 抽查联行来账科目，是滞与当日已转来账的代收、代付报单的总金额相符。 (7) 审查收报行收到联行专用信件是否逐件验收、拆封，已拆信封与收信、收电记录是否妥善保管备查。 4. 审查联行汇差资金清算 取得联行汇差报告表，检查全国联行汇差和辖内往来汇差是否按规定及时办理汇差资金清算与调拨，有无长期透支占用联行资金的行为。 5. 审查联行清算账户的管理 (1) 取得与联行清算账户开立与销户的相关资料，检查是否经有权人员授权批准。 (2) 取得联行清算账户的对账单、调节表，审查是否定期核对联行账务，上下级行间的联行账务是否核对相符。 (3) 检查是否定期与资金计划部门核对系统内拆借资金、调拨资金余额。 6. 审查账务处理的正确性 (1) 核对联行往来报告表与联行往账、来账报单或清单是否相符，往账报告表的顺序号，余额是否衔接。 (2) 未核销报单款项登记簿余额是否与总账未核销报单款项科目余额相符。 (3) 检查电子联行科目余额和未转来账数据余额是否与会计日计表和未转来账清单上的余额相符。 (4) 检查新年度开始，是否将联行往来账务划分为上年户和本年户，联行往来报告表的编制是否正确。 (5) 检查全国联行未达查清后，全国联行往账总额是否与全国联行来账总额反方向相等。 7. 审查报单的管理 (1) 取得“重要空白凭证登记簿”和“重要空白凭证”表外科目，检查空白联行报单(凭证)的领发、保管、使用是否严格执行规定。 (2) 检查“重要空白凭证登记簿”余额与实存报单是否核对相符。 (3) 检查已使用报单的内容和号码、作废报单的内容和号码、待用报单的内容和号码是否与登记簿上的册数和号码一致。 (4) 检查作废报单的处理是否恰当。		

续表

测试方法	测试内容	执行情况说明	工作底稿索引号
审查书面文档	(5) 审查联行报单的使用是否正确,有无存在错用报单或错用报单联次的问题。 8. 查询查复管理 (1) 检查查询查复登记簿和有关查询查复清单,审查对暂时不能转账的错误报单、对超过正常期限尚未核销的报单,对密押不符的来账收付指令等是否及时向发报行或有关行处发出查询。 (2) 检查查询查复登记簿和有关查询查复清单,审核是否及时办理查复,是否经复核人员复核,补发邮划报单或电划报单抄本是否经会计主管人员审批。 9. 电子联行系统的安全性管理 (1) 检查电子联行系统的系统管理开发和业务运行操作是否严格分离,不相容职务是否分离。 (2) 检查系统源程序的编制和管理,信息传递过程的加密,操作员权限管理,密码管理,电子联行数据信息保存,系统出现意外的应急措施等情况。		

二、联行往来业务实质性测试

表 8-2 联行往来业务审计程序表

被审计对象名称:

审计程序	执行情况说明	工作底稿索引号
1. 联行系统与会计系统核对 (1) 取得联行往来相关分户账、总账、余额表、日记账和会计报表有关项目,核对是否表表、账表、账账相符,有无错用会计科目引起联行账务错乱的行为。 (2) 取得联行往来相关分户账、总账(包括联行来账、联行往账、已核对联行来账、未核销报单款项以及本年联行汇差、上年联行汇差等),与联行往来报告表、未核销报单或未转来账清单、汇差报告表核对是否相符。对不相符的,核实有无存在用联行资金进行贷款、投资,将各项收入、亏损隐藏在联行资金反映的现象。 (3) 抽查联行业务涉及的凭证、清单和报表,核对以下方面。 ①往账报单与结算凭证、原始凭证是否相符;②来账清单与来账收付指令笔数、金额是否相符,来账清单的顺序是否衔接;③往账清单与当日代收、代付电子联行凭证的总笔数及金额是否相符;④汇总往账清单与各业务部门往账清单是否相符;⑤联行报告表序号、余额是否衔接正确;⑥往账清单、已转来账清单与联行往来报告表各货币借贷方笔数、发生额是否相符;⑦未转来账报告表各货币借贷方笔数、发生额与未转来账清单是否相符。 (4) 利用被审银行联行系统的历史报文恢复及查询功能,补打销账报告表、未转来账报告表、人民币汇差申报表等报告表及报文;或利用采集的联行系统电子数据重新生成有关联行往来报告表、清单,与银行保存的纸质报告表和报文相核对,审查联行业务资料的可靠性。		

续表

审计程序	执行情况说明	工作底稿索引号
2. 上下级联行之间的账务核对 利用计算机辅助审计，取得该行联行往来相关电子数据，根据"机构号"和"客户号"，生成该银行与拟核对的某上/下级行的联行往来明细账户；同样原理，取得拟核对上/下级行的联行往来相关电子数据，生成相应的联行往来明细账户，将两者的年初、年末余额及每一笔发生额进行比较核对。假如联行往来明细账户根本不是对开而是虚开的，则详细检查该明细账户的资金来源与运用。对核对不符的对开账户，应重点关注差额形成的原因，审查有无利用联行往来科目隐匿、转移资金和盗用联行资金等问题。 3. 联行利息的审查 (1) 利息计算的正确性。 ① 重算。利用获取的被审银行电子数据精确计算联行利息收支。或根据余额表反映的联行科目积数审查联行往来利息收支的计算是否正确。 ② 抽查。取得"计息积数表"或汇差报告表，与联行往来同日有关科目余额的轧差数核对，审查其金额、方向是否相符，确定计息积数的正确性。 (2) 利息入账的正确性。审查"金融机构往来收入——联行往来利息收入"或"金融机构往来支出——联行往来利息支出"账户是否与"计息清单"核对相符。 (3) 通过电子数据测试计息清单是否在辖内分支机构正确入账核算。如取得《会计传票流水》和《联行往来已销文件》，根据该行与拟核对某分支行的"机构号"与"联行往来行号"，生成该银行对某分支行的"联行往来利息收支"账本；同样原理，利用所取得的拟核对分支行的电子数据生成拟核对分支行对该行的"联行往来利息收支"账本，将两账本进行配对比较。审查有无一方入账，另一方未入账；双方入账金额不一致；入账时间差异太大等现象。 4. 联行汇差的审查 取得汇差报告表，或根据联行往来相关会计科目余额轧差计算汇差资金存欠金额，审查有无长期占用联行资金或联行汇差发生重大变动的现象，结合上级行的业务授权情况，分析其原因，查明银行有无占用联行资金进行账外经营，或发生巨额不良贷款、巨额垫款等问题。 5. 报单审查 (1) 取得重要空白凭证登记簿，审查联行空白报单的账实是否相符。 (2) 检查报单号码是否衔接，对遗失的空白报单应重点关注，查明有无存在以空头代收报单套取联行资金行为。 (3) 利用联行系统的电子数据，审查联行报单编号是否衔接，有无跳号重号现象，如有则查明原因，检查有无利用联行往来转移、截留银行资金，或利用虚假报单套取银行资金等行为。 (4) 抽查联行报单和所附原始凭证，结合记账时间，检查是否及时编发联行报单、及时将收到的报单办理转账；有无压票不发报单或积压报单逾期不转账现象。 6. 重要项目或可疑项目检查 (1) 取得相关电子数据，根据联行业务可能发生作案的时间规律和手法规律进行重点核查。如，对于计息日或年末的联行数据和会计数据、同一天发生的同一金额的来报与往报或借报与贷报、联行系统与会计系统核对不符、存在长期未核销往账或长期未转来账等，要进行重点核查。 (2) 取得查询、查复登记簿和查询复查清单。检查有无可疑事项发生。如，长期未达账。 (3) 取得《大额支付信息统计报表》，审查大额支付资金的来源和去向，对可疑资金追踪调查。		

表 8-3 同业往来业务审计程序表

被审计对象名称：

审计程序	执行情况说明	工作底稿索引号
1. 同城票据交换 (1) 取得同业往来相关分户账、总账、余额表、日计表和会计报表有关项目，核对是否表表、账表、账账相符，有无错用会计科目引起同业往来账务错乱的行为。 (2) 取得同业往来对账单，与同业往来相关分户账进行核对，如不符要查明原因，审查有无将收入、亏损、投资等隐藏在此科目的问题。 (3) 抽查票据交换清单与同业往来分户账是否相符。 (4) 抽查票据交换清单，核对是否与当日提入、提出业务相关票据或凭证相符。 (5) 检查交换提入票据的账务处理是否正确，审查有无将应列入银行收入或支出的款项在往来科目核算造成损益不实，以及截留挪用客户资金等问题。 (6) 检查与交换提出业务有关的票据和凭证，审查有无将向客户收取的业务收入转至账外存放，以及将客户资金转移账外等问题。 (7) 比较提出票据日期和银行受理日期，审查有无人为压票、占用客户资金问题。 (8) 取得退票登记簿，分析退票原因，结合结算罚款分户账，审查银行是否严格执行结算纪律，罚款计算是否正确。 2. 异地跨系统汇划 (1) 取得异地跨系统汇划业务相关凭证，审查汇出业务的办理是否恰当、及时，有无故意压汇占用他行资金的现象。 (2) 取得异地跨系统汇划业务相关凭证，审查银行收到汇入款项后是否及时办理转账手续，有无转移、挪用汇入款项的现象。 (3) 抽查人行电子联行系统的来账清单、往账清单，核对是否与所附汇划凭证相符、与人行往来分户账相符。若不符，需查明原因。 (4) 检查汇入款项的账务处理是否正确，审查有无将应列入银行收入的款项在往来科目核算造成损益不实，以及截留挪用客户资金等问题。 (5) 检查与汇出业务有关的票据或凭证，审查有无将向客户收取的业务收入转至账外存放，以及将客户资金转移账外等问题。 (6) 取得查询查复登记簿和查询查复书，检查有无可疑事项发生。		

第九章 会计管理

会计工作处于防范风险的第一线，加强商业银行的内部控制，必须从会计基础工作做起，构建起防范金融风险的第一道防线。

近年来，银行系统违规违法案件不断发生，特别是会计、出纳部位发案率居高不下，一些大案、要案令人触目惊心，不仅给国家、企业和个人造成了重大的经济损失，而且严重地扰乱了银行正常的经营秩序，损害了银行的信誉，成为当今社会关注的焦点。因此，分析犯罪分子作案的主要特点、手段、形式及原因，建立一套行之有效的防范银行风险的内部控制系统，已成为当前银行一个亟待解决的重要问题。

第一节 商业银行会计系统风险

商业银行会计系统发生风险主要有以下特点：大案要案多，涉及金额大；银行内部人员是作案的“主角”；银行的边缘机构如分理处、办事处等网点的会计、出纳岗位是案件高发部位；作案手段隐蔽性强。

会计出纳部位案件发生的手段及表现形式有以下几种。

1. 利用票据作案

恶意制造串户，挪用客户资金；撕毁票据，伪造假单证；开出假存单、假回单，骗取银行资金等。

2. 利用印章作案

偷盖银行业务章和他人名章作案，偷盖企业单位的预留银行印鉴，挪用企业资金；私刻、伪造银行印章及企业的预留银行印鉴，盗用他人资金。

3. 利用计算机作案

窃取微机操作员、管理员的密码，非法进入计算机系统作案，转移客户的资金。

4. 公款私存，违规操作，违规经营，给不法分子造成可乘之机

第二节　商业银行会计系统内部控制要素

商业银行会计内部控制的重点是：实行会计工作的统一管理，严格执行会计制度和会计操作规程，积极运用计算机技术手段强化会计内部控制，确保会计信息的真实、完整和合法，严禁设置账外账，严禁乱用会计科目，严禁编制和报送虚假会计数据。

1. 商业银行会计制度和会计操作规程

商业银行应当依据国家统一的会计制度制定并实施本系统的会计业务规范，会计业务规范应当覆盖会计业务的所有环节；各级经营机构应当严格执行上级机构制定的会计业务规范，上级机构应当保证统一的会计业务规范在本系统得到实施。商业银行应当保证会计工作的独立性，确保会计部门、会计人员能够依据国家统一的会计制度和本系统的会计业务规范独立办理会计业务，任何人不得授意、暗示、指示、强令会计部门、会计人员违法或违规办理会计业务；对违法或违规的会计业务，会计部门、会计人员有权拒绝办理，或者按照职权予以纠正。

2. 商业银行会计岗位设置

商业银行会计岗位设置应当实行责任分离、相互制约的原则，严禁一人兼任非相容的岗位或独自操作会计业务全过程。商业银行应当对会计部门、会计人员设置会计权限，各级会计部门、会计人员应当在各自的权限内行事，凡超越权限的，须经授权后，方可办理。

3. 商业银行会计人员资格

商业银行应当对会计人员实行从业资格管理，会计人员、会计主管、会计负责人应当具有与其岗位、职位相适应的能力，并取得相应的从业证书或专业资格。商业银行会计主管的变动应当得到上级会计部门的同意；会计人员调动工作或离职，应当与接管人员办清交接手续，严格执行监交程序。商业银行应当对会计人员实行强制休假制度，联行、同城票据交换、出纳等重要会计岗位人员和会计主管还应当定期轮换，接受离岗(任)审计。

4. 商业银行会计监督

商业银行应当对会计账务处理的全过程实行监督，会计账务应当做到账账、账据、账款、账实、账表及内外账的六相符；凡账务核对不一致的，应当按照权限进行纠正或报上级机构处理。商业银行应当实行会计差错责任人追究制度，发生重大会计差错、舞弊或案件，除对直接责任人员追究责任外，对单位负责人和分管会计业务的负责人也应当追究连带责任。

5. 会计信息的提供与披露

商业银行应当做到会计记录、账务处理的合法、真实、准确和完整，严禁伪造、编造会计凭证和会计账簿，严禁提供虚假会计报表。商业银行应当建立恰当的信息披露制度，按照规定及时、真实、完整地披露会计、财务信息，满足股东、监管当局、社会公众对其信息的需求。

6. 商业银行会计档案管理

商业银行应当完善会计档案管理制度，严格查阅手续，防止会计档案被替换、更改、损毁或遗失。

第三节 会计管理活动内部控制重点

表 9-1 会计管理活动内部控制重点

目 标	OFC	风 险	概率	行动/控制活动	结论与评价
目标 1:实行会计工作的统一管理，严格执行会计制度。		(1) 设置账外账。 (2) 乱用会计科目。 (3) 会计工作独立性不强。 (4) 授意、暗示、指示、强令会计部门、会计人员违法或违规办理会计业务。		(1) 依据企业会计准则和国家统一的会计制度，制定并实施银行的会计规范和管理制度。 (2) 确保会计工作的独立性，确保会计部门、会计人员能够依据国家统一的会计制度和银行的会计规范独立地办理会计业务。	
目标 2:会计岗位设置。		(1) 一人兼任非相容的岗位。 (2) 一人独自完成会计全过程的业务操作。		(1) 会计岗位设置应当实行责任分离、相互制约的原则。	
目标 3:规范会计授权业务。		(1) 超越权限处理业务。 (2) 随意授权。		(1) 明确会计部门、会计人员的权限，员工应当在各自的权限内行事。 (2) 凡超越权限的，须经授权后，方可办理。 (3) 严格控制授权。	
目标 4:会计记录、账务处理的合法、真实、完整和准确。		(1) 会计财务错误。 (2) 伪造、变造会计凭证、会计账簿和其他会计资料。 (3) 提供虚假财务会计报告。		(1) 对会计账务处理的全过程实行监督。 (2) 会计账务应当做到账账、账据、账款、账实、账表和内外账的六相符。 (3) 实行会计差错责任人追究制度。	

续表

目　标	OFC	风　险	概率	行动/控制活动	结论与评价
目标5:建立规范的信息披露制度。		(1) 信息披露不及时。 (2) 信息披露不真实。 (3) 信息披露不准确。 (4) 信息披露不完整。		(1) 每个年度终了后4个月披露会计报表、会计报表附注和财务情况说明书。 (2) 披露审计报告,年度报告送银监会审核。 (3) 信息披露内容必须包括财务会计报告、各类风险管理状况、公司治理、年度重大事项以及其他应披露的信息。	
目标6:完善会计档案管理。		(1) 会计档案被替换、更改。 (2) 会计档案被毁损。 (3) 会计档案被散失。 (4) 会计档案被泄密。		(1) 设置档案保管库,装订成册,分类登记管理。 (2) 不能缩短会计档案管理期限。 (3) 会计档案的调阅。	

第四节　会计档案流程图及风险控制点

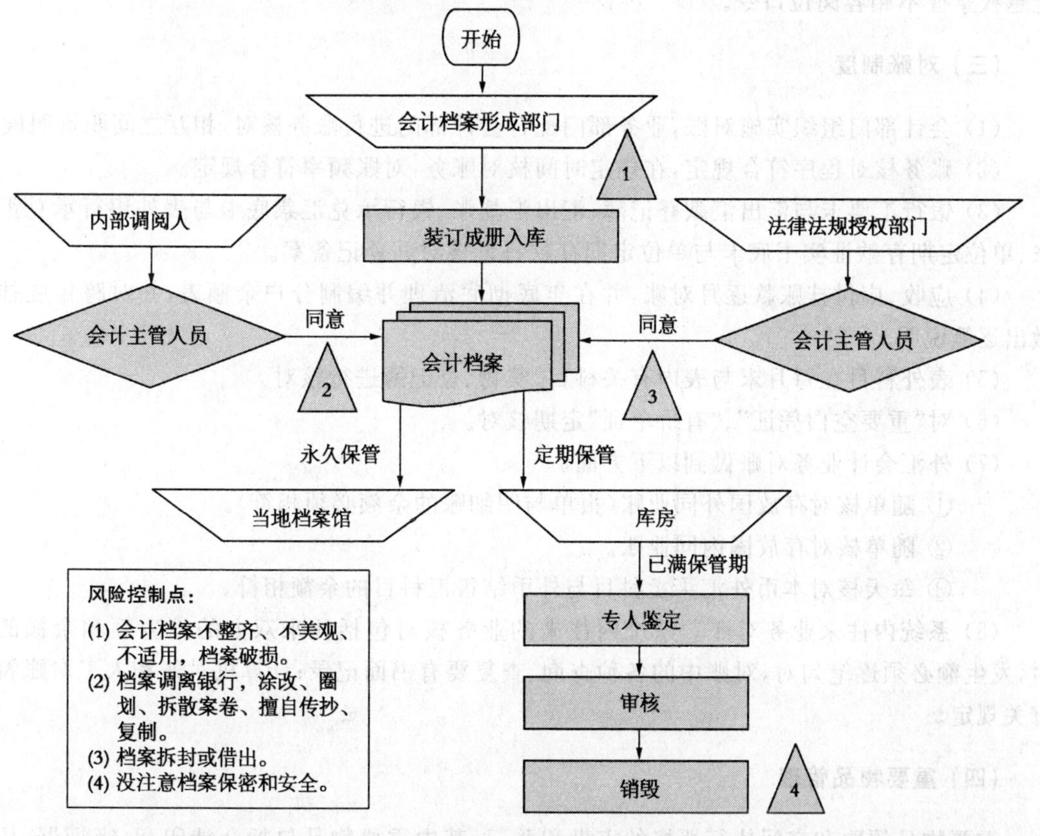

图 9-1　会计档案处理流程图

第五节　会计管理活动内部控制要点

（一）岗位制约

（1）有严格的安全监控系统，各级柜员实施严格的分级授权。

（2）严格执行双人经办制度。包括双人临柜；钱账分离；双人验印；双人对账。严格执行岗位分离制度。即印压（押）证三分管；库房钥匙分管；会计岗和事后检查岗分离；会计前台和后台业务人员分离；记账岗与实物岗分离；系统管理岗与操作员分离。

（二）特别事项授权

（1）执行重要会计业务授权：错账冲正授权；账务调整授权；大额支付授权；自制、补制凭证授权查询、查复业务授权与挂账及临时过渡业务核算授权；特别转存授权；班外业务授权；拒绝付款业务授权。

（2）执行会计电算化操作授权：操作人员按照权限级别进入系统和功能模块，操作人员不能越权掌握不相容岗位口令。

（三）对账制度

（1）会计部门组织实施对账，业务部门配合会计部门进行账务核对，相互之间职责明确。

（2）账务核对程序符合规定，在规定时间核对账务，对账频率符合规定。

（3）银行汇票卡与汇出汇款登记簿、汇出汇款账、银行承兑汇票底卡与表外银行承兑汇票账、单位定期存款证实书底卡与单位定期存款每天核对并登记备案。

（4）应收、应付挂账款逐月对账，并在年底彻底清理并编制分户余额表，并对跨年度挂账做出逐笔说明。

（5）表外科目在每月末与表内有关科目、实物、登记簿进行核对。

（6）对“重要空白凭证”、“有价单证”定期核对。

（7）外汇会计业务对账做到以下方面。

① 随单核对存放国外同业账（报单与明细账的余额必须相符）。

② 随单核对存放国内同业账。

③ 每天核对本币外汇买卖科目与外币结售汇科目的余额相符。

（8）系统内往来业务对账。系统内往来的业务核对包括往来双方的发生额和余额的核对，发生额必须逐笔勾对，对账中的各种查询、查复要有书面记录；计算机对账和人工对账符合有关规定。

（四）重要物品管理

重要物品领取和交回执行严格的审批和登记，其中重要物品包括会计印章、密押器、压数机、重要单证、密码口令及有关操作手册。

第十章

产品开发

银行产品是指金融机构向市场提供令人注意的、取得利用或消费的一切事物，它既包括有形产品，也包括无形产品。目前，我国商业银行产品开发主要集中在支付业务和理财业务两个方面。

第一节　产品开发活动流程

银行产品的开发，原则上要经过以下环节：可行性研究、市场定位、立项审批、制订开发研究计划、实施开发、测试验收、试销推广、更改完善、评价总结、积累经验。

对商业银行产品开发业务的评价主要包括：是否建立产品开发控制程序和现行的产品开发过程的风险控制是如何实施的两方面。

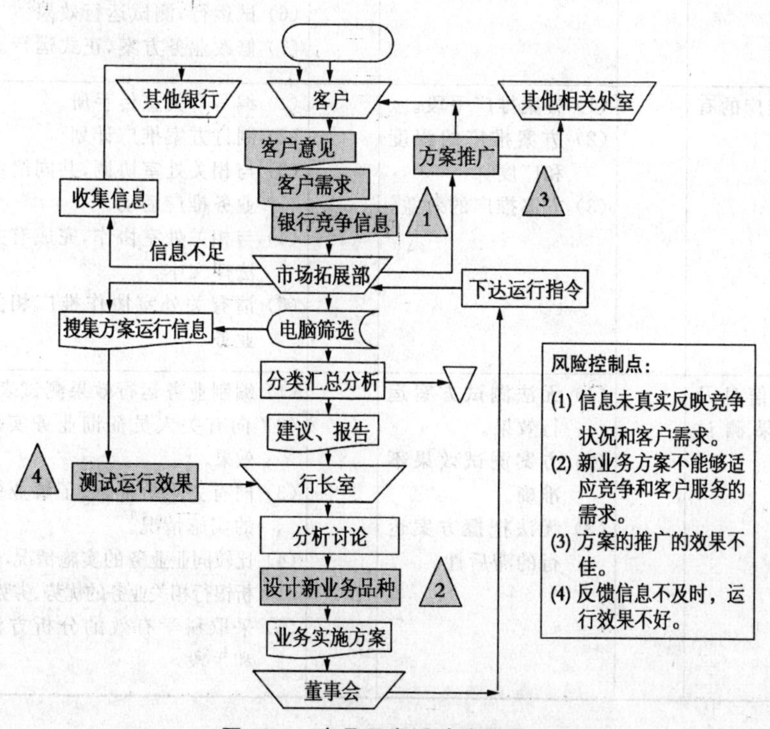

图 10-1　产品开发活动流程图

第二节　产品开发活动风险评价与控制表

表10-1　产品开发活动风险评价与控制表

目　标	OFC	风　险	概率	行动/控制活动	结论与评价
目标1:确保取得的信息真实反映同业竞争状况及客户需求。		(1) 客户道德风险。 (2) 资料搜集困难。		(1) 对客户采取问卷调查、征询、实地访问等方法,了解客户需求。 (2) 利用公共信息,加大信息分析力度,掌握同业竞争状况及信贷发展动态。 (3) 了解国外银行的业务发展状况,分析在银行应用的可行性,提高银行的经济效益。	
目标2:保证新业务方案能够适应竞争和客户服务的需要。		(1) 新业务方案的可行性。 (2) 新业务方案的灵活性。 (3) 新业务方案的适用性。		(1) 分析客户需求和竞争需要。 (2) 借鉴有关资料。 (3) 设计业务方案,及具体实施措施。 (4) 请有关人员分析讨论,根据意见进行修改。 (5) 落实人、财、物。 (6) 试运行,测试运行效果。 (7) 修改业务方案,正式运行。	
目标3:方案推广的有效性。		(1) 方案推广手段。 (2) 方案推广的深度和广度。 (3) 方案推广的效益。		(1) 编写有关宣传手册。 (2) 制订方案推广计划。 (3) 与相关处室协调,共同组织业务推广活动。 (4) 与相关处室协作,完成有关法律文本。 (5) 请有关处室协作推广相关业务。	
目标4:反馈信息及时,运行效果测试准确。		(1) 无法测试方案运行效果。 (2) 方案测试效果不准确。 (3) 无法把握方案运行的滞后性。		(1) 编制业务运行效果测试表。 (2) 向有关人员征询业务实施效果。 (3) 向有关人员征询、了解业务的实施情况。 (4) 比较同业业务的实施情况,分析银行相关业务的优势、劣势。 (5) 采取科学有效的分析方法和手段。	

第十一章 计划与财务

计划财务活动处于银行综合理财的重要位置，贯穿于银行各项业务活动的始终。商业银行集约化经营和利润最大化经营目标的实现，在很大程度上取决于能否对计划财务进行有效管理。因此，积极进行计划财务管理是商业银行管理工作的重要组成部分。

第一节　计划与财务活动内部控制

商业银行计划与财务内部控制评价主要包括下列内容。

1. 是否制定全行业务经营计划？
2. 是否制定财务预算？
3. 财务审批是否符合授权要求？
4. 如何管理固定资产？
5. 如何进行固定资产的采购？如何规避采购风险？

一、财务收支计划和费用支出内部控制

(一) 财务预算方案编制流程

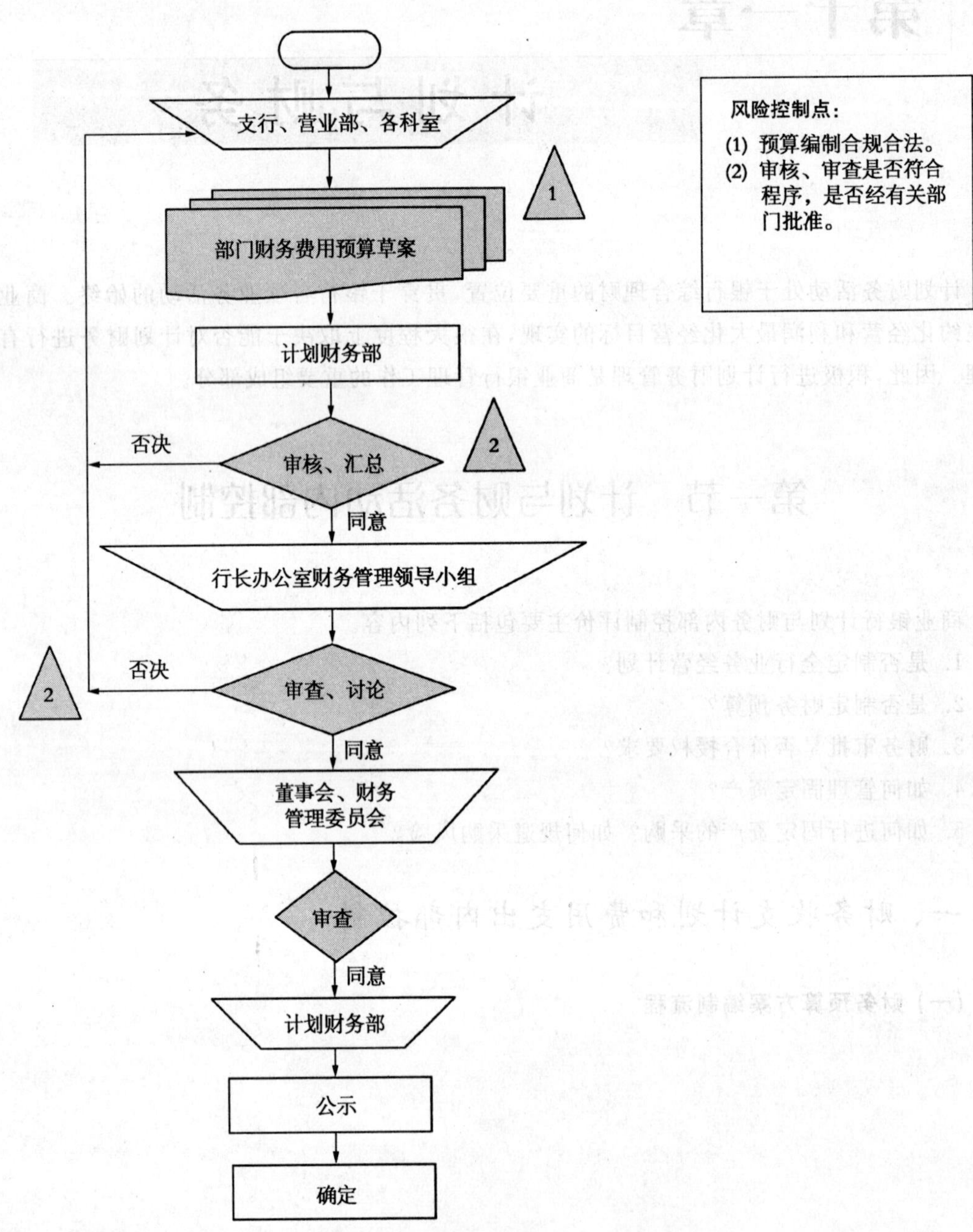

图 11-1 财务预算方案编制流程图

（二）财务费用报销流程

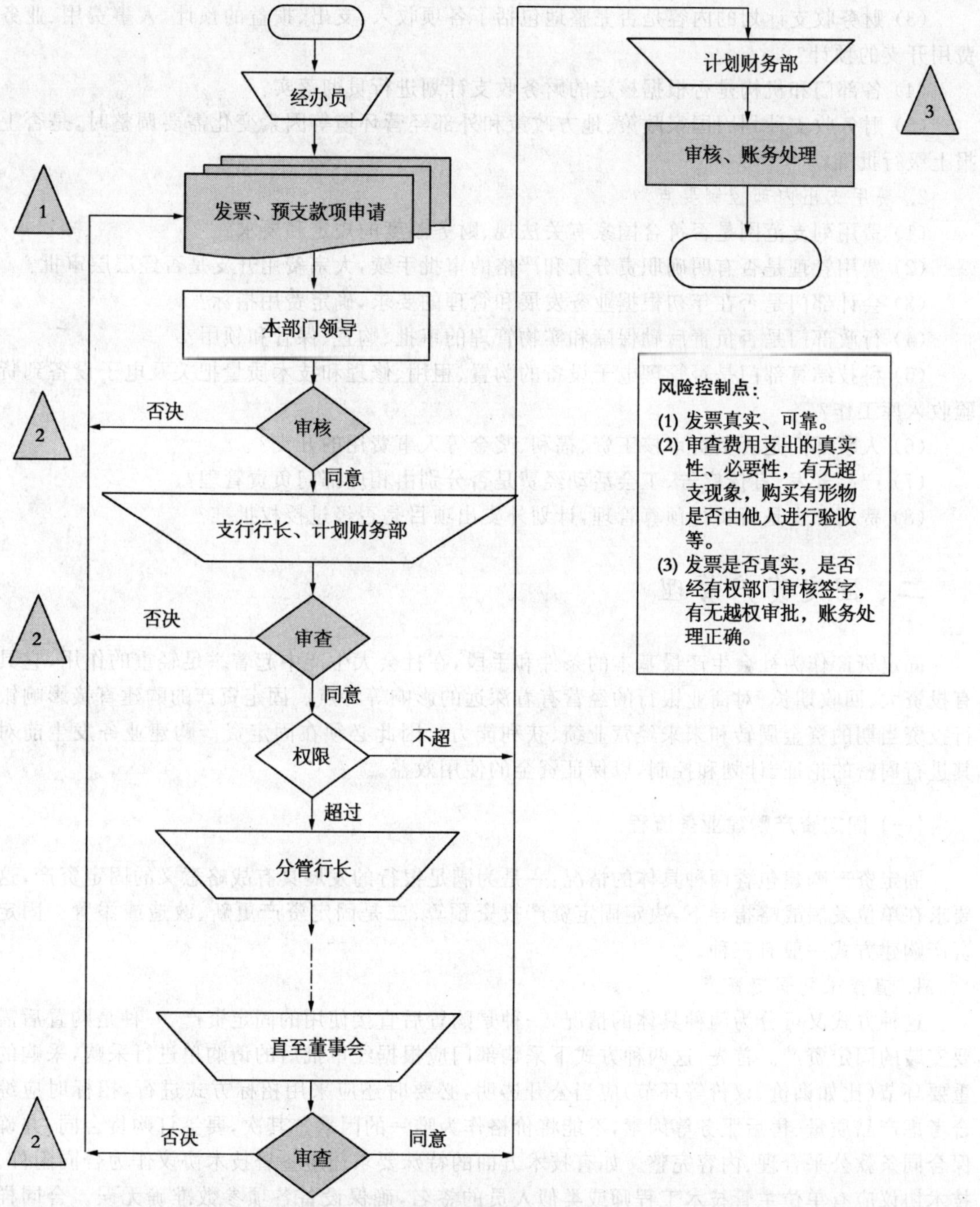

图 11-2　财务费用报销流程图

（三）财务收支计划和费用支出内部控制要点

1. 财务收支计划和费用支出内部控制要点

（1）是否按年度编制财务收支计划。

(2) 财务收支计划是否在各业务部门提供有关数据的基础上进行综合汇总，并经行务会议讨论通过后按规定日期逐级上报？

(3) 财务收支计划的内容是否完整地包括了各项收入、支出、损益的预计，人事费用、业务费用开支的预计？

(4) 各部门和机构是否根据核定的财务收支计划进行贯彻落实？

(5) 财务收支计划因国家政策、地方政策和外部经营环境等因素变化需要调整时，是否上报上级行批准？

2. 费用支出内部控制要点

(1) 费用列支范围是否符合国家有关法规、财务制度的规定和要求？

(2) 费用管理是否有明确职责分工和严格的审批手续，大宗费用开支是否经层层审批？

(3) 会计部门是否在年初根据业务发展和管理的要求，确定费用指标？

(4) 行政部门是否负责后勤保障和实物管理的审批、购置、保管和领用？

(5) 科技结算部门是否管理电子设备的购置、租用、修理和技术质量把关及电子设备到货验收入库工作？

(6) 人事部门是否负责审核工资、福利、奖金等人事费用的开支？

(7) 产品开发、宣传广告、工会活动经费是否分别由相应部门负责管理？

(8) 费用开支是否实行预算管理，计划外支出项目是否经过授权批准？

二、固定资产管理

固定资产作为社会生产最基本的条件和手段，在社会大生产中起着举足轻重的作用，它具有投资大、回收期长、对商业银行的经营有着深远的影响等特点。固定资产的购建直接影响银行投资当期的资金周转和未来经营业绩、获利能力。因此必须在固定资产购建业务发生前对其进行周密的论证、计划和控制，以保证资金的使用效益。

(一) 固定资产购建业务流程

固定资产购建包含两种具体的情况：一是为满足银行的发展具有战略意义的固定资产，这要求在单位发展战略指导下，决定固定资产投资预算；二是固定资产更新、改造或添置。固定资产购建方式一般有三种。

1. 直接采购固定资产

这种方式又可分为两种具体的情况，一种是购置后直接使用的固定资产，一种是购置后需要安装的固定资产。首先，这两种方式下采购部门应根据经审批后的请购单进行采购，采购的重要环节(比如询价、议价等环节)应当公开透明，必要时还应采用招标方式进行，招标时应综合考虑产品质量、售后服务等因素，不能将价格作为唯一的因素。其次，要签订购货合同，并确保合同条款公平合理、内容完整。如有技术方面的特殊要求还应签署技术协议作为合同附件。技术协议应有单位主管技术工程师或类似人员的签名，确保设备各项参数准确无误。合同样本最好经法律顾问过目，确保合同条款符合法律规范，最大限度地维护单位经济利益。第三，合同应连续编号，签订后除给供应商、采购部门外，财务部门应留存一份，以便于货款结算，控制付款进度。另外预算外的固定资产购置项目，应事先告知财务部门参与合同的起草，以便于安排资金。设备到货后技术部门要及时组织验收。核对设备型号和技术参数是否与合同规定相符，核对设备到货清单所列随机备件及专用工具是否与实际数量相符。

2. 建造固定资产

建造方式增加固定资产一般要通过以下步骤进行：

(1) 工程项目前期论证。包括项目的初选、可行性研究，以及评估和决策。通过一系列前期的论证分析，明确投资的可行性、必要性、科学性、实用性、安全性。为固定资产投资决策提供依据。

(2) 工程勘察与设计。工程技术部门应依据银行未来业务发展的要求拟定基本的设计原则、设计规模及技术参数等，经相关决策部门进行确认，然后委托具有相应资质的勘察单位和设计单位进行工程勘察和设计，其中工程设计内容应包含施工规范、检验标准与操作保养方法等事项。以保证工程质量符合单位使用的要求，保证固定资产的投资效益。

(3) 工程预算。工程技术部门应会同财务部门根据工程设计内容详细计算工程材料数量、设备及人工费用，并编制工程预算，为工程招标和发包提供依据。

(4) 招标和发包。工程技术部门应依据核准的《请购单》内容或批准的建设项目文件，搜集各类设备及工程建造厂商的相关资料作为工程发包时询价对象选择的参考。发包时应通知至少两家以上合适的建造厂商报价，并汇总整理工程报价资料，通过比价、议价等公开招标的方法进行发包作业，确定合适的建造厂商。

(5) 签约。工程定标后应及时与建造商签订《工程承包合同书》。工程合同书中应详细列明工程名称、工程内容、施工工期、合同价款、付款办法、验收规定、逾期责任、终止及解约、保证责任等条款。合同签订后的合同文本除相关工程技术部门之外，财务部门应留存一份以控制付款进度。

(6) 工程材料采购。工程材料采购环节和直接采购方式进行固定资产投资基本相同，只是购货订单的清单应交施工部门，以便确认订货符合施工要求。

(7) 建造管理和监督。建造管理和监督过程是保证工程质量最核心的内容。在该环节技术部门应协同有关单位协调工程施工的配合事项，以便工程顺利进行。同时要协同工程监理部门对工程进度、用料控制、工程品质(包括隐蔽工程)进行核查，以便及时发现问题并予以纠正。工程施工期间技术部门要协同安全部门做好工地管理，要求按规定设立相关的安全防护措施，以确保施工安全。对于在实际施工过程中工程进度落后的情况，工程技术部门应跟踪调查建造商或施工部门出工人数、技术能力、设备条件是否符合要求，并在保证安全前提下及时催促其赶工以避免影响整体工程进度。如遇施工品质不良或其他异常情况应及时向主管部门反应。如遇追加或减少项目，应及时和建造商协商报主管部门批准并做好相应记录作为结算依据。

(8) 验收。在验收环节首先要明确验收标准，其次要加强工程验收工作的组织领导，最后明确验收工作程序。对验收过程中发现的问题及时提出整改意见和补救措施，并明确责任，分类处理。

(9) 后续工作。工程验收合格后，银行财务会计部门应及时开展各项资产的清查工作。主要包括各类会计资料的归集整理、账务处理、财产物资的盘点、做到账账、账证、账实、账表相符，以保证资产的安全完整。

3. 融资租入固定资产

融资租入固定资产一般适用增加大型设备类固定资产投资。银行请购部门应依据实际情况确定采用融资租赁方式租入固定资产，并报主管部门批准。批准后经办人员应及时与出租固定资产厂商(或租赁公司)签订租赁合同，发出订单。租赁合同内容必须经法律顾问审查，以便最大限度维护单位权益，并经单位主管领导审核签字。根据《企业会计准则》规定融资租入固定资产应按自有资产进行核算和管理。财务部门应严格按照会计准则的要求对融资租入固定资产进行确认和初始计量。租赁合同期满后固定资产管理部门应严格遵守租约，妥善处理后期事项。如合同规定了单位有低价购进的选择权，管理部门应会同财务部门，共同商定是否行使该项权利，选择最有利的方式处理租赁资产，并报主管领导批准。

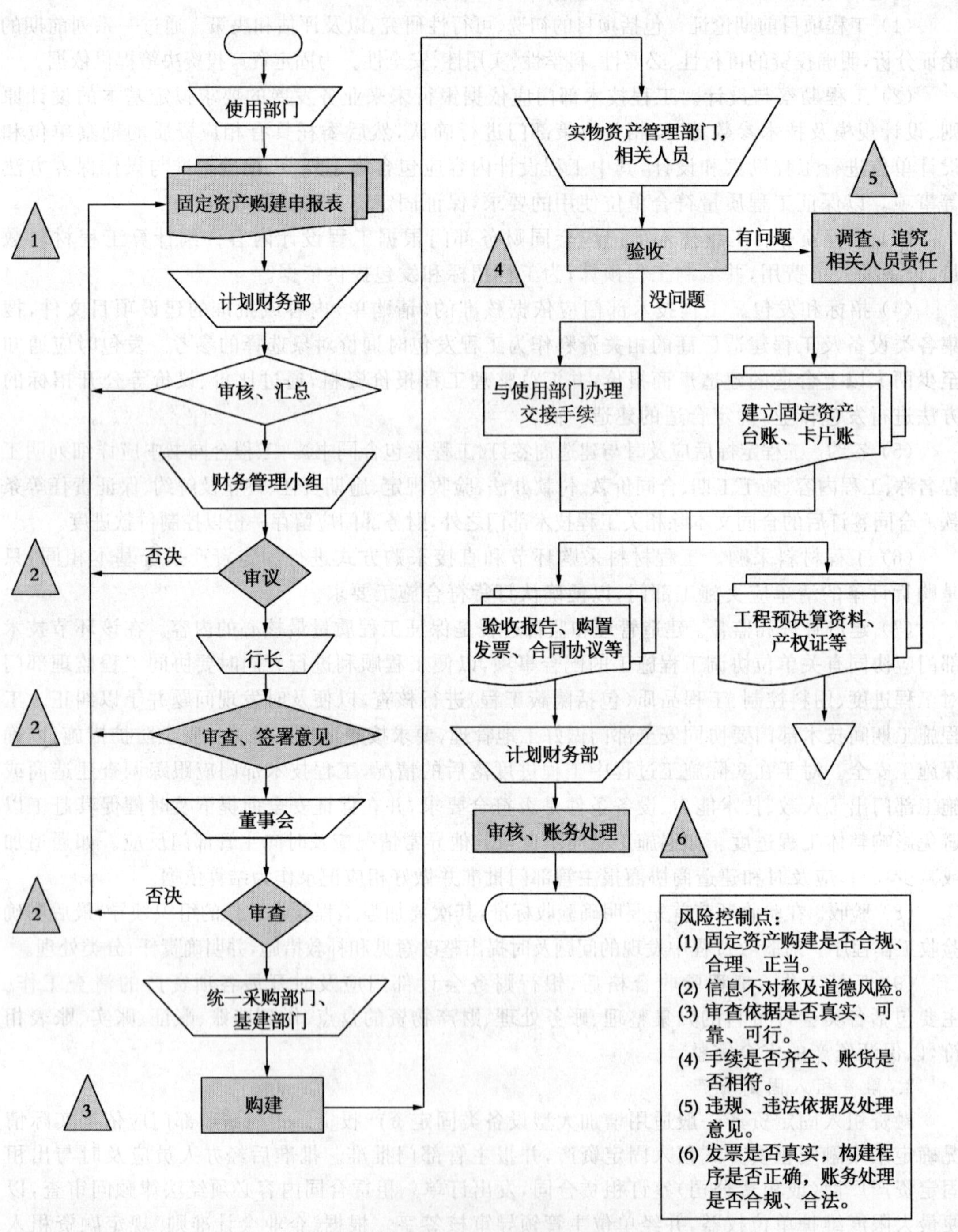

图 11-3 固定资产购建业务流程图

（二）固定资产报废业务流程

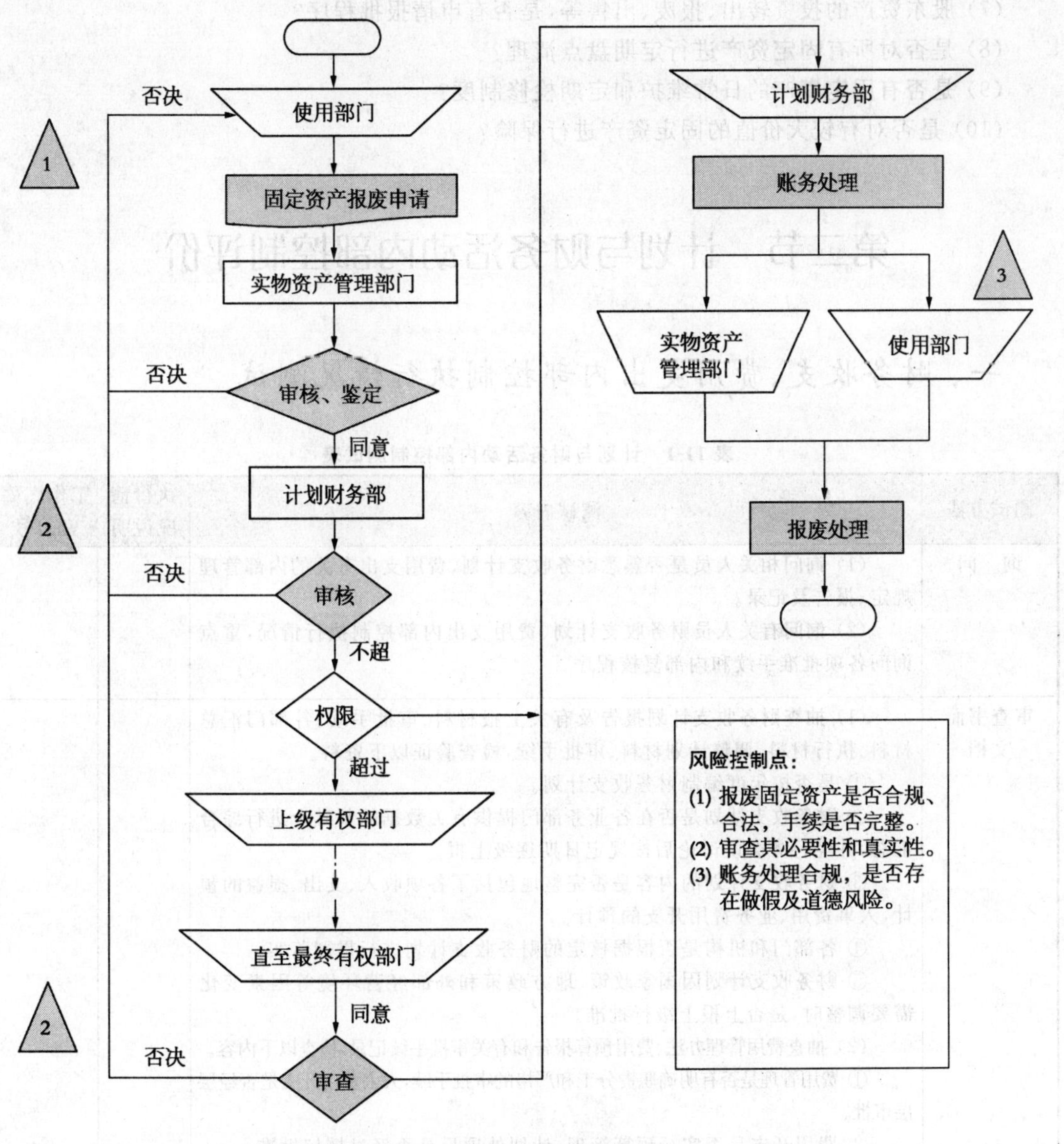

图 11-4 固定资产报废业务流程图

（三）固定资产管理内部控制及评价要点

（1）编制控制固定资产增减和合理运用的年度预算，预算与实际支出的差额及未列入预算的固定资产，应履行审批手续。

（2）所有固定资产的取得和处置是否有完善的授权批准手续？

（3）是否按类别、使用部门和每项固定资产制作登记卡进行明细分类核算？

（4）对固定资产的取得、记录、保管、使用、维修、处置等有无明确的职责分工？

(5) 在建工程是否设置明细账，并详细记录投入情况？
(6) 是否按标准区分资本性支出和收益性支出？
(7) 股东资产的投资转出、报废、出售等，是否有申请报批程序？
(8) 是否对所有固定资产进行定期盘点清理？
(9) 是否有固定资产的日常维护和定期检修制度？
(10) 是否对有较大价值的固定资产进行保险？

第二节　计划与财务活动内部控制评价

一、财务收支、费用支出内部控制执行情况测试

表 11-1　计划与财务活动内部控制测试表

测试方法	测试内容	执行情况说明	工作底稿索引号
询　问	(1) 询问相关人员是否熟悉财务收支计划、费用支出有关的内部管理规定、报告及记录。 (2) 询问有关人员财务收支计划、费用支出内部控制执行情况，重点询问各项批准手续和内部复核程序。		
审查书面文档	(1) 抽查财务收支计划报告及有关上报材料、审批手续、各部门汇总材料、执行材料、调整计划材料、审批手续，检查验证以下资料。 ① 是否按年度编制财务收支计划。 ② 财务收支计划是否在各业务部门提供有关数据的基础上进行综合汇总，并经行务会议讨论后按规定日期逐级上报。 ③ 财务收支计划的内容是否完整地包括了各项收入、支出、损益的预计，人事费用、业务费用开支的预计。 ④ 各部门和机构是否根据核定的财务收支计划进行贯彻落实。 ⑤ 财务收支计划因国家政策、地方政策和外部经营环境等因素变化需要调整时，是否上报上级行批准。 (2) 抽查费用管理办法、费用预算报告和有关审批手续记录，检查以下内容。 ① 费用管理是否有明确职责分工和严格的审批手续，大宗费用开支是否经层层审批。 ② 费用开支是否实行预算管理，计划外项目是否经过授权批准。 (3) 抽查费用管理办法及计划财务部、科技信息部、人事部门的职责分工，业务记录及有关执行资料，检查以下方面。 ① 计划财务部编制费用预算是否经过规定的程序，编制依据是否充分。 ② 实物采购是否有批准手续，实物保管和领用是否有规定的手续。 ③ 工资、福利、奖金等人事费用的开支是否经人事部门审核。 ④ 金融产品开发、广告宣传、工会活动经费等费用支出，是否分别有相应管理部门的审批手续。 (4) 抽查费用明细账和凭证，检查费用列支范围是否符合国家有关法规的规定和要求。有无概预算。		

二、固定资产和在建工程内部控制执行情况测试

表 11-2 固定资产和在建工程内部控制测试表

测试方法	测试内容	执行情况说明	工作底稿索引号
询　问	(1) 询问有关人员是否熟识与固定资产和在建工程有关的内部管理规定、报告、合同和记录。 (2) 询问有关人员固定资产和在建工程内部控制执行情况,重点询问各项批准手续和内部复核、对账程序。		
观　察	(1) 实地观察各项不相容职务的职责分离情况,监督机制情况,察看其实际执行效果。 (2) 对固定资产的保管情况进行实地观察,察看其是否安全存放和保管。		
审查书面文档	(1) 抽查在建工程项目表。检查以下内容。 ① 有无概预算,是否经过授权批准。 ② 在建工程中付款是否附有工程和监管部门审定的工程结算单和其他原始凭证。 ③ 已完工在建工程转入的固定资产是否办理竣工验收和移交手续。 (2) 抽查固定资产增、减凭证。检查: ① 新增固定资产有无购建计划、预算及审批文件等,预算是否经过批准。 ② 固定资产的出售、报废、清理、对外投资、调出是否经过批准。 (3) 抽查实物盘存表。检查: ① 固定资产是否有定期盘点制度。 ② 盘点制度是否有效执行。 ③ 固定资产明细账和卡片,了解企业是否及时根据盘点情况调整账、卡,并处理盘盈、盘亏。 ④ 检查盘盈、盘亏的会计处理是否有相应的批准手续。 (4) 抽查保险单。检查是否对较大价值的固定资产进行了保险。		

三、固定资产和在建工程实质性测试

(一) 执行分析性复核

编制近三年来固定资产、折旧费用变动明细表,进行对比分析,对大额变动进行追查。可利用计算机审计软件,分析全行固定资产,折旧费用总额和各支行固定资产、折旧费用总额在各月的分布状况,寻找其中明显的不合理情况进行重点检查。

(二) 固定资产增加的审计

首先要检查有无固定资产购建指标,固定资产总额是否控制在规定比例内。

(1) 对于外购固定资产，通过核对购货合同、发票、保险单、发货凭证等文件，审查购入的固定资产是否列入预算并经授权批准；对于从关联企业如向银行科技部自办的科技开发公司中购买计算机等电子设备，向贷款企业购买固定资产等，还必须注意其是否经适当授权，是否按正常交易价格进行交易，购买价格有无严重偏离市场价格或其他异常现象。

(2) 对于自行建造的固定资产，应检查其竣工决算、验收和移交报告是否正确，与在建工程相关的记录是否核对相符；对已经投入使用但尚未办理竣工决算的固定资产，检查其是否已经按暂估价值入账并按规定计提折旧，竣工决算完成确定实际价值后是否及时进行调整。

(3) 审查购建固定资产是否按规定建立大宗采购项目招投标制度，购建固定资产和采购单批价值 100 万元以上低值易耗品及其他货物和服务是否公开招标，采取邀请招标方式的是否经项目主管部门或主管财政部门批准；分支机构的采购项目是否必须经总行授权，单批价值较大的采购项目是否原则上由总行统一采购。

(4) 对于投资者投入的固定资产，应检查其入账价值与投资合同中关于固定资产作价的规定是否一致；须经评估确认的固定资产是否有评估报告；固定资产交接手续是否齐全。

(5) 对于租入的固定资产，审查以经营租赁方式租入固定资产是否实行计划管理并在年初编制租赁计划。

(6) 审查有无违规以融资租赁方式租用不动产。审查对融资租入的除不动产外的其他固定资产的融资租赁费是否严格作为长期应付款处理，有无随意列入成本的情况。

(7) 对于对原固定资产进行改建、扩建，改变固定资产原有状态、功能、结构、增加补充设备和改良装置的，应检查是否将改扩建支出予以资本化，相应增加固定资产价值，有无违反规定作为修理费支出列入当期损益的情况。

(8) 审查自用债务人抵债固定资产是否符合规定。是否有相应的固定资产购建指标，是否办理相应的固定资产购建手续；产权过户手续是否齐备，固定资产计价是否按法院裁决确定的价值，或借贷双方协商议定的价值，或借贷双方共同认可的权威部门评估确认的价值扣除法定抵债资产接收、管理和处置变现费用后的价值入账。

(9) 对于接受捐赠的固定资产、盘盈的固定资产等其他原因增加的固定资产，应检查相关的发票等原始凭证，了解市场同类资产价格和重置安全价值，以核对其计价及会计处理是否正确，法律手续是否齐全等。

(10) 对于已经入账的固定资产，还应审查其价值变动是否正确，是否符合可以变动的下列情况：根据国家规定对固定资产价值重新估价；增加补充设备或改良装置；将固定资产的一部分拆除；根据实际价值调整原来的暂估价值；发现原记固定资产价值有错误。

（三）固定资产减少的审计

(1) 审查固定资产减少是否有合法的授权批准文件。

(2) 审查固定资产减少的会计记录是否符合有关规定，会计处理是否正确，涉及固定资产产权转移时是否按规定对固定资产价值进行评估，数额计算是否正确。

(3) 与银行存款、营业外收支等有关账户核对，审查固定资产出售，报废等的处置所产生的净损益是否真实，入账金额是否正确。

(4) 审查是否存在未做会计记录的固定资产减少业务。如复核是否有本年新增加的固定资产替换了原有固定资产的情况；分析营业外收支等相关账户，查明有无处置固定资产所带来的收支;若发现某些固定资产长期不使用,应追查这些固定资产的处理情况;向固定资产管理部门查询固定资产结存情况,查明有无未做会计记录的固定资产减少业务。

(四) 固定资产折旧的审计

(1) 审计固定资产折旧政策和方法是否符合规定。

① 审查所制定的固定资产折旧政策和方法是否符合国家有关财务会计制度的规定,确认其所采用的折旧方法能否在固定资产使用年限内合理分摊其成本。

a. 审查固定资产折旧提取的范围是否合规。

b. 审查固定资产折旧方法是否合规。审查固定资产折旧是否采用国家规定的折旧方法。

c. 审查固定资产折旧的会计处理是否合规。审查固定资产提取的折旧是否计入成本,有无违反规定将折旧冲减资本金的情况。

② 在索取或编制固定资产及累计折旧汇总表的基础上,注意将期初余额和上年工作底稿中审定的期末余额相核对,同时应查明汇总表所列累计折旧合计数是否与累计折旧明细账上所载数额的总和相符,是否与累计折旧总账相符。

(2) 审计固定资产折旧额计算是否正确。在审计固定资产折旧政策与方法是否合规的基础上,主要审查:

① 抽查各类固定资产中的重要项目,确认其折旧的计提是否正确无误,并追查至固定资产登记卡,特别应注意有无已提足折旧的固定资产继续使用时超提折旧的情况和在用固定资产不提或少提折旧的情况。

② 对折旧计提的总体合理性进行计算,即计算前,审计人员对本年增加和减少的固定资产,使用年限长短不一和折旧方法不同的固定资产作适当调整,然后用被折旧的固定资产乘以本年的分类折旧率,来复算折旧计算是否正确。

③ 将累计折旧账户贷方的本年度计提折旧额与相应的成本费用中折旧费用明细账的借方相比较,以查明所计提折旧金额是否已全部进入当年经营费用,一旦发现差异,应及时追查原因,并作适当调整。

④ 计算本期计提折旧额占固定资产原值的比率,并与上期比率比较,分析本期折旧计提额的合理性和正确性。

⑤ 计算累计折旧占固定资产原值的比率,评估固定资产的新旧程度是否与实际相近,并估计因闲置,报废等原因可能发生的固定资产损失。

(五) 固定资产修理的审计

审查修理费用支出会计处理是否合规,对于修理费用发生不均衡的,是否在报主管财政机关备案的情况下采用待摊或预提办法;审查是否严格固定资产修理费用支出,有效地防止以修理费为名购建固定资产,是否按规定对单项固定资产发生的修理费不超过该项固定资产年折旧额的50%且金额在10万元以下的支出,据实列入当期损益,对超过50%和金额在10万元(含10万元)以上的修理费用,是否按规定实行专项审批后列入当期损益。

(六) 账外固定资产的审计

(1) 通过检查租入固定资产合同,固定资产出租方营业收入是差额计税还是全额计税、租赁期满后资产残值是归承租方还是归银行所有，来查明被审计银行有无以贷款形式一次付清承租方租赁费，然后用费用支出冲销贷款的行为，有无自己虚设承租方办理假租赁等以租代购形成账外固定资产的问题；审查有无租赁费用长期挂递延资产和其他应收款等。

（2）通过审查相关的收入账户，查明有无采取利息收入，手续费收入等不入账，直接汇入其他指定账户用于购建固定资产或直接向对方收取固定资产以抵顶应付款项，取得的固定资产不入账的情况。

（3）通过审查固定资产修理费支出等费用支出账户，查明有无通过虚列支出方式套取资金，用于购建固定资产的行为。

（4）通过对近年来账外经营的收支情况进行检查，查明有无在账外经营过程中购置大量固定资产不入大账的情况。

（5）通过审查抵押贷款收取的抵押物登记情况，查明有无长期使用抵债固定资产特别是房屋、汽车等可满足自身需要的固定资产，并追查未及时组织拍卖变现而形成账外固定资产的原因，是主观上就想自行留用但又要避免受固定资产购建计划控制而擅自自行留用抵债固定资产，甚至不惜办理假抵押贷款手续，还是其他原因。

（6）通过实地盘点固定资产实物，或要求固定资产管理部门提供固定资产清单和固定资产卡片，与财会部门固定资产明细账相核对，查明是否存在实存账无的账外固定资产，并进一步查明形成账外固定资产的原因，如有无通过向企业特别是关联企业贷款方式，用于购建房屋、汽车、电子设备等项固定资产，待该项贷款逾期后即列为不良贷款予以核销的违法违纪行为形成的账外固定资产。

（7）审计有无违规超指标、超规模、超概算进行基本建设的情况。审查包括在建工程和需要安装的融资租入固定资产在内的基本建设项目，是否按规定进行报批；审查基本建设资金来源和落实情况，对购建职工宿舍、食堂以及托儿所等职工集体设施，审查其资金是否按规定只能在税后利润提取的公益金中开支，查明有无挤占其他资金的情况；审查用于职工集体福利设施支出的总金额是否违反规定超过当年提取的公益金加以前年度公益金结余之和；审查总行对各级分行超过总行，分行规定固定资产净值占资本金比例的，是否从严控制和审批；对单项基本建设投资超过限额的，检查是否按规定进行报批。

（七）审计固定资产与在建工程应披露事项

（1）审查固定资产（按原值、累计折旧及净值）和在建工程是否分别列示在资产负债表中长期资产项下。

（2）审查与固定资产有关的事项如所采用的折旧方法，当期固定资产的重大变动，融资租入的固定资产原值等是否在会计报表附注中披露，折旧方法与上期相比有变化时还应说明变化的原因，对银行资产负债损益状况造成的影响程度等；审查与在建工程有关的事项如主要在建工程本期的增减变动，期末余额的组成及相应的资金来源与工程进度等是否在会计报表附注中披露。

四、营业费用实质性测试

(一) 执行分析性复核

编制近三年来营业费用变动明细表,进行对比分析,对大额变动进行追查。可利用计算机审计软件,分析全行费用总额和各支行费用总额在各月的分布状况,寻找其中明显的不合理情况进行重点检查。

(二) 确定重要性水平

对费用的审计,应根据各项费用金额的大小,确定相应的重要性水平,对大额费用进行重点审计。

(三) 职工工资及职工福利费、工会经费、职工教育经费的审计

(1) 取得劳动和社会保障部工资核定文件或上级行文件,审查职工工资总额是否超过核定的计税工资总额。

(2) 审查应付工资和费用明细账,是否存在擅自扩大职工工资标准和范围,以其他费用名目列支的现象。

(3) 审查提取比率是否正确,即是否按以下比率提取;职工福利费=计税工资总额×44%,工会经费=计税工资总额×2%,职工教育经费=计税工资总额×1.5%。

(4) 审查职工福利费、工会经费、职工教育经费计提标准是否为计税工资总额,是否超过计税工资总额而按实发数提取。

(四) 租赁费的审计

(1) 将本期租赁费与以前年度相比较,若存在异常变动,则采取详查法,审查原始凭证,核查变动原因。

(2) 对经营租赁方式租入固定资产,实行计划管理。审核年初租赁计划是否经批准,实际发生是否据此开支。

(3) 审查是否违反规定在租赁费用列支豪华小轿车、职工宿舍、非营业用房及设备。

(4) 审查固定资产台账,查阅租赁合同及费用明细账,检查有无在其他费用中列支租赁物的有关费用,如汽车的购置附加费、保险费等,重点查处是否存在以租赁费的形式购建固定资产。

(5) 对经营租赁方式租入固定资产,审查是否突破租赁费指标。

(6) 审查以融资租赁方式租入的除不动产以外的其他固定资产的融资租赁费是否严格按照规定作为长期应付款处理,是否存在将融资租赁费直接列入成本的问题。

(五) 修理费的审计

(1) 查阅有关固定资产的图纸和报告资料,了解固定资产发生修理费前后性能的变化。是否存在改变固定资产原有形态、功能、增加补充设备,改良装置或在原有基础上进行改建,扩

建而发生的支出,应增加固定资产价值,而作为修理费支出。

(2) 审查有无违反规定将已售住房的更新改造,修理费等在此科目列支。

(3) 审查是否存在以修理费的名义购进固定资产,对大额的修理费进行重点审计,查阅有关合同,审查修理费发生的原始凭证,开具修理费的发票单位的经营性质,并结合与以前年度支出变动幅度分析确认,必要时延伸有关单位进行审计。

(4) 取得原始凭证,审查是否据实列支,是否存在预提问题。

(六) 业务招待费的审计

(1) 审查业务招待费是否控制在规定的限额内。

(2) 审查业务招待费明细账,审阅摘要栏,重点审计大额整数的项目,以及年末发生项,审查原始凭证,查处是否据实列支,有无虚列、预提的问题。

(3) 在审查其他费用时,注意关注是否存在为逃脱业务招待费限额规定,将业务招待费在其他费用中列支。

(七) 业务宣传费的审计

(1) 审查业务宣传费是否控制在规定的限额内使用。

(2) 审查业务宣传费明细账,是否据实列支,有无虚列,预提的问题。

(3) 审查是否存在为逃脱限额规定,将业务宣传费在其他费用中列支。

(八) 住房公积金的审计

(1) 审查住房改革有关财务衔接是否符合规定。原住房周转金账户清理后如有结余,是否按规定转入"营业外收入";住房周转金账户清理后的余额如为负数,是否转到固定资产清理账户单独反映,并报经主管财政部门审核后,数额较小的,一次性计入"营业外支出",数额较大的,是否按不超过 5 年的期限分年度摊销。

(2) 审查交纳住房公积金的范围是否正确,按规定缴纳住房公积金的职工是人事关系和工资关系均在银行的固定职工、劳动合同制职工。

(3) 审查有无应由个人交纳的住房公积金,而由银行负担的情况。

(4) 审查职工住房的维修,管理以及国家规定用于住房改革方面的其他费用性支出,职工住房补贴和住房困难补贴,是否据实列入住房周转金,不得在费用中列支。

(九) 其他业务管理费的审计

(1) 差旅费。审查标准是否符合规定,有无列支职工误餐补贴,业务招待费,业务宣传费等指标控制的费用。

(2) 劳动保险费。审查是滞用于离退休职工的退休金,价格补贴,医药费,职工退职金,6 个月以上病假人员工资,退休统筹基金等。有无违规将在职职工福利费在此科目列支。

(3) 电子机具运转费。审查是否属为保证计算机及其配套设备正常运转,维护中所耗用的物品等所发生的支出,有无将电子设备购置费在此科目列支。

(4) 钞币运转费。审查是否属于为运转钞币所支付的运输费,包装费,养路费,押运人员差旅费等,有无将运钞车等购置费在此科目列支。

（5）房产税，土地使用税，车船使用税，印花税等。①审查核算内容的正确性。②调阅有关账本、合同，是否按规定贴足印花税税花。③取得记账凭证，审查账务核算是否正确，列入业务管理费的房产税，土地使用税，车船使用税是否通过“应交税金”核算；印花税是否直接列入业务管理费。

（6）其他费用。①对于费用专用存款账户，通过调阅银行存款对账单及核对年末会计部门拨付备用金金额，查明费用账目资金来源与运用情况，年末是否全部并入会计大账。②审查各费用核算是否正确，有无乱列科目，擅自扩大支出。③对重点费用科目及金额大的费用支出，应查阅原始记录，一是核对会计凭证与原始记录，二是判断原始记录的支出是否真实、是否合规。④审查有无将应税收入冲减有关费用，偷逃税金的问题。

第十二章 安全保卫

银行安全保卫工作，就其狭义来讲，主要是指库款的守卫、押运及对银行其他物资、财产（如办公场所）的保护和防卫。对商业银行安全保卫工作的审查主要包括以下方面。

（1）是否识别过安保范围（物防、人防、技防）的风险，以及所需风险控制措施？

（2）涉及金库、现金押运、运钞车辆等安保人员是否外包？如有，如何管理并控制风险？

（3）如何控制与其他商业银行合作进行现金押运的过程？

（4）如何进行全行安全检查？

（5）现有各项安保设施是否满足需要？

安全保卫内部控制重点

目　标	OFC	风　险	概率	行动/控制活动	评价与结论
目标1:营业期间安全管理。		（1）抢劫。 （2）资料遗失。		（1）营业场内保持警惕、做好安全防范工作。 （2）营业人员坚守岗位,认真履行职责。	
目标2:守库值班安全管理。		营业大楼内资金被盗。		（1）双人守库值班，做到24小时不脱人。 （2）值班期间认真履行职责，保持高度警惕，处理好突发事件。	
目标3:运钞安全管理。		运钞车被抢。		（1）使用防弹运钞车，做到双人押运。 （2）运钞途中应坚守岗位，实行“封闭式”管理。 （3）严格遵守《道路交通安全法》，做到安全行驶，确保运钞人员和资金安全。	
目标4:金库管理。		（1）金库被盗。 （2）资金管理混乱。		（1）金库必须实行双人管理，专人负责，钥匙科学管理。 （2）确保金库内安全、整洁。	
目标5:监控录像管理。		（1）不能有效监控。 （2）违规使用监控录像。		（1）确保监控器有效运作，定期检查。 （2）按规定使用监控录像。	

续表

目　标	OFC	风　险	概率	行动/控制活动	评价与结论
目标6:自卫武器使用管理。		(1) 自卫武器丢失。 (2) 非法和私自使用自卫武器。		(1) 专人负责,实行"谁使用、谁管理"的原则。 (2) 合理合时使用自卫武器。	
目标7:消防安全管理。		火灾。		(1) 贯彻执行《消防法》,开展灭火演练。 (2) 安全用电。	
目标8:枪支弹药管理。		乱放乱用枪支弹药。		(1) 实行"一枪一档"的管理办法,持有持枪证上岗。 (2) 枪支弹药严格登记。	

第三篇　商业银行内部控制评价实践

第十三章　商业银行内部控制评价方法和计分方法

第一节　商业银行内部控制评价的常用方法

一、询问法

询问法主要包括调查问卷和现场访谈两种方式。

1. 调查问卷

评价人员针对评价目的，结合评价对象的具体特点，设计一套调查问卷，明确查什么，如何查。对于问卷中的各个问题，评价人员可以根据需要，灵活采用多种方法如访谈、观察、抽样验证等做出结论。

2. 现场访谈

评价人员到现场向相关人员了解内部控制体系建立、执行和监督情况。这是收集信息的一个重要手段，应当在条件许可并以适合被访谈人的方式进行。为此，评价人员应当考虑以下方面。

(1) 被访谈人员应与被评价的内容相关，并承担相应职责。

(2) 应当尽可能在被访谈人正常工作时间和正常工作地点进行。

(3) 在访谈前和访谈过程中应当努力使被访谈人放松。

(4) 应当解释访谈和做记录的原因。

(5) 可通过请被访谈人描述其工作开始。

(6) 应当避免提出有倾向性答案的问题(即引导性提问)。

(7) 应当与被访谈人沟通评审访谈的结果，应当感谢被访谈人的参与和合作。

二、书面文档检查

评价人员查阅被评价机构的政策和程序，如业务政策、业务程序、财务会计制度、组织结构图、行为守则等，评价被评价机构是否建立符合要求的内部控制体系文件。

评价人员查阅内部控制体系的相关记录，如账本、报表、凭证、合同、报告等，判断内部控制措施是否得到有效执行。

三、观察

评价人员在被评价机构的工作现场，通过现场观察或观看操作过程录像等方式，查验现场工作状态或有关人员的实际工作情况，以确定内部控制措施是否得到严格执行。该方法适用于那些不留书面记录的评价内容。

四、流程图法

评价人员利用流程图来表示被评价机构各种业务处理程序、职责分工、各种记录等，了解被评价机构内部控制体系的运行状况、业务的风险控制点和控制措施，从而有助于发现内部控制体系的缺失，确定评价重点。

五、抽样法

评价人员通过抽取一定数量代表性样本进行调查和测试，并据此推断总体状况。

六、穿行测试法

评价人员在相关业务流程中选择一笔或者若干笔业务，从头到尾检查其实际处理过程，以验证所描述业务流程内部控制的合规性和有效性。

七、压力测试法

评价人员测试被评价机构关键业务处理程序和控制措施能够承受的压力程度，以及在承受相应压力时相关内部控制措施发挥的作用。

第二节　内部控制评价计分方法表

一、过程评价

(一) 过程评价分值表

表 13-1　过程评价分值表

评价内容＼评价对象	标准分值	业务活动					管理活动			支持保障活动			备注
		授信业务	资金业务	存款和柜台业务	主要中间业务	……	计划财务	会计管理	……	计算机系统	产品开发	安全保卫	
标准分值	500												
一、内部控制环境	100												
1. 商业银行公司治理	10												
2. 董事会、监事会和高级管理层责任	10												
3. 内部控制政策	20												
4. 内部控制目标	20												
5. 组织结构	20												
6. 企业文化	10												
7. 人力资源	10												
二、风险识别与评估	100												
1. 经营管理活动风险识别与评估	50												
2. 法律法规、监管要求和其他要求的识别	20												
3. 内部控制方案	30												
三、内部控制措施	100												
1. 运行控制	60												
2. 计算机系统环境下的控制	20												
3. 应急准备与处置	20												
四、监督评价与纠正	100												
1. 内部控制绩效监测	30												

续表

评价对象 / 评价内容	标准分值	业务活动					管理活动			支持保障活动			备注
		授信业务	资金业务	存款和柜台业务	主要中间业务	……	计划财务	会计管理	……	计算机系统	产品开发	安全保卫	
2. 违规、险情、事故处置和纠正预防措施	20												
3. 内部控制体系评价	20												
4. 管理评审	20												
5. 持续改进	10												
五、信息交流与反馈	100												
1. 交流与沟通	25												
2. 内部控制体系对文件的要求	25												
3. 文件控制	25												
4. 记录控制	25												

（二）内部控制评价步骤和计分方法说明

第一步：确定评价的具体对象，包括各类业务活动、管理活动和支持保障活动。

第二步：根据具体评价对象的特点，按《商业银行内部控制评价办法》（以后简称办法）第三章评价内容中的要求，并结合其他的评价准则，依据第八条的四个评价方面（充分性、合规性、有效性、适宜性），形成系统的评价问题。即：

（1）过程和风险是否已被充分识别（充分性评价）？

（2）过程和风险的控制措施是否遵循相关要求、得到明确规定并得以实施和保持（合规性评价）？

（3）控制措施是否有效（有效性评价）？

（4）控制措施是否适宜（适宜性评价）？

其中对不适用的过程要素标注“不适用”。

在评价过程中，对不同评价问题可采用不同的评价方法，如询问、查阅书面材料、抽样、穿行测试等。

第三步：根据办法第四十八条，确定每项评价问题的评分标准。即：

（1）满足充分性要求的，可得该项分值的20％；

（2）在此基础上，满足制度合规性要求的，可再得该项分值的30％；

（3）在此基础上，满足执行合规性要求的，可再得该项分值的30％；

（4）在此基础上，满足有效性和适宜性要求的，可再得该项分值的20％。

第四步：根据现场评价情况，得到合规、违规、险情、事故四种评价结果，依据第四十八条和第五十条的规定确定各评价内容的实际得分。

第五步:确定具体评价对象的得分。由于存在不适用项目,应将上边计算获得的分值转化成标准分。例如某评价对象适用项目的总分为450分,而实际得分为400分,则最后得分为400/450 ×100=89分(计算公式和原则见办法第49条)。

第六步:确定过程评价得分。完成对各具体对象的评价后,综合各具体对象所涉及的评价结果,对内部控制过程做出评价。过程评价的得分可以将所有适用的具体评价对象在该评价过程的实际得分加总,最后除以具体适用对象的数量,即可得出这个要素的标准分值。例如,对"内部控制政策"过程进行综合评分,假定有10项具体对象均涉及内控政策,10项具体评价对象评价标准总分为10 ×20=200分,10项具体评价对象内控政策实际得分加总后160分,则内控政策过程要素的总得分为160/10=16分。

二、结果评价

(一) 结果评价指标及分值表

表13-2 结果评价指标

评价指标	控制比例	假设实际情况	标准分值		实际得分	备注
			法人	分支机构		
一、资本利润率	≥13%	8%	50	—	30	
二、资产利润率	≥0.6%	0.4%	50	50	30	
三、成本收入比	≤35%	50%	50	50	20	
四、大额风险集中度指标	—	—	50	—		
(一) 单一客户授信余额比例	≤10%	2家	20	—	16	
(二) 十大客户授信余额比例	≤30%	35%	10	—	7.5	
(三) 集团客户授信余额比例	≤15%	1家	20	—	18	
五、关联方交易指标	—	—	50	—		
(一) 单个关联方授信誉余额比例	≤10%	1家	20	—	18	
(二) 单个关联法人或其他组织所在集团客户的授信余额比例	≤15%	1家	20	—	18	
(三) 全部关联方授信余额比例	≤50%	20%	10	—	10	
六、资产质量指标	—	—	50	50		
(一) 新发生不良贷款率	≤0.1%	0.2%	15	15	10	
(二) 不良贷款衡量指标	—	—	35	35		
1. 不良贷款率	≤3%	10%	10	10	3	
2. 不良贷款额降低率	≥10%	8%	10	10	8	
3. 五级分类偏离度	≤2%	5%	5	5	2	

续表

评价指标	控制比例	假设实际情况	标准分值		实际得分	备注
			法人	分支机构		
4. 正常及关注类贷款迁徙率	≤3%	5%	5	5	3	
5. 次级及可疑类贷款迁徙率	≤8%	10%	5	5	3	
七、不良贷款拨备覆盖率	80%	70%	50	50	40	
八、资本充足指标	—	—	50	—		
(一) 资本充足率	≥8%	5%	25	—	10	
(二) 核心资本充足率	≥4%	2%	25	—	5	
九、流动性指标	—	—	50	20		
(一) 准备金比例	≥10%	12%	20	—	20	
(二) 存贷比	≤75%	70%	10	—	10	
(三) 中长期贷款比例指标	≤120%	90%	10	—	10	
(四) 资产流动性指标	≥25%	40%	10	—	10	
十、案件指标			50	50		
(一) 案件损失率	≤0.1‰	1‰	25	25	0	
(二) 发案率	≤1%	1.5%	25	25	15	
合 计		—	500	270	316.5	

(二) 计算方法说明

1. 资本利润率

该指标最高得分 50 分，大于等于 13%得满分，每减少 1 个百分点减少 4 分。假定某银行资本利润率为 8%，则该项指标得 30 分。

2. 资产利润率

该指标最高得分 50 分，大于等于 0.6%得满分，每减少 0.1 个百分点减少 10 分。假定某银行资产利润率为 0.4%，则该项指标得 30 分。

3. 成本收入比

该指标最高得分 50 分，小于等于 35%得满分，每增加 1 个百分点减少 2 分。假定某银行成本收入比为 50%，则该项指标得 20 分。

4. 大额风险集中度指标

(1) 单一客户授信余额比例。该指标最高得分 20 分，未超控制比例客户该项指标得满分，每增加一个超控制比例客户减 2 分。假定某银行有 2 家客户的授信余额分别超出该银行资本净额的 10%，则该项指标得 16 分。

(2) 十大客户授信余额比例。该指标最高得分 10 分，小于等于 30%得满分，每超过 1 个百分点减 0.5 分。假定某银行最大 10 家客户的授信余额占该银行资本净额的 35%，则该项指标得 7.5 分。

(3) 集团客户授信余额比例。该指标最高得分 20 分，未超控制比例客户该项指标得满分，每增加一个超控制比例的集团客户减 2 分。假定某银行有 1 家集团客户的授信余额超出控制比例，则该项指标得 18 分。

5. 关联方交易指标

(1) 单个关联方授信余额比例。该指标最高得分 20 分，无超控制比例关联方该项指标得满分，每增加一个关联方减 2 分。假定某银行有 1 家关联方的授信余额超出控制比例，则该项指标得 18 分。

(2) 单个关联法人或其他组织所在集团客户的授信余额比例。该指标最高得分 20 分，无超控制比例关联客户该项指标得满分，每增加一个超控制比例关联方减 2 分。假定某银行有 1 家关联法人所在集团的授信余额超出控制比例，则该项指标得 18 分。

(3) 全部关联方授信余额比例。该指标最高得分 10 分，小于等于 50%得满分，每超过 1 个百分点减 2 分。假定某银行全部关联方授信余额占该银行资本净额的 20%，则该项指标得 10 分。

6. 资产质量指标

(1) 新发生不良贷款率。该指标最高得分 15 分，新发生不良贷款率小于等于 0.1%得满分，每增加 0.1 个百分点扣 5 分。假定某银行评价期内新发生不良贷款率为 0.2%，则该项指标得 10 分。

(2) 不良贷款衡量指标。

① 不良贷款率。该指标最高得分 10 分，不良贷款率低于等于 3%的得满分，每高 1 个百分点减 1 分。假定某银行不良贷款率为 10%，则该项指标得 3 分。

② 不良贷款额降低率。该指标最高得分 10 分，不良贷款率低于 3%(含)的商业银行得满分，评价期内不良贷款额降低 10%以上的得满分，每少降低 1%减 1 分。假定某银行评价期内不良贷款额降低了 8%，则该项指标得 8 分。

③ 五级分类偏差率。该指标最高得分 5 分，五级分类正负相对偏差率低于 2%(含)的商业银行得满分，偏差率每增加 1%减 1 分。假定某银行评价期五级分类偏差率 5%，则该项指标得 2 分。

④ 正常及关注类贷款迁徙率。该指标最高得分 5 分，迁徙率低于 3%(含)的商业银行得满分，偏差率每高于 1%减 1 分。假定某银行评价期迁徙率 5%，则该项指标得 3 分。

⑤ 次级及可疑贷款迁徙率。该指标最高得分 5 分，次级及可疑贷款迁徙率低于 8%(含)的商业银行得满分，次级及可疑贷款迁徙率每增加 1%减 1 分。假定某银行评价期次级及可疑贷款迁徙率 10%，则该项指标得 3 分。

7. 不良贷款拨备覆盖率

该指标最高得分 50 分，拨备覆盖率高于 80%得满分，每少 1 个百分点减 1 分。假定某银行不良贷款拨备覆盖率为 70%，则该项指标得 40 分。

8. 资本充足指标

(1) 资本充足率。该指标最高得分 25 分，充足率高于等于 8%得满分，每少 1 个百分点减 5 分。假定某银行资本充足率为 5%，则该项指标得 10 分。

(2) 核心资本充足率。该指标最高得分 25 分，充足率高于等于 4%得满分，每少 1 个百分点减 10 分。假定某银行核心资本充足率为 2%，则该项指标得 5 分。

9. 流动性指标

(1) 准备金比例。该指标最高得分 20 分，高于等于 10%得满分，每减少 1 个百分点减 5 分。假定某银行准备金比例为 12%，则该项指标得 20 分。

(2) 存贷比。该指标最高得分 10 分，存贷比控制在 75%以内得满分，每超出 1 个百分点扣 2 分。假定某银行存贷比为 70%，则该项指标得 10 分。

(3) 中长期贷款比例指标。该指标最高得 10 分，小于等于 120%得满分，每超出 10%扣 1 分。假定某银行中长期贷款比例为 90%，则该项指标得 10 分。

(4) 资产流动性指标。该指标最高得分 10 分，大于等于 25%得满分，每少 1 个百分点扣 1 分。假定某银行资产流动性指标为 40%，则该项指标得 10 分。

10. 案件损失指标

(1) 案件损失率。该指标最高得分 25 分，小于等于 0.1‰得满分，每增加 0.01‰扣 2 分。假定某银行案件损失率为 1‰，则该项指标得 0 分。

(2) 发案率。发案件数指评价机构监察(保卫)部门管理的所有内部案件(不论金额大小)，分支机构数按被评价机构辖属支行级以上机构统计。该指标最高得分 25 分，小于等于 1%的得满分，每增加 0.1 个百分点，扣 2 分。假定某银行发案率为 1.5%，则该项指标得 15 分。

(三) 分支机构总分计算方法

分支机构总分=分支机构实际得分×500 / 270。

三、过程和结果评价总分值表和计分方法

表 13-3 过程和结果评价总分值表

评价对象 / 评价内容	标准分值		实际得分	业务活动					管理活动			支持保障活动			
	法人	分支机构		授信业务	资金业务	存款和柜台业务	主要中间业务	……	计划财务	会计管理	……	计算机系统	产品开发	安全保卫	……
总分值	总分=过程评价得分×70%+结果评价得分×30%														
一、过程评价(70%权重)	500	500		100	100	100	100		100	100		100	100	100	
(一) 内部控制环境	100	100													
(二) 风险识别与评估	100	100													
(三) 内部控制措施	100	100													
(四) 监督评价与纠正	100	100													

续表

评价内容＼评价对象	标准分值		实际得分	业务活动					管理活动			支持保障活动			
	法人	分支机构		授信业务	资金业务	存款和柜台业务	主要中间业务	……	计划财务	会计管理	……	计算机系统	产品开发	安全保卫	……
(五) 信息交流与反馈	100	100													
实际得分	500														
二、结果评价(30%权重)	500	270													
(一) 资本利润率	50														
(二) 资产利润率	50	50													
(三) 成本收入比	50	50													
(四) 大额风险集中度指标	50														
(五) 关联方交易指标	50														
(六) 资产质量指标	50	50													
(七) 不良贷款拨备覆盖率	50	50													
(八) 资本充足指标	50														
(九) 流动性指标	50	20													
(十) 案件损失指标	50	50													

第十四章 商业银行内部控制过程评价操作示例

第一节 过程评价——授信业务内部控制评价操作示例

表 14-1 授信业务内部控制评价表

评价内容(具体内容见办法第 10 至 31 条)(本部分"办法"都指《商业银行内部控制评价试行办法》)	评价要点和评价方法(不限于此)	评价结果	标准分值	实际得分	备注
合计			440		
内部控制环境			80		
第十条 公司治理①	本条是对商业银行公司治理的综合评价,不作为单项评价的内容。				
第十一条 董事会、监事会、高级管理层责任	本条是对商业银行董事会、监事会、高级管理层责任的综合评价,不作为单项评价的内容。				
第十二条 内部控制政策			20		
主要是检查是否建立文件化的政策,以及对政策的内容进行评价。 各项评价内容中涉及抽样主要是对评价内容进行业务测试或功能测试,如判断授信业务内部控制的遵循情况需对商业贷款、消费贷款、贸易融资、承兑汇票和贴	(1) 是否识别并制定授信业务政策?(查阅书面资料) (2) 授信业务政策是否符合商业银行的经营宗旨和发展战略?(询问并查阅书面资料) (3) 授信业务政策是否符合法律法规和监管要求?(查阅书面资料) (4) 授信业务政策是否体现出侧重控制的风险类型,并体现出对不同地区、行业、产品的风险控制要求?(查阅书面资料) (5) 授信业务政策是否传达至授信工作人员并为其所熟悉?(询问和查阅)		4 2 2 2 3		

① 本章中的各条都指《商业银行内部控制评价试行办法》中相对应的条款。

续表

评价内容(具体内容见办法第10至31条)(本部分"办法"都指《商业银行内部控制评价试行办法》)	评价要点和评价方法(不限于此)	评价结果	标准分值	实际得分	备注
现等业务进行抽样测试,具体评价要点见各业务部分审计内容。	(6)授信业务政策是否一贯得到执行?(抽样,可结合后面的抽样同时进行)		3		
	(7)授信业务政策是否发挥作用?(抽样,可结合后面的抽样同时进行)		2		
	(8)授信业务政策是否定期进行评审,并根据经营环境、监管要求等进行调整?(询问并查阅书面资料)		2		
第十三条　内部控制目标	(询问并查阅书面资料)		20		
	(1)授信业务是否建立内部控制目标?		4		
	(2)目标考虑了哪些要求?是否体现了内控政策的要求?		6		
	(3)授信内控目标是否分解?是否进行监测和考核?		6		
	(4)授信内控目标实现情况如何?如何改进?		2		
	(5)如何通过授信内控目标提高授信工作和资产质量?		2		
第十四条　组织结构			20		
主要评价商业银行是否建立分工合理、职责明确、报告关系清晰的组织结构,是否明确所有与风险和内控有关的部门、岗位、人员的职责和权限,并形成文件予以传达。	(1)是否设立清晰的授信业务组织体系?(询问并查阅书面材料)		2		
	(2)是否建立严格的授信风险垂直管理体制,对授信进行统一管理?(询问并查阅书面材料)		1		
	(3)是否设立独立的授信风险管理部门,对不同币种、不同客户对象、不同种类的授信进行统一管理,避免信用失控?(询问并查阅书面材料)		1		
	(4)授信岗位设置是否做到分工合理、职责明确?岗位之间是否相互配合、相互制约?是否做到审贷分离、业务经办与会计账务处理分离?(询问并查阅书面材料)		2		
	(5)是否对授信实行统一的法人授权制度,上级机构是否根据下级机构的风险管理水平、资产质量、所处地区经济环境等因素,合理确定授信审批权限?(询问并查阅书面材料)		2		
	(6)是否设立审贷委员会,负责审批权限内的授信?行长是否担任审贷委员会的成员?(查阅书面材料)		2		
	(7)审贷委员会审议表决是否遵循集体审议,明确发表意见,多数同意通过的原则?全部意见是否记录存档?是否存在被审贷委员会两次否决的贷款申请在半年内又提交审贷委员会审议情况?(查阅书面材料,并进行质量标准验证,结合后面的抽样同时进行)		3		

续表

评价内容(具体内容见办法第 10 至 31 条)(本部分“办法”都指《商业银行内部控制评价试行办法》)	评价要点和评价方法(不限于此)	评价结果	标准分值	实际得分	备注
	(8) 授信业务组织体系的有关规定如授权、职责分离等是否得到遵循?(抽样,结合第二十条的业务抽样)		3		
	(9) 授信业务组织结构是否发挥作用?(结合内控目标和实际抽样结果进行评价)		2		
	(10) 授信业务组织体系是否适时进行评估并随需要进行调整?(询问并书面文档检查)		2		
第十五条　企业文化			10		
主要评价商业银行是否对企业文化的内涵及如何实施做出明确规定。是否向员工传达遵守法律法规和实施内部控制的重要性,引导员工树立合规意识和风险意识,提高员工职业道德水准,规范员工职业行为。	(1) 如何理解和培育健康的授信文化?(询问并查阅书面材料)		2		
	(2) 授信文化是否体现风险控制的理念?(询问并查阅书面材料)		2		
	(3) 授信文化如何向员工贯彻?是否制定了员工行为准则?是否把内控原则、风险意识、风险控制和防范等作为教育内容(询问)		3		
	(4) 授信业务人员是否明白其职权范围内违规违纪行为的表现形式?是否熟悉关于职业道德的规范?(询问)		1		
	(5) 是否建立针对授信业务人员违规行为的补救和处罚机制?管理层对授信业务人员违规行为是否进行必要的处理?(询问并查阅书面材料)		1		
	(6) 授信文化是否适时进行评估?(询问和书面文档检查)		1		
第十六条　人力资源			10		
主要评价商业银行是否通过完善人力资源政策和程序,确保与风险和内部控制有关人员具备相应的能力和意识。	(1) 是否建立授信人员管理的政策和程序?		2		
	(2) 有关授信人员(尤其是客户经理、授信审批人员)的职责、权限和人员任职条件是否得到明确的书面规定?(询问并查阅书面材料,可结合对人力资源部门的评价进行)		1		
	(3) 现有授信人员是否能够达到任职要求?若达不到,如何解决?(询问并查阅书面材料,可结合对人力资源部门的评价进行)		1		
	(4) 对授信人员的培训如何开展?对新业务是否及时进行培训?(询问并查阅书面材料,可结合对人力资源部门的评价进行)		1		
	(5) 对授信人员如何进行考核、激励?(询问并查阅书面材料,可结合对人力资源部门的评价进行)		1		
	(6) 是否建立授信人员的尽职要求?是否建立授信工作尽职问责制,明确规定各个授信岗位的职责?(询问并查阅书面材料)		1		

续表

评价内容（具体内容见办法第10至31条）（本部分"办法"都指《商业银行内部控制评价试行办法》）	评价要点和评价方法（不限于此）	评价结果	标准分值	实际得分	备注
	(7) 上述授信人员有关的政策和程序是否得到遵循？（询问、抽样）		1		
	(8) 有关授信人力资源管理的政策和程序是否发挥作用？（根据询问和抽样结果综合判断）		1		
	(9) 授信人员管理政策是否适时调整？（询问和书面文档检查）		1		
风险识别与评估			100		
第十七条　经营管理活动风险识别与评估			50		
	(1) 是否制定识别、计量、评估、监测和管理授信风险的程序和方法？（询问和书面文档检查）		10		
	(2) 是否及时更新风险评估文件及传达到相关人员？有关员工是否理解和熟悉这些程序和方法？（询问和书面文档检查）		7.5		
	(3) 信用风险如何进行识别和评估？是否以风险量化评估的方法和模型为基础，开发和运用统一的客户信用评级体系？（询问和书面文档检查）		7.5		
	(4) 是否将信用评级作为授信客户选择和项目审批的依据，并为客户信用风险识别、监测以及制定差别化的授信政策提供基础？（询问和书面文档检查）		7.5		
	(5) 是否依据风险识别与评估的程序和方法充分识别了授信业务过程中的各类风险？（询问和书面文档检查）		7.5		
	(6) 风险识别和评估的程序和方法是否有效？（询问和书面文档检查）		5		
	(7) 是否对授信业务风险进行持续识别和评估？（询问和书面文档检查）		5		
第十八条　法律法规、监管要求和其他要求的识别			20		
主要评价商业银行应建立识别和获取信息的程序以及应及时更新、传达有关信息。	(1) 是否对授信有关的法律法规、监管要求和其他要求进行识别和控制？（询问和书面文档检查） (2) 对授信有关的法律法规、监管要求和其他要求是否传达给授信人员？授信人员是否熟悉？（询问）		10 10		
第十九条　内部控制方案			30		
	(1) 是否针对不可接受风险制定控制方案？制定了哪些控制方案？（询问和书面文档检查）		6		

续表

评价内容(具体内容见办法第10至31条)(本部分"办法"都指《商业银行内部控制评价试行办法》)	评价要点和评价方法(不限于此)	评价结果	标准分值	实际得分	备注
	(2) 授信过度集中的风险如何控制?(询问和抽样,结合后面抽样进行)		4		
	(3) 对集团客户和关联企业授信风险如何控制?(询问和抽样,结合后面抽样进行)		5		
	(4) 控制方案是否得到实施?(询问和抽样)		9		
	(5) 控制方案是否有效?(在业务抽样时验证即可)		3		
	(6) 控制方案如何进行改进?(询问和书面文档检查)		3		
内部控制措施			100		
第二十条　运行控制			60		
	(1) 是否制定授信业务程序?(询问并查阅书面材料)		12		
	(2) 授信业务程序是否覆盖授信所有业务和全过程并符合法律法规和监管要求。(如《贷款通则》、《商业银行授信工作尽职指引》)(询问并查阅书面材料)		6		
	(3) 对授信业务中的采购或外包活动(如外聘行业专家、会计师事务所、评估事务所等)是否进行控制?		6		
	(4) 授信业务的产品开发如何进行控制?		6		
	(5) 是否严格执行授信业务程序?(询问和抽样)		18		
	(6) 授信业务的程序是否有效?(结合内控绩效监测结果进行评价)		6		
	(7) 授信业务程序是否定期检讨更新?(询问并查阅书面材料)		6		
第二十一条　计算机系统环境下的控制			20		
	(1) 是否建立授信管理信息系统持续监控授信全过程?(询问并查阅书面材料)		4		
	(2) 是否建立完善的客户管理信息系统,全面和集中掌握客户的资信水平,经营财务状况、偿债能力等信息,以对客户进行分类管理,对已列入"黑名单"、有逃废债等行为的资信不良的借款人实施授信禁入?(询问并查阅书面材料)		6		
	(3) 授信业务有关的信息系统是否得到真正运用?(询问和察看)		6		
	(4) 信息系统在授信业务风险控制方面是否发挥作用?(在询问和察看中验证即可)		4		
第二十二条　应急准备与处置	(询问并查阅书面材料)		20		

续表

评价内容(具体内容见办法第10至31条)(本部分"办法"都指《商业银行内部控制评价试行办法》)	评价要点和评价方法(不限于此)	评价结果	标准分值	实际得分	备注
	(1) 是否能够识别授信业务中可能存在导致发生重大损失的紧急情况?		5		
	(2) 针对可能存在的紧急情况是否制定应急预案?		5		
	(3) 在发生紧急情况时是否启动应急预案?		3		
	(4) 应急预案是否能有效减少与消除紧急情况带来的不良影响?		5		
	(5) 是否对应急预案进行定期评审?		2		
监测评价与纠正			60		
第二十三条　内部控制绩效监测	(询问并查阅书面材料)		30		
	(1) 是否建立内部控制绩效的监测程序?		6		
	(2) 是否建立授信资产质量监测体系,严密监测资产质量的变化?		2		
	(3) 是否建立贷款风险分类制度,规范贷款质量的认定标准和程序?		2		
	(4) 是否建立业务部门检查制度、风险管理部门监控制度、审计部门审计监督制度?		2		
	(5) 是否建立授信尽职调查岗,以对授信业务流程的各项活动进行尽职调查,评价授信工作人员是否勤勉尽责,确定授信工作人员是否免责?		3		
	(6) 是否按照监测的要求实施监测或尽职调查?		9		
	(7) 监测制度是否有效?		6		
第二十四条　违规、险情、事故处置和纠正与预防措施	(询问并查阅书面材料)		20		
	(1) 对授信业务各环节出现的问题(违规、险情和事故)是否经过适当程序确认,并责成相关授信工作人员及时进行纠正?		10		
	(2) 是否对违规造成的授信风险和损失逐笔进行责任认定,并按规定对有关责任人进行处理?		10		
第二十五条　内部控制体系评价	本条不作为单项评价的内容。				
第二十六条　管理评审	本条不作为单项评价的内容。				
第二十七条　持续改进	是否能够提供证据证明授信业务的内部控制进行过改进?(询问并查阅书面材料)		10		
信息交流与反馈			100		
第二十八条　交流与沟通	(查阅书面材料)		25		

续表

评价内容(具体内容见办法第10至31条)(本部分"办法"都指《商业银行内部控制评价试行办法》)	评价要点和评价方法(不限于此)	评价结果	标准分值	实际得分	备注
	(1) 是否制定授信风险报告制度? (2) 对重大授信风险是否及时报告? (3) 授信风险的报告制度是否得到遵循?		5 10 10		
第二十九条　内部控制体系对文件的要求	(在查阅授信政策、程序等书面材料时验证)		25		
	(1) 涉及授信业务的内部控制文件是否充分? (2) 是否存在无章可循情况?		15 10		
第三十条　文件控制 具体评价内容见《办法》和《说明》	授信有关的文件是否得到有效控制?(在查阅授信政策、程序等书面材料时验证)		25		
第三十一条　记录控制	(在业务抽样时进行验证即可)		25		
	(1) 是否建立授信业务档案管理规定? (2) 授信业务档案管理规定是否符合要求? (3) 是否遵循档案管理规定?		5 10 10		

第二节　过程评价——资金业务内部控制评价操作示例

表 14-2　资金业务内部控制评价表

评价内容(具体内容见办法第10至31条)	评价要点和评价方法(不限于此)	评价结果	标准分值	实际得分	备注
合　计			440		
内部控制环境			80		
第十条　公司治理	本条是对商业银行公司治理的综合评价,不作为单项评价的内容。				
第十一条　董事会、监事会、高级管理层责任	本条是对商业银行董事会、监事会、高级管理层责任的综合评价,不作为单项评价的内容。				
第十二条　内部控制政策			20		
资金业务主要包括资金交易、证券交易、金融衍生工具交易等。资金交易主要是指同业拆借、外汇买卖。	(1) 是否识别并制定资金业务政策?(查阅书面资料) (2) 资金业务政策是否符合商业银行的经营宗旨和发展战略?(询问并查阅书面资料) (3) 资金业务政策是否符合法律法规和监管要求?(查阅书面资料)		4 2 2		

续表

评价内容(具体内容见办法第10至31条)	评价要点和评价方法(不限于此)	评价结果	标准分值	实际得分	备注
	(4) 资金业务政策是否体现出侧重控制的风险类型,并体现出对不同地区、行业、产品的风险控制要求?(查阅书面资料)		2		
	(5) 资金业务政策是否传达至资金业务工作人员并为其所熟悉?(询问和查阅)		3		
	(6) 资金业务政策是否一贯得到执行?(抽样,可结合后面的抽样同时进行)		3		
	(7) 资金业务政策是否发挥作用?(抽样,可结合后面的抽样同时进行)		2		
	(8) 资金业务政策是否定期进行评审,并根据经营环境、监管要求等进行调整?(询问并查阅书面资料)		2		
第十三条 内部控制目标			20		
内控目标包括业绩目标(活动的效率和有效性)、信息目标(财务和管理信息的可靠性、完整性和及时性)、遵守目标(遵守可适用的法律和法规)和安全目标(风险管理体系的有效性)。	(1) 资金业务是否建立内部控制目标?是否形成文件?		4		
	(2) 资金业务的目标是否考虑了可供选择的技术方案、财务、运作及经营要求、风险相关方的要求等?是否体现了内控政策的要求?(询问并查阅书面资料)		6		
	(3) 资金业务目标是否可测量并分解为指标?是否进行监测和考核?是否传达至相关员工?(询问并查阅书面资料)		6		
	(4) 资金业务内控目标实现情况如何?如何持续改进?(询问并查阅书面资料)		2		
	(5) 如何通过资金内控目标提高资金业务工作质量和降低风险?(询问)		2		
第十四条 组织结构			20		
组织结构应当体现权限等级和职责分离的原则,主要包括岗位分离和监督约束机制等。	(1) 是否设立清晰的资金业务组织体系?设置了哪些部门和岗位?(询问并查阅书面材料)		2		
	(2) 是否建立严格的资金业务风险垂直管理体制,对资金对象和产品进行统一管理?(询问并查阅书面材料)		2		
	(3) 是否设立资金业务风险管理部门,是否设定交易对手或投资对象的授信额度和期限?(询问并查阅书面材料)		3		
	(4) 是否设立了全行系统垂直管理、具有充分独立性的内审部门?		2		
	(5) 资金业务岗位设置是否做到职责分离、体现权限等级?岗位之间是否相互监督、相互制约?是否做到前台交易与后台结算分离、自营业务与代客业务分离、业务操作和风险监控分离?(询问并查阅书面材料)		3		

续表

评价内容(具体内容见办法第10至31条)	评价要点和评价方法(不限于此)	评价结果	标准分值	实际得分	备注
	(6) 资金业务的权限是如何管理的?是否制定了权限管理办法,确定各级权限的依据、方法和程序是怎样的,是否制定了防止越权的控制措施,效果如何?是否根据所属分支机构的经营管理水平,核定各个分支机构的资金业务经营权限?下级机构是否开展了未经上级机构批准的任何未设权限的资金交易?(询问并查阅书面材料)		4		
	(7) 资金业务组织体系的有关规定如授权、职责分离等是否得到遵循?(结合第二十条的业务进行抽样)		2		
	(8) 资金业务组织结构是否发挥作用?(结合内控目标和实际抽样结果进行评价)		1		
	(9) 资金业务组织体系是否适时进行评估并随需要进行调整?(询问并书面文档检查)		1		
第十五条　企业文化			10		
文化主要包括价值观、精神境界、经营理念、职业道德、诚信原则、行为规范等方面。	(1) 是否有明确的资金业务文化?是否对文化的内涵、原则要求、培育、传播、评估等方面作出书面规定?(询问并查阅书面材料)		3		
	(2) 是否制定了资金业务员工行为准则或类似规范,并传达至员工?(询问并查阅书面材料)		2		
	(3) 资金业务员工是否熟悉职业道德规范和诚信标准?(询问)		2		
	(4) 资金业务员工是否明白其职权范围违规违纪行为的表现形式?(询问)		1		
	(5) 管理层对员工违规行为是否进行严厉的批评和处理?(询问并查阅书面材料)		1		
	(6) 是否建立针对于员工违规行为的补救和处罚应急机制?(询问和书面文档检查)		1		
第十六条　人力资源			10		
	(1) 是否建立资金业务人员管理的政策和程序?是否确保每个员工明确所在部门的工作目标?(询问并查阅书面材料)		2		
	(2) 有关资金业务人员的职责、权限和人员任职条件是否得到明确的书面规定?对高管人员和影响风险和内控的人员等重要岗位是如何进行管理和控制的?是否根据资金交易的风险程度和管理能力,就交易品种、交易金额及止损额等对交易员进行授权?(询问并查阅书面材料,可结合对人力资源部门的评价进行)		2		

续表

评价内容(具体内容见办法第10至31条)	评价要点和评价方法(不限于此)	评价结果	标准分值	实际得分	备注
	(3) 现有资金业务人员是否能够达到任职要求(含满足法律法规要求及监管机构对人员资质要求)?若达不到,如何解决?(询问并查阅书面材料,可结合对人力资源部门的评价进行)		1		
	(4) 对资金业务人员的培训如何开展?对新业务是否及时进行培训?(询问并查阅书面材料,可结合对人力资源部门的评价进行)		1		
	(5) 是否建立健全激励约束机制、员工绩效考评体系?(询问并查阅书面材料,可结合对人力资源部门的评价进行)		1		
	(6) 是否建立资金业务人员的尽职要求?是否建立资金业务工作尽职问责制?(询问并查阅书面材料)		1		
	(7) 上述资金业务人员有关的政策和程序是否得到遵循?是否发挥作用?(询问、抽样)		1		
	(8) 资金业务人员管理政策是否适时调整?(询问和书面文档检查)		1		
风险识别与评估			100		
第十七条　经营管理活动。风险识别与评估			50		
	(1) 是否建立资金交易风险识别、评估和控制系统,确保资金业务各项风险指标控制在规定范围内?(询问和书面文档检查)		10		
	(2) 当内外部环境和条件发生变化时,是否对风险进行再识别和再评估?并及时更新风险评估文件及传达到相关人员?(询问和书面文档检查)		7.5		
	(3) 信用风险如何进行识别和评估?是否以风险量化评估的方法和模型为基础,开发和运用统一的客户信用评级体系?(询问和书面文档检查)		7.5		
	(4) 是否对各类风险进行识别与评估时充分考虑内部和外部因素?考虑了哪些因素?(询问和书面文档检查)		7.5		
	(5) 资金业务过程中已识别并确定的风险有哪些?分别是如何进行识别的?是否对风险的后果及发生的可能性等进行了评估?(询问和书面文档检查)		7.5		
	(6) 风险识别和评估的程序和方法是否有效?(询问和书面文档检查)		5		
	(7) 是否对资金业务风险进行持续识别和评估?(询问和书面文档检查)		5		

续表

评价内容(具体内容见办法第10至31条)	评价要点和评价方法(不限于此)	评价结果	标准分值	实际得分	备注
第十八条　法律法规、监管要求和其他要求的识别			20		
	(1) 是否对资金业务有关的法律法规、监管要求和其他要求进行识别和控制?是否已建立了识别和获取这些信息相应的程序,包括明确信息获取的渠道、职责等?(询问和书面文档检查)		10		
	(2) 对资金业务有关的法律法规、监管要求和其他要求是否及时更新,并将这些信息传达给相关员工和其他风险相关方?资金业务人员是否熟悉?(询问)		10		
第十九条　内部控制方案			30		
	(1) 是否针对风险制定控制方案?制定了哪些控制方案(包括控制政策、措施、定量指标和风险管理模型)?(询问和书面文档检查) (2) 对资金业务市场出现极端异常的风险如何控制和应对?(询问和抽样、结合后面抽样进行) (3) 控制方案是否得到有效实施?(询问和抽样) (4) 控制方案如何进行改进?是否考虑到业务流程、管理活动等重大变化?		7 5 10 8		
内部控制措施			100		
第二十条　运行控制			60		
	(1) 是否制定资金业务流程或程序?(询问并查阅书面材料) (2) 资金业务程序是否覆盖资金所有业务和全过程并符合法律法规和监管要求。(询问并查阅书面材料) (3) 对资金交易的市场风险、头寸市值变动是否进行实时监控? (4) 资金业务的新产品开发和经营如何进行管理和控制? (5) 是否严格执行资金业务程序? (6) 资金业务的程序是否有效?(结合内控绩效监测结果进行评价) (7) 资金业务程序是否定期检查更新?内审部门是否对资金业务程序进行检查,并根据检查情况督促职能部门改进?(询问并查阅书面材料)		12 6 6 6 18 6 6		
第二十一条　计算机系统环境下的控制			20		
	(1) 是否建立资金业务管理信息系统持续监控资金业务全过程?(询问并查阅书面材料)		4		

续表

评价内容(具体内容见办法第10至31条)	评价要点和评价方法(不限于此)	评价结果	标准分值	实际得分	备注
	(2) 是否建立完善的客户管理信息系统,全面和集中掌握客户的资信水平,经营财务状况、偿债能力等信息,以对客户进行分类管理?(询问并查阅书面材料) (3) 如何控制资金业务网上交易的风险,确保交易安全? (4) 计算机处理资金业务如何确保可复核性和可追溯性?应用程序是否为有关的审计和检查预留接口? (5) 信息系统是否真正运用?在资金业务风险控制方面是否发挥作用?		4 4 4 4		
第二十二条 应急准备与处置			20		
	(1) 是否能够识别资金业务中可能存在导致发生重大损失的紧急情况?(询问并查阅书面材料) (2) 针对可能存在的紧急情况(如市场出现大幅度异常波动或可能出现最坏情况)是否制定应急预案?对异常资金交易及资金变动是否建立预警和处理机制?(询问并查阅书面材料) (3) 在发生紧急情况时是否启动应急预案? (4) 应急预案是否能有效减少与消除紧急情况带来的不良影响?(询问并查阅书面材料) (5) 是否对应急预案进行定期评审?(询问并查阅书面材料)		5 5 3 5 2		
监测评价与纠正			60		
第二十三条 内部控制绩效监测			30		
	(1) 是否建立内部控制绩效的监测程序? (2) 是否建立资金业务风险监测体系,严密监测其变化?(询问并查阅书面材料) (3) 是否建立业务部门检查制度、风险管理部门监控制度、审计部门审计监督制度?(询问并查阅书面材料) (4) 是否建立资金业务尽职调查岗位,以对资金业务流程的各项活动进行尽职调查,评价资金业务工作人员是否勤勉尽责,确定资金业务工作人员是否免责?(询问并查阅书面材料) (5) 是否按照监测的要求实施监测或尽职调查?(询问并查阅书面材料) (6) 监测制度是否有效?(询问并查阅书面材料)		6 3 3 3 9 6		
第二十四条 违规、险情、事故处置和纠正与预防措施			20		

评价内容(具体内容见办法第10至31条)	评价要点和评价方法(不限于此)	评价结果	标准分值	实际得分	备注
	(1) 对资金业务各环节出现的问题(违规、险情和事故)是否经过适当程序确认,并责成相关资金工作人员及时进行纠正?(询问并查阅书面材料)		10		
	(2) 是否对违规造成的资金风险和损失逐笔进行责任认定,并按规定对有关责任人进行处理?(询问并查阅书面材料)		10		
第二十五条　内部控制体系评价	本条不作为单项评价的内容。				
第二十六条　管理评审	本条不作为单项评价的内容。				
第二十七条　持续改进	是否能够提供证据证明资金业务的内部控制进行过改进?(询问并查阅书面材料)		10		
信息交流与反馈			100		
第二十八条　交流与沟通			25		
	(1) 是否制定资金交易风险和市值的内部报告制度?(查阅书面材料)		5		
	(2) 对重大资金业务风险是否及时报告?(查阅书面材料)		5		
	(3) 办理代客资金业务时,是否向客户充分揭示有关风险,获取必要的履约保证?		5		
	(4) 资金业务风险的报告制度是否得到遵循?(查阅书面材料)		10		
第二十九条　内部控制体系对文件的要求			25		
	(1) 涉及资金业务的内部控制文件是否充分?		15		
	(2) 是否存在无章可循情况?		10		
第三十条　文件控制	资金业务有关的文件是否得到有效控制?(在查阅资金业务政策、程序等书面材料时验证)		25		
第三十一条　记录控制			25		
	(1) 是否建立资金业务档案管理规定?		5		
	(2) 资金业务档案管理规定是否符合要求?		10		
	(3) 是否遵循档案管理规定?(在业务抽样时进行验证即可)		10		

第三节 过程评价——存款和柜台业务内部控制评价操作示例

表 14-3 存款和柜台业务内部控制评价表

评价内容(具体内容见办法第 10 至 31 条)	评价要点和评价方法(不限于此)	评价结果	标准分值	实际得分	备注
合 计			440		
内部控制环境			80		
第十条 公司治理	本条是对商业银行公司治理的综合评价,不作为单项评价的内容。				
第十一条 董事会、监事会、高级管理层责任	本条是对商业银行董事会、监事会、高级管理层责任的综合评价,不作为单项评价的内容。				
第十二条 内部控制政策			20		
	(1) 是否识别并制定文件化的存款和柜台业务政策?(查阅书面资料)		4		
	(2) 存款和柜台业务政策是否符合商业银行的经营宗旨和发展战略?(询问并查阅书面资料)		2		
	(3) 存款和柜台业务政策是否符合法律法规和监管要求?(查阅书面资料)		2		
	(4) 存款和柜台业务政策是否体现出对重点岗位、重要环节的风险控制要求?(查阅书面资料)		3		
	(5) 是否及时将相关规章制度贯彻到部门及各业务人员,并为其所熟悉和掌握?(询问和查阅)		3		
	(6) 存款和柜台业务政策是否一贯得到执行和发挥作用?(抽样,可结合后面的抽样同时进行)		2		
	(7) 有无违反政策直接或变相抬高利率吸收存款以及不按规章制度办理业务的行为?(抽样,可结合后面的抽样同时进行)		3		
	(8) 存款和柜台业务政策是否定期进行评审,并根据经营环境、监管要求等进行调整、更新?(询问并查阅书面资料)		1		
第十三条 内部控制目标			20		
	(1) 存款和柜台业务是否建立了文件化的内部控制目标?(询问并查阅书面资料)		4		
	(2) 目标考虑了哪些要求?是否体现了内控政策的要求?(询问并查阅书面资料)		6		

续表

评价内容(具体内容见办法第10至31条)	评价要点和评价方法(不限于此)	评价结果	标准分值	实际得分	备注
	(3) 存款和柜台业务内控目标是否分解？是否已展开到相关职能和层次？通过哪些方式传达到相关员工？(询问并查阅书面资料)		6		
	(4) 存款和柜台业务内控目标实现情况如何？如何体现定期评审和持续改进的要求？(询问并查阅书面资料)		2		
	(5) 如何通过存款和柜台业务内控目标有效控制风险，确保发展战略和经营目标的全面实施与实现？(询问)		2		
第十四条　组织结构			20		
	(1) 是否设立分工合理、职责明确、报告关系清晰的存款和柜台业务组织体系并形成书面文件？(询问并查阅书面材料)		3		
	(2) 是否考虑职责分离，以及横向与纵向的相互监督制约关系？(询问并查阅书面材料)		4		
	(3) 重要岗位人事变动如何决定？(询问并查阅书面材料)		3		
	(4) 是否明确关键岗位定期或不定期的人员轮换和强制休假制度？(询问并查阅书面材料)		4		
	(5) 存款和柜台业务组织结构是否发挥作用并适时进行评估和调整？(询问并查阅书面资料)		2		
	(6) 内部审计工作开展是否有效？(询问并书面文档检查)		4		
第十五条　企业文化			10		
	(1) 是否有明确、健康的存款和柜台业务企业文化？(询问并查阅书面材料)		2		
	(2) 现有企业文化如何策划、渗透并使全行员工树立预期要求的企业价值观、企业精神及经营理念？(询问并查阅书面材料)		2		
	(3) 是否把风险知识、意识、控制、防范和企业核心价值观、内部控制原则以及出现险情或损失的对策等作为对员工的教育内容？(询问并查阅书面资料)		1		
	(4) 是否制定了员工存款和柜台业务行为准则或类似规范并传达到员工？员工是否熟知其违规行为界限及后果？(询问、查阅书面资料，评价员工风险意识)		2		
	(5) 员工是否明白其职权范围违规违纪行为的表现形式？(询问)		1		
	(6) 是否建立针对员工违规行为的补救和处罚应急机制？执行效果如何？(询问并查阅书面资料)		1		

续表

评价内容(具体内容见办法第 10 至 31 条)	评价要点和评价方法(不限于此)	评价结果	标准分值	实际得分	备注
	(7) 管理人员道德水平是否保持高尚,是否以身作则?(询问和观察)		1		
第十六条　人力资源			10		
	(1) 是否建立存款和柜台业务人员管理的政策和程序?(询问并查阅书面资料)		2		
	(2) 有关存款和柜台业务人员的职责、权限和任职条件是否有明确的书面规定?(询问并查阅书面材料,可结合对人力资源部门的评价进行)		1		
	(3) 现有存款和柜台业务人员是否能够达到任职要求?若达不到,如何解决?(询问并结合对人力资源部门的评价进行)		1		
	(4) 是否建立及健全激励约束机制、员工绩效考评体系,充分体现风险管理和内部控制要求?(询问并查阅书面材料)		1		
	(5) 是否对高管人员及重要岗位的招聘、培训、考核、调整、离岗、离行等进行控制?(询问并查阅书面材料)		1		
	(6) 是否明确了存款和柜台业务员工招聘、培训、考核、奖励、处罚、晋升等方面合理的政策和程序并得到有效执行?(询问、查阅书面材料、抽样)		1		
	(7) 是否收集了员工工作业绩、工作效率及胜任程序等相关信息?(询问并查阅书面资料,结合对人力资源部门的评价进行)		1		
	(8) 是否确保存款和柜台业务每个员工明确其所在部门工作目标?(询问、观察)		1		
	(9) 存款和柜台业务人员管理政策是否适时调整?(询问和书面文档检查)		1		
风险识别与评估			100		
第十七条　经营管理活动。风险识别与评估			50		
	(1) 是否识别和确定了常规和非常规的业务和管理活动的程序和方法?并识别这些活动的风险?(询问和书面文档检查)		10		
	(2) 是否对存款和柜台业务风险的后果及发生的可能性等进行了评估?评估的结果有无形成文件?文件中所包含的信息是否充分?特别是计算机系统的运用可能带来的风险。(询问和书面文档检查)		15		
	(3) 能否及时发现由于员工的思想道德及业务素质问题所产生的风险,并重视对员工的法制教育和职业道德教育?(询问和书面文档检查)		10		

续表

评价内容(具体内容见办法第10至31条)	评价要点和评价方法(不限于此)	评价结果	标准分值	实际得分	备注
	(4) 在设立新的分支机构或开办新的业务时,是否事先制定有关存款和柜台业务的政策、制度和程序,是否对潜在风险提出防范措施?(询问和书面文档检查)		10		
	(5) 存款和柜台业务的风险识别与评估是否随内外部环境和条件的变化适时进行再识别和再评估,其有效性如何?(询问和书面文档检查)		5		
第十八条　法律法规、监管要求和其他要求的识别			20		
	(1) 存款和柜台业务是否建立了识别和获取适用法律法规、监管要求和其他要求的程序?(询问和书面文档检查)		10		
	(2) 有关的法律法规、监管要求和其他要求的信息是否得到及时更新,并及时传达给相关人员?(询问)		10		
第十九条　内部控制方案			30		
	(1) 是否针对存款和柜台业务内控目标制定了内控方案?制定了哪些控制要点和控制措施?(询问和书面文档检查)		10		
	(2) 内控方案是否包括了存款和柜台各项业务的职责权限和相应的控制策略、方法、资源和时限要求?并形成了文件?(询问和查阅书面资料)		8		
	(3) 存款和柜台业务内控方案是否考虑了方案自身带来的新的风险?方案是否涉及业务流程、管理活动等重大变化?(询问和查阅书面资料,并结合抽样综合判断)		4		
	(4) 控制方案是否得到实施?(询问和抽样,结合后面抽样进行)		5		
	(5) 存款和柜台业务内部控制方案是否适时得到更新、改进?(询问)		3		
内部控制措施			100		
第二十条　运行控制			60		
	(1) 是否制定存款和柜台业务程序并定期检讨更新?(询问并查阅书面材料)		15		
	(2) 存款和柜台业务程序是否覆盖所有相关业务和全过程并符合法律法规和监管要求?(询问并查阅书面材料)		5		
	(3) 各级职能管理部门是否审查收到的经营管理情况和特别情况专项报表或报告?是否提出问题,要求采取纠正整改措施?(询问并查阅书面材料)		3		

续表

评价内容(具体内容见办法第 10 至 31 条)	评价要点和评价方法(不限于此)	评价结果	标准分值	实际得分	备注
	(4) 是否实行不兼容岗位的适当分离?(询问和观察)		3		
	(5) 对缺乏程序可能导致偏离内控政策和目标运行的情况,建立并保持了哪些程序文件,在程序中是否规定了操作方法和标准?(询问并查阅书面材料)		5		
	(6) 存款和柜台业务在实施和运行中按照程序规定如何实施持续记录和监督检查?(询问并查阅书面材料)		15		
	(7) 运用计算机系统采取了哪些内控措施?(询问并穿行测试)		2		
	(8) 存款和柜台业务的产品开发如何进行控制?(询问)		2		
	(9) 存款和柜台业务是否建立完整的会计、统计和业务档案?(询问并查阅书面材料)		4		
	(10) 存款和柜台业务的程序是否严格、有效?(结合内控绩效监测结果进行评价)		6		
第二十一条 计算机系统环境下的控制			20		
	(1) 是否建立存款和柜台业务管理信息系统持续监控业务全过程?(询问并查阅书面材料)		4		
	(2) 存款和柜台业务有关的信息系统是否得到真正运用?(询问并查阅书面材料)		6		
	(3) 存款和柜台业务有关的信息系统在运用中是否建立了配套制度的规范操作?(询问并查阅书面材料)		6		
	(4) 存款和柜台业务信息系统在运行中安全性能如何,有无缺陷或漏洞?(询问并观察)		4		
第二十二条 应急准备与处置			20		
	(1) 是否能够识别存款和柜台业务中可能存在导致发生重大损失的紧急情况?(询问并查阅书面材料)		5		
	(2) 针对可能存在的紧急情况是否制定应急预案?(询问并查阅书面材料)		5		
	(3) 在发生紧急情况时是否启动应急预案?(询问)		3		
	(4) 应急预案是否能有效减少与消除紧急情况带来的不良影响?(询问并分析判断)		5		
	(5) 是否对应急预案进行定期评审?(询问)		2		
监测评价与纠正			60		
第二十三条 内部控制绩效监测			30		
	(1) 是否建立内部控制绩效的监测程序?有无明确监测内容和方法?(询问并查阅书面材料)		8		
	(2) 是否建立业务部门检查制度、审计部门审计监督制度?(询问并查阅书面材料)		10		

续表

评价内容(具体内容见办法第10至31条)	评价要点和评价方法(不限于此)	评价结果	标准分值	实际得分	备注
	(3) 内控绩效监测结果的信息如何传递和利用?(询问并查阅书面材料)		4		
	(4) 是否按照监测的要求实施监测?(询问并查阅书面材料)		5		
	(5) 内控绩效监测制度是否有效并适时改进?(询问并查阅书面材料)		3		
第二十四条　违规、险情、事故处置和纠正与预防措施			20		
	(1) 对存款和柜台业务各环节出现的问题(违规、险情和事故)是否经过适当程序确认,并责成相关工作人员及时进行纠正?(询问并查阅书面材料)		9		
	(2) 发生违规、险情和事故时所采取的纠正或预防措施是否实施?有无记录?效果能否防止继续发生或再次发生?(询问并查阅书面材料)		5		
	(3) 是否按规定对有关责任人进行处理?(询问并查阅书面材料)		6		
第二十五条　内部控制体系评价	本条不作为单项评价的内容。				
第二十六条　管理评审	本条不作为单项评价的内容。				
第二十七条　持续改进	是否能够提供证据证明存款和柜台业务的内部控制进行过改进?(询问并查阅书面材料)		10		
信息交流与反馈			100		
第二十八条　交流与沟通			25		
	(1) 是否制定存款和柜台业务有关交流和沟通的内容和方式?(询问并查阅书面材料)		6		
	(2) 对重大事项(如业务管理制度变更、违规、险情等)是否及时报告所有相关方?(询问并查阅书面材料)		10		
	(3) 是否建立信息披露制度?(询问并查阅书面材料) (4) 存款和柜台业务报告制度是否一贯得到遵循?(询问并查阅书面材料)		3 6		
第二十九条　内部控制体系对文件的要求			25		
	(1) 涉及存款和柜台业务的内部控制的文件是否充分? (2) 是否存在无章可循情况?		15 10		
第三十条　文件控制	存款和柜台业务有关的文件是否得到有效执行?(在查阅存款和柜台业务政策、程序等书面材料时验证)		25		
第三十一条　记录控制			25		

续表

评价内容(具体内容见办法第10至31条)	评价要点和评价方法(不限于此)	评价结果	标准分值	实际得分	备注
	(1) 是否建立存款和柜台业务档案管理规定?		5		
	(2) 存款和柜台业务档案管理规定是否符合要求?		10		
	(3) 是否遵循档案管理规定?(在业务抽样时进行验证即可)		10		

第四节 过程评价——主要中间业务内部控制评价操作示例

表14-4 主要中间业务内部控制评价表

评价内容(具体内容见办法第10至31条)	评价要点和评价方法(不限于此)	评价结果	标准分值	实际得分	备注
合 计			440		
内部控制环境			80		
第十条 公司治理	本条是对商业银行公司治理的综合评价,不作为单项评价的内容。				
第十一条 董事会、监事会、高级管理层责任	本条是对商业银行董事会、监事会、高级管理层责任的综合评价,不作为单项评价的内容。				
第十二条 内部控制政策			20		
	(1) 是否识别并制定文件化的各类中间业务政策?(查阅书面资料)		4		
	(2) 各类中间业务政策是否符合商业银行的经营宗旨和发展战略?(询问并查阅书面资料)		2		
	(3) 各类中间业务政策是否符合法律法规和监管要求?(查阅书面资料)		2		
	(4) 各类中间业务政策是否体现出对重点岗位、重要环节的风险控制要求?(查阅书面资料)		4		
	(5) 是否及时将相关规章制度贯彻到部门各业务人员并为其所熟悉和掌握?(询问和查阅)		3		
	(6) 各类中间业务政策是否一贯得到执行和发挥作用?(抽样,可结合后面的抽样同时进行)		3		
	(7) 各类中间业务政策是否定期进行评审,并根据经营环境、监管要求等进行调整、更新?(询问并查阅书面资料)		2		

续表

评价内容(具体内容见办法第10至31条)	评价要点和评价方法(不限于此)	评价结果	标准分值	实际得分	备注
第十三条　内部控制目标			20		
	(1) 各类中间业务是否建立了文件化的内部控制目标?(询问并查阅书面资料)		4		
	(2) 目标考虑了哪些要求?是否体现了内控政策的要求?(询问并查阅书面资料)		6		
	(3) 各类中间业务内控目标是否可测量并分解为指标?是否已展开到相关职能和层次?通过哪些方式传达到相关员工?(询问并查阅书面资料)		6		
	(4) 各类中间业务内控目标实现情况如何?如何体现定期评审和持续改进的要求?(询问并查阅书面资料)		2		
	(5) 如何通过各类中间业务内控目标有效控制风险,确保发展战略和经营目标的全面实施与实现?(询问)		2		
第十四条　组织结构			20		
	(1) 是否设立分工合理、职责明确、报告关系清晰的各类中间业务组织体系并形成书面文件?(询问并查阅书面材料)		3		
	(2) 是否考虑职责分离,以及横向与纵向的相互监督制约关系?(询问并查阅书面材料)		4		
	(3) 重要岗位人事变动如何决定?(询问并查阅书面材料)		3		
	(4) 是否明确关键岗位定期或不定期的人员轮换和强制休假制度?(询问并查阅书面材料)		4		
	(5) 各类中间业务组织结构是否发挥作用并适时进行评估和调整?(询问并查阅书面资料)		2		
	(6) 内部审计工作开展是否有效?(询问并书面文档检查)		4		
第十五条　企业文化			10		
	(1) 是否有明确、健康的各类中间业务企业文化?(询问并查阅书面材料)		2		
	(2) 是否制定了员工各类中间业务行为准则或类似规范并传达到员工?员工是否熟知其违规违纪行为界限及后果?(询问、查阅书面资料,评价员工风险意识)		3		
	(3) 员工是否明白其职权范围违规违纪行为的表现形式?(询问)		2		
	(4) 是否建立针对员工违规行为的补救和处罚应急机制?执行效果如何?(询问并查阅书面资料)		2		
	(5) 管理人员道德水平是否保持高尚,是否以身作则?(询问和观察)		1		
第十六条　人力资源			10		

续表

评价内容（具体内容见办法第10至31条）	评价要点和评价方法（不限于此）	评价结果	标准分值	实际得分	备注
	(1) 是否建立各类中间业务人员管理的政策和程序？（询问并查阅书面资料）		2		
	(2) 有关各类中间业务人员的职责、权限和任职条件是否有明确的书面规定？（询问并查阅书面材料，可结合对人力资源部门的评价进行）		2		
	(3) 现有各类中间业务人员是否能够达到任职要求？若达不到，如何解决？（询问并结合对人力资源部门的评价进行）		1		
	(4) 是否建立及健全激励约束机制、员工绩效考评体系，充分体现风险管理和内部控制要求？（询问并查阅书面材料）		1		
	(5) 是否明确了各类中间业务员工招聘、培训、考核、奖励、处罚、晋升等方面合理的政策和程序并得到有效执行？（询问、查阅书面材料、抽样）		1		
	(6) 是否收集了员工工作业绩、工作效率及胜任程序等相关信息？（询问并查阅书面资料，结合对人力资源部门的评价进行）		1		
	(7) 是否确保各类中间业务每个员工明确其所在部门工作目标？（询问、观察）		1		
	(8) 各类中间业务人员管理政策是否适时调整？（询问和书面文档检查）		1		
风险识别与评估			100		
第十七条　经营管理活动风险识别与评估			50		
	(1) 是否识别和确定了常规和非常规的业务和管理活动的程序和方法？并识别这些活动上的风险？（询问和书面文档检查）		10		
	(2) 是否对各类中间业务风险的后果及发生的可能性等进行了评估？评估的结果有无形成文件？文件中所包含的信息是否充分？特别是计算机系统的运用可能带来的风险。（询问和书面文档检查）		13		
	(3) 能否及时发现由于员工的思想道德及业务素质问题所产生的风险，并重视对员工的法制教育和职业道德教育？（询问和书面文档检查）		10		
	(4) 在设立新的分支机构或开办新的业务时，是否事先制定各类中间业务的政策、制度和程序，是否对潜在风险提出防范措施？（询问和书面文档检查）		12		
	(5) 各类中间业务的风险识别与评估是否随内外部环境和条件的变化适时进行再识别和再评估，其有效性如何？（询问和书面文档检查）		5		

续表

评价内容(具体内容见办法第10至31条)	评价要点和评价方法(不限于此)	评价结果	标准分值	实际得分	备注
第十八条　法律法规、监管要求和其他要求的识别			20		
	(1) 各类中间业务是否建立了识别和获取适用法律法规、监管要求和其他要求的程序?(询问和书面文档检查)		10		
	(2) 有关的法律法规、监管要求和其他要求的信息是否得到及时更新,并及时传达给相关人员?(询问)		10		
第十九条　内部控制方案			30		
	(1) 是否针对各类中间业务内控目标制定了内控方案?制定了哪些控制要点和控制措施?(询问和书面文档检查)		10		
	(2) 内控方案是否包括了各类中间业务的职责权限和相应的控制策略、方法、资源和时限要求?并形成了文件?(询问和查阅书面资料)		8		
	(3) 各类中间业务内控方案是否考虑了方案自身带来的新的风险?方案是否涉及业务流程、管理活动等重大变化?(询问和查阅书面资料,并结合抽样综合判断)		4		
	(4) 控制方案是否得到实施?(询问和抽样,结合后面抽样进行)		5		
	(5) 各类中间业务内部控制方案是否适时得到更新、改进?(询问)		3		
内部控制措施			100		
第二十条　运行控制			60		
	(1) 是否制定各类中间业务程序并定期检讨更新?(询问并查阅书面材料)		15		
	(2) 各类中间业务程序是否覆盖所有相关业务和全过程并符合法律法规和监管要求?(询问并查阅书面材料)		5		
	(3) 各级职能管理部门是否审查收到的经营管理情况和特别情况专项报表或报告?是否提出问题,要求采取纠正整改措施?(询问并查阅书面材料)		3		
	(4) 是否实行不兼容岗位的适当分离?(询问和观察) (5) 对缺乏程序可能导致偏离内控政策和目标运行的情况,建立并保持了哪些程序文件,在程序中是否规定了操作方法和标准?(询问并查阅书面材料)		3 5		
	(6) 各类中间业务在实施和运行中按照程序规定如何实施持续记录和监督检查?(询问并查阅书面材料)		15		

续表

评价内容(具体内容见办法第10至31条)	评价要点和评价方法(不限于此)	评价结果	标准分值	实际得分	备注
	(7) 运用计算机系统采取了哪些内控措施?(询问并穿行测试)		2		
	(8) 中间业务的产品开发如何进行控制?(询问)		4		
	(9) 各类中间业务是否建立完整的会计、统计和业务档案?(询问并查阅书面材料)		3		
	(10) 各类中间业务的程序是否严格、有效?(结合内控绩效监测结果进行评价)		5		
第二十一条　计算机系统环境下的控制			20		
	(1) 是否建立中间业务管理信息系统,持续监控各类中间业务全过程?(询问并查阅书面材料)		4		
	(2) 中间业务的有关信息系统是否得到真正运用?(询问并查阅书面材料)		6		
	(3) 中间业务的有关信息系统在运用中是否建立了配套制度规范操作?(询问并查阅书面材料)		6		
	(4) 中间业务信息系统在运行中安全性能如何,有无缺陷或漏洞?(询问并观察)		4		
第二十二条　应急准备与处置			20		
	(1) 是否能够识别各类中间业务中可能存在导致发生重大损失的紧急情况?(询问并查阅书面材料)		5		
	(2) 针对可能存在的紧急情况是否制定应急预案?(询问并查阅书面材料)		5		
	(3) 在发生紧急情况时是否启动应急预案?(询问)		3		
	(4) 应急预案是否能有效减少与消除紧急情况带来的不良影响?(询问并分析判断)		5		
	(5) 是否对应急预案进行定期评审?(询问)		2		
监测评价与纠正			60		
第二十三条　内部控制绩效监测			30		
	(1) 是否建立内部控制绩效的监测程序?有无明确监测内容和方法?(询问并查阅书面材料)		8		
	(2) 是否建立业务部门检查制度、审计部门审计监督制度?(询问并查阅书面材料)		10		
	(3) 内控绩效监测结果的信息如何传递和利用?(询问并查阅书面材料)		4		
	(4) 是否按照监测的要求实施监测?(询问并查阅书面材料)		5		
	(5) 内控绩效监测制度是否有效并适时改进?(询问并查阅书面材料)		3		

续表

评价内容(具体内容见办法第10至31条)	评价要点和评价方法(不限于此)	评价结果	标准分值	实际得分	备注
第二十四条　违规、险情、事故处置和纠正与预防措施			20		
	(1) 对各类中间业务各环节出现的问题(违规、险情和事故)是否经过适当程序确认,并责成相关工作人员及时进行纠正?(询问并查阅书面材料)		9		
	(2) 发生违规、险情和事故时所采取的纠正或预防措施是否实施?有无记录?效果能否防止继续发生或再次发生?(询问并查阅书面材料)		5		
	(3) 是否按规定对有关责任人进行处理?(询问并查阅书面材料)		6		
第二十五条　内部控制体系评价	本条不作为单项评价的内容。		0		
第二十六条　管理评审	本条不作为单项评价的内容。		0		
第二十七条　持续改进	是否能够提供证据证明各类中间业务的内部控制进行过改进?(询问并查阅书面材料)		10		
信息交流与反馈			100		
第二十八条　交流与沟通			25		
	(1) 是否制定各类中间业务有关交流和沟通的内容和方式?(询问并查阅书面材料)		6		
	(2) 对重大事项(如业务管理制度变更、违规、险情等)是否及时报告所有相关方?(询问并查阅书面材料)		10		
	(3) 是否建立信息披露制度?(询问并查阅书面材料)		3		
	(4) 各类中间业务报告制度是否一贯得到遵循?(询问并查阅书面材料)		6		
第二十九条　内部控制体系对文件的要求			25		
	(1) 涉及各类中间业务的内部控制文件是否充分?		15		
	(2) 是否存在无章可循情况?		10		
第三十条　文件控制	各类中间业务有关的文件是否得到有效执行?(在查阅存款和柜台业务政策、程序等书面材料时验证)		25		
第三十一条　记录控制			25		
	(1) 是否建立各类中间业务档案管理规定?		5		
	(2) 各类中间业务档案管理规定是否符合要求?		10		
	(3) 是否遵循档案管理规定?(在业务抽样时进行验证即可)		10		

第五节 过程评价——计划与财务活动内部控制评价操作示例

表 14-5 计划与财务活动内部控制表

评价内容(具体内容见办法第10至31条)	评价要点和评价方法(不限于此)	评价结果	标准分值	实际得分	备注
合 计			440		
内部控制环境			80		
第十条 公司治理	本条是对商业银行公司治理的综合评价,不作为单项评价的内容。				
第十一条 董事会、监事会、高级管理层责任	本条是对商业银行董事会、监事会、高级管理层责任的综合评价,不作为单项评价的内容。				
第十二条 内部控制政策			20		
主要检查是否建立文件化的政策,以及对政策的内容进行评价。	(1) 是否制定文件化的财务管理政策?(查阅书面资料)		5		
	(2) 财务管理政策是否符合商业银行的经营宗旨和发展战略?(询问并查阅书面资料)		2		
	(3) 财务管理政策是否符合法律法规和监管要求?(查阅书面资料)		2		
	(4) 财务管理政策是否传达至有关工作人员并为其所熟悉?(询问和查阅)		3		
	(5) 财务管理政策是否一贯得到执行?是否发挥作用?(抽样,可结合后面的抽样同时进行)		6		
	(6) 财务管理政策是否定期进行评审,并根据经营环境、监管要求等进行调整?(询问并查阅书面资料)		2		
第十三条 内部控制目标	(询问并查阅书面资料)		20		
	(1) 是否制定全行业务经营计划目标?		4		
	(2) 目标设计考虑了哪些要求?是否体现了内控政策的要求?		6		
	(3) 是否按部门、单位有机分解目标并制定具体实施方案?		6		
	(4) 是否建立目标考核责任制度,对目标实行系统监测?		2		
	(5) 目标实现情况如何?计划目标与实际情况差距较大时是否及时进行调整?		2		
第十四条 组织结构			20		
主要是评价商业银行是否建立分工合理、职责明确、报告关系清晰的组织结构,是否明确所	(1) 是否设立清晰的计划与财务管理的组织体系?(询问并查阅书面材料)		3		
	(2) 是否设立资产负债比例管理委员会,并制定工作规则?(询问并查阅书面材料)		3		

续表

评价内容(具体内容见办法第10至31条)	评价要点和评价方法(不限于此)	评价结果	标准分值	实际得分	备注
有与风险和内控有关的部门、岗位、人员的职责和权限，并形成文件予以传达。	(3) 是否设立财务审查委员会，对全行重要财务事项进行审议、分析和监督？(询问并查阅书面材料)		3		
	(4) 财务管理岗位设置是否做到分工合理、职责明确？岗位之间是否相互配合、相互制约？是否做到钱账分管？(询问并查阅书面材料)		4		
	(5) 计划与财务管理组织体系的有关规定如授权、职责分离等是否得到遵循？(抽样，结合第二十条的业务抽样)		4		
	(6) 计划与财务管理组织结构是否发挥作用？(结合内控目标和实际抽样结果进行评价)		3		
第十五条　企业文化			10		
主要是评价商业银行是否对企业文化的内涵及如何实施做出明确规定。是否向员工传达遵守法律法规和实施内部控制的重要性，引导员工树立合规意识和风险意识，提高员工职业道德水准，规范员工职业行为。	(1) 如何理解和培育健康的财务管理文化？(询问并查阅书面材料)		2		
	(2) 财务管理文化是否体现风险控制的理念？(询问并查阅书面材料)		2		
	(3) 财务管理文化如何向员工贯彻？是否制定了员工行为准则？是否把内控原则、风险意识、风险控制和防范等作为教育内容(询问)		3		
	(4) 财务管理人员是否明白其职权范围内违规违纪行为的表现形式？是否熟悉关于职业道德的规范？(询问)		2		
	(5) 是否建立针对财务管理人员违规行为的补救和处罚机制？管理层对财务管理人员违规行为是否进行必要的处理？(询问并查阅书面材料)		1		
第十六条　人力资源			10		
主要评价商业银行是否通过完善人力资源政策和程序，确保与风险和内部控制有关人员具备相应的能力和意识。	(1) 是否建立针对计划与财务人员管理的政策和程序？(询问并查阅书面材料)		2		
	(2) 有关管理人员的职责、权限和人员任职条件是否得到明确的书面规定？(询问并查阅书面材料，可结合对人力资源部门的评价进行)		2		
	(3) 现有管理人员是否能够达到任职要求？若达不到，如何解决？(询问并查阅书面材料，可结合对人力资源部门的评价进行)		1		
	(4) 对计划与财务管理人员的培训如何开展？(询问并查阅书面材料，可结合对人力资源部门的评价进行)		1		
	(5) 对管理人员如何进行考核、激励？(询问并查阅书面材料，可结合对人力资源部门的评价进行)		1		
	(6) 上述计划与财务管理人员有关的政策和程序是否得到遵循？是否发挥作用？(询问、抽样)		2		

续表

评价内容（具体内容见办法第10至31条）	评价要点和评价方法（不限于此）	评价结果	标准分值	实际得分	备注
	（7）计划与财务管理人员管理政策是否适时调整？（询问和书面文档检查）		1		
风险识别与评估			100		
第十七条　经营管理活动 风险识别与评估	（询问和书面文档检查）		50		
	（1）是否制定识别、评估、监测和管理财务风险的程序和方法？		10		
	（2）财务管理制度是否健全？是否覆盖财务管理工作各环节和各风险点？		10		
	（3）管理制度的制定是否符合有关财经法规和制度？是否能满足财务管理及监督的需要？是否存在制度空白点和过时的制度？是否存在相矛盾或相抵触而仍在执行的制度？		10		
	（4）是否依据风险识别与评估的程序和方法充分识别了财务管理活动过程中的各类风险？		10		
	（5）风险识别和评估的程序和方法是否有效？是否对财务活动的风险进行持续识别和评估？		10		
第十八条　法律法规、监管要求和其他要求的识别			20		
主要是评价商业银行应建立识别和获取信息的程序以及应及时更新、传达有关信息。	（1）是否对财务管理有关的法律法规、监管要求和其他要求进行识别和控制？（询问和书面文档检查）		10		
	（2）对财务管理有关的法律法规、监管要求和其他要求是否传达给有关人员？有关人员是否熟悉？（询问）		10		
第十九条　内部控制方案	（询问和书面文档检查）		30		
	（1）是否针对财务管理中不可接受风险制定控制方案？制定了哪些控制方案？		10		
	（2）是否为实现经营计划目标制定了内控方案？确定了哪些控制要点和控制措施？		10		
	（3）是否制定财务预算？		10		
内部控制措施			100		
第二十条　运行控制			60		
	（1）是否按照《金融企业财务制度》有关规定和财务内控制度要求进行管理和核算？（询问并查阅书面材料，如损益类科目账、表和有关凭证以及岗位责任制等）		12		
	（2）财务计划编制内容是否完整？编制依据是否可靠、支出是否合规？计划编审是否合规？（询问并查阅书面材料，如信贷收支计划、存贷款指标书、资产质量统计表、机构人员状况表、固定资产统计表等）		8		

续表

评价内容(具体内容见办法第10至31条)	评价要点和评价方法(不限于此)	评价结果	标准分值	实际得分	备注
	(3) 是否编制了本级行和下属机构的分解财务收支计划?是否采取具体措施加强财务管理和费用控制?是否针对财务收支和利润计划完成情况中存在的问题或不足提出建议?(询问和查阅书面材料)		8		
	(4) 是否按规定对财务计划完成情况进行考核管理?(询问并查阅书面材料)		8		
	(5) 是否严格执行财务授权审批制度?是否存在超越权限处理财务事项的行为?是否存在虚增、虚减收入和支出的现象?是否按预算控制费用开支?是否存在"小钱柜"?(询问和抽样检查财务收入、支出、经营成果)		18		
	(6) 如何管理固定资产?如何进行固定资产的采购?如何规避采购风险?(询问并查阅账簿、报表、凭证等书面材料,必要时可盘点固定资产)		6		
第二十一条　计算机系统环境下的控制			20		
	(1) 是否建立财务管理信息系统,持续监控财务管理过程?(询问并查阅书面材料)		6		
	(2) 财务管理活动有关的信息系统是否得到真正运用?(询问和察看)		8		
	(3) 信息系统在财务管理风险控制方面是否发挥作用?(在询问和察看中验证即可)		6		
第二十二条　应急准备与处置	(询问并查阅书面材料)		20		
	(1) 是否能够识别财务管理活动中可能存在导致发生重大损失的紧急情况?		5		
	(2) 针对可能存在的紧急情况是否制定应急预案?		5		
	(3) 在发生紧急情况时是否启动应急预案?		3		
	(4) 应急预案是否能有效减少与消除紧急情况带来的不良影响?		5		
	(5) 是否对应急预案进行定期评审?		2		
监测评价与纠正			60		
第二十三条　内部控制绩效监测	(询问并查阅书面材料)		30		
	(1) 是否建立内部控制绩效的监测程序?		6		
	(2) 是否建立业务部门检查制度,并按规定对本级和下级单位财务管理工作进行定期或不定期检查?是否对存在的问题及时进行整改?		4		
	(3) 是否建立并执行审计部门审计监督制度?是否执行审计结论或决定?		4		

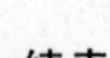
续表

评价内容(具体内容见办法第10至31条)	评价要点和评价方法(不限于此)	评价结果	标准分值	实际得分	备注
	(4) 是否建立主管行长、财务部门负责人对财务管理工作及财务人员的检查制度?		4		
	(5) 是否按照监测的要求实施监测?监测制度是否有效?		12		
第二十四条 违规、险情、事故处置和纠正与预防措施	(询问并查阅书面材料)		20		
	(1) 对财务管理各环节出现的问题(违规、险情和事故)是否经过适当程序确认,并责成相关财务工作人员及时进行纠正?		10		
	(2) 是否对违规造成的风险和损失逐笔进行责任认定,并按规定对有关责任人进行处理?		10		
第二十五条 内部控制体系评价	本条不作为单项评价的内容。				
第二十六条 管理评审	本条不作为单项评价的内容。				
第二十七条 持续改进	是否能够提供证据证明财务管理的内部控制进行过改进?(询问并查阅书面材料)		10		
信息交流与反馈			100		
第二十八条 交流与沟通	(查阅书面材料)		25		
	(1) 是否制定财务管理风险报告制度? (2) 对重大财务风险是否及时报告? (3) 财务风险的报告制度是否得到遵循?		5 10 10		
第二十九条 内部控制体系对文件的要求	(在查阅上述书面材料时验证)		25		
	(1) 涉及财务管理活动的内部控制的文件是否充分? (2) 是否存在无章可循情况?		15 10		
第三十条 文件控制	财务管理有关的文件是否得到有效控制?(在查阅政策等书面材料时验证)		25		
第三十一条 记录控制	(在业务抽样时进行验证即可)		25		
	(1) 是否建立计划与财务管理档案管理规定? (2) 档案管理规定是否符合要求? (3) 是否遵循档案管理规定?		5 10 10		

第六节 过程评价——会计管理活动内部控制评价操作示例

表 14-6 会计管理活动内部控制表

评价内容(具体内容见办法第 10 至 31 条)	评价要点和评价方法(不限于此)	评价结果	标准分值	实际得分	备注
合 计			440		
内部控制环境			80		
第十条 公司治理	本条是对商业银行公司治理的综合评价,不作为单项评价的内容。				
第十一条 董事会、监事会、高级管理层责任	本条是对商业银行董事会、监事会、高级管理层责任的综合评价,不作为单项评价的内容。				
第十二条 内部控制政策			20		
	(1) 是否建立文件化的会计和事后储蓄的事后监督制度?(查阅书面资料)		4		
	(2) 如何实行全行会计工作的统一管理?如何确保会计信息的真实、完整和合法?(询问并查阅书面资料)		4		
	(3) 是否制定覆盖本行所有会计业务环节的会计规范和管理制度,并确保会计工作的独立性?(查阅书面资料)		3		
	(4) 会计管理制度是否体现出对重点岗位、重要环节的风险控制要求?(查阅书面资料)		4		
	(5) 是否及时将相关规章制度贯彻到部门各业务人员并为其所熟悉和掌握?(询问和查阅)		3		
	(6) 会计管理制度和程序是否定期进行评审,并适时进行调整、更新?(询问并查阅书面资料)		2		
第十三条 内部控制目标			20		
	(1) 会计管理是否建立文件化的内部控制目标?(询问查阅书面资料)		6		
	(2) 会计管理内控目标是否分解?是否已展开到相关职能和层次?通过哪些方式传达到相关员工?(询问并查阅书面资料)		8		
	(3) 会计管理内控目标实现情况如何?如何体现定期评审和持续改进的要求?(询问并查阅书面资料)		4		
	(4) 如何通过会计管理内控目标有效控制风险,确保发展战略和经营目标的全面实施与实现?(询问)		2		
第十四条 组织结构			20		

续表

评价内容（具体内容见办法第10至31条）	评价要点和评价方法（不限于此）	评价结果	标准分值	实际得分	备注
	（1）是否设立分工合理、职责明确、报告关系清晰的会计管理体系并形成书面文件？（询问并查阅书面材料）		3		
	（2）会计岗位设置是否贯彻"责任分离、相互制约"原则？是否配备足够的会计人员？（询问并查阅书面材料）		4		
	（3）重要岗位人事变动如何决定？（询问并查阅书面材料）		3		
	（4）是否明确关键岗位定期或不定期的人员轮换和强制休假制度？对营业机构是否执行重要岗位的请假、轮岗制度进行监督？（询问并查阅书面材料）		4		
	（5）是否对会计部门和会计人员规定了相应的业务权限？是否严格按照规定权限办理会计业务？（询问并查阅书面资料）		3		
	（6）内部审计工作开展的频次、效果如何？（询问并书面文档检查）		3		
第十五条　企业文化			10		
	（1）是否有明确的会计管理企业文化？（询问并查阅书面材料）		2		
	（2）会计规范和管理制度如何传达到每一位员工？员工是否熟知其违规行为界限及后果？（询问、查阅书面资料，评价员工风险意识）		3		
	（3）员工是否明白其职权范围违规违纪行为的表现形式？（询问）		2		
	（4）会计部门是否能够及时、准确地对下级机构会计工作进行管理和指导？（询问并查阅书面资料）		2		
	（5）管理人员道德水平是否保持高尚，是否以身作则？（询问和观察）		1		
第十六条　人力资源			10		
	（1）是否建立会计业务人员管理的政策和程序？（询问并查阅书面资料）		2		
	（2）有关会计业务人员的职责、权限和任职条件是否有明确的书面规定？（询问并查阅书面材料，可结合对人力资源部门的评价进行）		2		
	（3）如何对会计主管、会计负责人实行资格管理？现有会计人员是否具备必要上岗资格？（询问并结合对人力资源部门的评价进行）		2		
	（4）会计主管人员的变动是否得到上级会计部门的批准？（询问并查阅书面材料）		2		
	（5）会计人员离岗是否进行交接手续和监督程序？（询问和书面文档检查）		2		
风险识别与评估			100		

续表

评价内容(具体内容见办法第10至31条)	评价要点和评价方法(不限于此)	评价结果	标准分值	实际得分	备注
第十七条　经营管理活动、风险识别与评估			50		
	(1) 是否对会计管理风险的后果及发生的可能性等进行了评估?评估的结果有无形成文件?文件中所包含的信息是否充分?特别是计算机系统的运用可能带来的风险。(询问和书面文档检查)		15		
	(2) 能否及时发现由于员工的思想道德及业务素质问题所产生的风险,并重视对员工的法制教育和职业道德教育?(询问和书面文档检查)		10		
	(3) 现有会计管理制度是否能有效防止发生设置账外账、乱用会计科目、编制和报送虚假会计信息?(询问和书面文档检查)		15		
	(4) 会计管理的风险识别与评估是否随内外部环境和条件的变化适时进行再识别和再评估,其有效性如何?(询问和书面文档检查)		10		
第十八条　法律法规、监管要求和其他要求的识别			20		
	(1) 会计管理是否建立了识别和获取适用法律法规、监管要求和其他要求的程序?(询问和书面文档检查)		10		
	(2) 有关的法律法规、监管要求和其他要求的信息是否得到及时更新,并及时传达给相关人员?(询问)		10		
第十九条　内部控制方案			30		
	(1) 是否制定了会计管理内控方案?制定了哪些控制要点和控制措施?(询问和书面文档检查)		15		
	(2) 内控方案是否包括了会计管理各环节的职责权限和相应的控制策略、方法、资源和时限要求?并形成了文件?(询问和查阅书面资料)		15		
内部控制措施			100		
第二十条　运行控制			60		
	(1) 是否建立会计管理程序并定期检讨更新?(询问并查阅书面材料)		10		
	(2) 是否有严格的安全监控系统?各级柜员是否实施严格的分级授权?(询问并查阅书面材料)		7		
	(3) 是否严格执行双人经办制度?如双人临柜、钱账分离、双人验印、双人对账等。(询问并查阅书面材料)		5		
	(4) 是否严格执行岗位分离制度?如印压(押)证三分管、库房钥匙分管、会计岗和事后检查岗分离、会计前台和后台业务人员分离、记账岗与实物岗分离、系统管理岗与操作员分离等。(询问和观察)		5		

续表

评价内容(具体内容见办法第10至31条)	评价要点和评价方法(不限于此)	评价结果	标准分值	实际得分	备注
	(5) 是否严格执行对账制度,做到账账、账据、账款、账实、账表和内外账“六相符”?对不一致问题如何纠正与处理?(询问并查阅书面材料)		5		
	(6) 是否执行重要会计业务授权?如错账冲正授权、账务调整授权、大额支付授权、自制和补制凭证授权、查询查复业务授权、挂账及临时过渡业务核算授权、特别转存授权、班外业务授权、拒绝付款业务授权等。(询问并查阅书面材料)		5		
	(7) 是否执行会计电算化操作授权:操作人员按照权限级别进入系统和功能模块,操作人员不能越权掌握不相容岗位口令?(询问并验证)		3		
	(8) 会计管理在实施和运行中按照程序规定如何实施持续记录和监督检查?(询问并查阅书面材料)		14		
	(9) 会计管理的程序是否严格、有效?(结合内控绩效监测结果进行评价)		6		
第二十一条　计算机系统环境下的控制			20		
	(1) 是否建立会计管理信息系统并作持续监控和记录?(询问并查阅书面材料)		4		
	(2) 会计管理有关的信息系统是否得到有效运用?(询问并查阅书面材料)		6		
	(3) 会计管理有关的信息系统在运用中是否建立了配套制度规范操作?(询问并查阅书面材料)		6		
	(4) 会计管理信息系统在运行中安全性能如何,有无缺陷或漏洞?(询问并观察)		4		
第二十二条　应急准备与处置			20		
	(1) 是否能够识别会计管理中可能存在导致发生重大损失的紧急情况?(询问并查阅书面材料)		5		
	(2) 针对可能存在的紧急情况是否制定应急预案?(询问并查阅书面材料)		5		
	(3) 在发生紧急情况时是否启动应急预案?(询问)		3		
	(4) 应急预案是否能有效减少与消除紧急情况带来的不良影响?(询问并分析判断)		5		
	(5) 是否对应急预案进行定期评审?(询问)		2		
监测评价与纠正			60		
第二十三条　内部控制绩效监测			30		
	(1) 是否建立内部控制绩效的监测程序?有无明确监测内容和方法?(询问并查阅书面材料)		8		

续表

评价内容（具体内容见办法第10至31条）	评价要点和评价方法（不限于此）	评价结果	标准分值	实际得分	备注
	(2) 是否建立业务部门检查制度、审计部门审计监督制度？（询问并查阅书面材料）		10		
	(3) 如何检查会计规范和管理制度的执行情况？（询问并查阅书面材料）		5		
	(4) 内控绩效监测结果的信息如何传递和利用？（询问并查阅书面材料）		7		
第二十四条　违规、险情、事故处置和纠正与预防措施			20		
	(1) 对会计管理各环节出现的问题（违规、险情和事故）是否经过适当程序确认，并责成相关工作人员及时进行纠正？（询问并查阅书面材料）		9		
	(2) 发生违规、险情和事故时所采取的纠正或预防措施是否实施？有无记录？其效果能否防止继续发生或再次发生？（询问并查阅书面材料）		5		
	(3) 是否建立和实施会计差错责任人追究制度？（询问并查阅书面材料）		6		
第二十五条　内部控制体系评价	本条不作为单项评价的内容。				
第二十六条　管理评审	本条不作为单项评价的内容。				
第二十七条　持续改进	是否能够提供证据证明会计管理的内部控制进行过改进？（询问并查阅书面材料）		10		
信息交流与反馈			100		
第二十八条　交流与沟通			25		
	(1) 是否制定会计管理有关交流和沟通的内容和方式？（询问并查阅书面材料）		6		
	(2) 对重大事项（如管理制度变更、违规、险情等）是否及时报告所有相关方？（询问并查阅书面材料）		10		
	(3) 是否建立信息披露制度并按照规定及时、真实、完整地披露信息？（询问并查阅书面材料）		3		
	(4) 会计管理报告制度是否一贯得到遵循？（询问并查阅书面材料）		6		
第二十九条　内部控制体系对文件的要求			25		
	(1) 涉及会计管理的内部控制文件是否充分？		15		
	(2) 是否存在无章可循情况？		10		
第三十条　文件控制	会计管理有关的文件是否得到有效执行？（在查阅会计管理政策、程序等书面材料时验证）		25		
第三十一条　记录控制			25		

续表

评价内容(具体内容见办法第10至31条)	评价要点和评价方法(不限于此)	评价结果	标准分值	实际得分	备注
	(1) 是否建立会计业务档案管理规定?		5		
	(2) 会计业务档案管理规定是否符合要求?是否对资料的交接、整理、借阅、保管、销毁等环节作出规定?		10		
	(3) 是否遵循档案管理规定?(在业务抽样时进行验证即可)		10		

第七节　过程评价——计算机系统内部控制评价操作示例

表14-7　计算机系统内部控制评价表

评价内容(具体内容见办法第10至31条)	评价要点和评价方法(不限于此)	评价结果	标准分值	实际得分	备注
合　计			440		
内部控制环境			80		
第十条　公司治理	本条是对商业银行公司治理的综合评价,不作为单项评价的内容。				
第十一条　董事会、监事会、高级管理层责任	本条是对商业银行董事会、监事会、高级管理层责任的综合评价,不作为单项评价的内容。				
第十二条　内部控制政策			20		
主要检查是否建立文件化的政策,以及对政策的内容进行评价。	(1) 是否制定明确的计算机系统的内部控制政策?(查阅书面资料)		4		
	(2) 内控政策是否符合商业银行的经营宗旨和发展战略?(询问并查阅书面资料)		3		
	(3) 内控政策是否符合法律法规和监管要求?(查阅书面资料)		3		
	(4) 内控政策是否传达至有关工作人员并为其所熟悉?(询问和查阅)		3		
	(5) 内控政策是否一贯得到执行?是否发挥作用?(可结合后面的询问察看同时进行)		5		
	(6) 计算机系统内控政策是否定期进行评审,并根据经营环境、监管要求等进行调整?(询问并查阅书面资料)		2		
第十三条　内部控制目标			20		
	(1) 是否建立文件化的计算机系统内部控制目标?		5		

续表

评价内容(具体内容见办法第10至31条)	评价要点和评价方法(不限于此)	评价结果	标准分值	实际得分	备注
	(2) 目标考虑了哪些要求?是否体现了内控政策的要求?		6		
	(3) 内控目标是否可测量和分解?是否进行监测和考核?		6		
	(4) 内控目标实现情况如何?如何改进?		3		
第十四条　组织结构	(询问并查阅书面材料)		20		
	(1) 是否设立计算机信息系统安全保护组织,如何规定相应的职责?		4		
	(2) 是否按规定设立计算机开发、管理、应用部门并明确部门职责。		6		
	(3) 是否按规定配备了专(兼)职计算机安全管理人员并明确其职责?		4		
	(4) 是否从制度上明确了计算机系统开发人员、管理人员、操作人员的岗位职责,是否做到分工合理、职责明确?岗位之间是否相互配合、相互制约,是否存在兼岗?		6		
第十五条　企业文化	具体评价内容参照授信业务。		10		
第十六条　人力资源	(询问并查阅书面材料,可结合对人力资源部门的评价进行)		10		
	(1) 系统管理员、系统操作员、终端操作员、程序员的权限和操作范围是否得到明确的书面规定?		3		
	(2) 是否根据计算机系统所定密级制定配备人员的基本安全条件?现有业务人员是否能够达到任职要求?若达不到,如何解决?		3		
	(3) 对业务人员的培训如何开展?对业务人员上岗有何规定?		2		
	(4) 对业务人员如何进行考核、激励?		2		
风险识别与评估			100		
第十七条　经营管理活动 风险识别与评估	(询问和书面文档检查)		50		
	(1) 电子银行服务是否具备确保识别客户身份,安全认证等功能,如何保证交易安全,防范操作风险?		15		
	(2) 在制定电子银行业务的准入标准、管理办法和操作规程中如何考虑风险因素及相应措施?		15		
	(3) 是否依据风险识别与评估的程序和方法充分识别了电子银行业务过程中的各类风险?		10		
	(4) 风险识别和评估的程序和方法是否有效?是否对风险进行持续识别和评估?		10		

续表

评价内容（具体内容见办法第10至31条）	评价要点和评价方法（不限于此）	评价结果	标准分值	实际得分	备注
第十八条　法律法规、监管要求和其他要求的识别			20		
	（1）是否对计算机信息系统有关的法律法规、监管要求和其他要求进行识别和控制？（询问和书面文档检查）		10		
	（2）对计算机信息系统有关的法律法规、监管要求和其他要求是否传达给有关工作人员？工作人员是否熟悉？（询问）		10		
第十九条　内部控制方案			30		
	（1）是否针对不可接受风险制定控制方案？制定了哪些控制方案？（询问和书面文档检查）		9		
	（2）是否提供对电子银行客户的培训、客户服务和相关支持工作？如何与风险控制方案相结合？（询问和书面文档检查）		8		
	（3）如何控制网上银行交易的风险，确保交易安全？（询问和书面文档检查）		7		
	（4）系统安全运行中的不安全因素是否全面分析和控制？对分中心运行如何监视？（询问和察看）		6		
内部控制措施			100		
第二十条　运行控制			60		
	（1）是否对计算机系统项目从立项、开发、验收、运行和维护实施全过程管理？制定了哪些管理办法？（询问并查阅书面材料）		14		
	（2）程序开发环境是否与程序生产环境严格分离？（询问并查阅书面材料）		8		
	（3）计算机软件和网络系统从开发环境转入生产环境之前是否进行充分的压力测试？（询问并查阅书面材料）		8		
	（4）对外购计算机软、硬件设备是否严格审查供应商的资格和资信状况？是否明确其产品在使用期间应当承担的使用、维护和其他责任，在使用前是否严格进行安全性测试确保产品正常使用和有效维护？（询问并查阅书面材料）		10		
	（5）计算机房建设是否符合国家有关标准？制定哪些制度和措施加强计算机房管理，以确保硬件、各种存贮介质的安全？（查阅书面资料并实地察看）		10		

续表

评价内容(具体内容见办法第10至31条)	评价要点和评价方法(不限于此)	评价结果	标准分值	实际得分	备注
	(6) 是否建立设备管理系统,对设备验收、入库、配发、维护、变更、损益、报废等环节进行管理?(查阅书面资料并实地察看)		10		
第二十一条 计算机系统环境下的控制			20		
	(1) 是否建立和健全网络管理系统,如何有效地管理网络的安全、故障、性能、配置等?是否制定了针对与合作单位联网、与互联网联网的安全控制措施?(询问并查阅书面材料)		3		
	(2) 采取哪些措施确保计算机信息系统的安全?有关程序和要求是否及时更新?(询问并查阅书面材料)		2		
	(3) 网络设备操作系统、数据库系统、应用程序是否设置必要日志?是否定期检查?(询问并查阅书面材料)		3		
	(4) 对各类数据信息、数据操作、数据备份介质的存放、转移、销毁是否有严格的管理制度?(询问并查阅书面材料)		2		
	(5) 计算机处理业务如何确保可复核性和可追溯性?应用程序是否为有关的审计和检查预留接口?(查阅书面资料并实地察看)		3		
	(6) 计算机操作系统的变更是否有明确的规章制度,可靠的技术手段?如何对软件版本进行管理?(查阅书面资料并实地察看)		2		
	(7) 对计算机系统数据是否建立接入授权程序并对接入后的操作进行安全控制?是否核对输入数据,对数据的修改进行批准并建立日志?(查阅书面资料并实地察看)		2		
	(8) 如何明确用户的创建、变更、删除、用户口令等控制要求;是否明确员工计算机信息系统的用户名或权限卡的使用要求?(查阅书面资料并实地察看)		3		
第二十二条 应急准备与处置	查阅书面资料并实地察看。		20		
	(1) 是否建立计算机信息系统安全的应急方案? (2) 是否定期修订和演练计算机信息系统安全应急方案? (3) 数据备份是否异地存放?是否建立了异地计算机灾难备份中心? (4) 计算机系统出现严重故障时是否具有恢复启动的能力?		5 5 5 5		
监测评价与纠正			60		

续表

评价内容(具体内容见办法第10至31条)	评价要点和评价方法(不限于此)	评价结果	标准分值	实际得分	备注
第二十三条　内部控制绩效监测			30		
	(1) 是否建立计算机系统内部控制绩效的监测程序?		6		
	(2) 内控绩效监测的方法有哪些?频次如何?		3		
	(3) 是否建立自律监管责任制并设置监管岗位?		4		
	(4) 是否建立业务部门检查制度、审计部门审计监督制度?		4		
	(5) 是否按照监测的要求实施监测或检查?监测制度是否有效?		10		
	(6) 是否对内外部审计、检查和自律监管发现的问题进行整改和跟踪检查?		3		
第二十四条　违规、险情、事故处置和纠正与预防措施	(询问并查阅书面材料)		20		
	(1) 是否对计算机系统事故、险情、违规,规定了发现、报告、处置、原因分析及纠正和预防措施等内容的书面程序?		10		
	(2) 对计算机系统各环节出现的问题(违规、险情和事故)是否经过适当程序确认,并责成相关工作人员及时进行纠正?		5		
	(3) 是否对违规造成的风险和损失进行责任认定,并按规定对有关责任人进行处理?		5		
第二十五条　内部控制体系评价	本条不作为单项评价的内容。				
第二十六条　管理评审	本条不作为单项评价的内容。				
第二十七条　持续改进	是否能够提供证据证明计算机系统业务的内部控制进行过改进?(询问并查阅书面材料)		10		
信息交流与反馈			100		
第二十八条　交流与沟通	(询问并查阅书面材料)		25		
	(1) 是否建立技术部门和业务部门的沟通渠道?		10		
	(2) 对计算机系统项目的立项、开发、验收、运行和维护,技术部门与业务部门在哪些环节如何进行有效沟通?		10		
	(3) 是否制定风险报告制度?对信息系统重大事故是否及时报告?		5		
第二十九条　内部控制体系对文件的要求			25		
	(1) 涉及计算机业务的内部控制文件是否充分?		15		
	(2) 是否存在无章可循情况?		10		

续表

评价内容（具体内容见办法第10至31条）	评价要点和评价方法（不限于此）	评价结果	标准分值	实际得分	备注
第三十条　文件控制。具体评价内容见《办法》和《说明》	计算机系统有关的文件是否得到有效控制？（在查阅上述有关书面材料时验证）		25		
第三十一条　记录控制	（在查阅上述有关书面材料时验证）		25		
	（1）是否建立计算机系统业务档案管理规定？ （2）档案管理规定是否符合要求？ （3）是否遵循档案管理规定？		5 10 10		

第八节　过程评价——产品开发活动内部控制评价操作示例

表14-8　产品开发活动内部控制评价表

评价内容（具体内容见办法第10至31条）	评价要点和评价方法（不限于此）	评价结果	标准分值	实际得分	备注
合计			440		
内部控制环境			80		
第十条　公司治理	本条是对商业银行公司治理的综合评价，不作为单项评价的内容。				
第十一条　董事会、监事会、高级管理层责任	本条是对商业银行董事会、监事会、高级管理层责任的综合评价，不作为单项评价的内容。				
第十二条　内部控制政策			20		
	（1）是否制定产品开发的有关政策（包括人力资源政策、财务管理政策、风险政策、信息交流政策等）？（查阅书面资料） （2）产品开发政策是否符合商业银行的经营宗旨和发展战略？（询问并查阅书面资料） （3）产品开发政策是否符合法律法规和监管要求？（查阅书面资料） （4）产品开发政策是否体现出对不同地区、行业、产品的风险控制要求？（查阅书面资料） （5）产品开发政策是否已被员工所理解？（询问和查阅） （6）产品开发政策是否一贯得到执行？（抽样，可结合后面的抽样同时进行） （7）是否发挥作用？（抽样，可结合后面的抽样同时进行）		4 2 2 2 3 3 2		

续表

评价内容（具体内容见办法第10至31条）	评价要点和评价方法（不限于此）	评价结果	标准分值	实际得分	备注
	(8) 产品开发政策是否定期进行评审，并根据经营环境、监管要求等及时进行调整？（询问并查阅书面资料）		2		
第十三条　内部控制目标			20		
内控目标包括业绩目标（活动的效率和有效性）、信息目标（财务和管理信息的可靠性、完整性和及时性）、遵守目标（遵守可适用的法律和法规）和安全目标（风险管理体系的有效性）。	1. 产品开发是否建立内部控制目标？是否形成文件？		4		
	(2) 产品开发的目标是否考虑了可供选择的技术方案、运作及经营要求、风险相关方的要求等？是否体现了内控政策的要求？（询问并查阅书面资料）		6		
	(3) 目标是否可测量并分解为指标？是否进行监测和考核？是否传达至相关员工？（询问并查阅书面资料）		6		
	(4) 产品开发目标实现情况如何？如何持续改进？（询问并查阅书面资料）		2		
	(5) 如何通过这些目标提高产品开发工作质量？（询问）		2		
第十四条　组织结构			20		
	(1) 产品开发的组织管理体系是怎样的？（询问并查阅书面材料）		3		
	(2) 是否成立专职的部门对产品开发进行统一管理？（询问并查阅书面材料）		3		
	(3) 是否设立了全行系统垂直管理、具有充分独立性的内审部门？		2		
	(4) 产品开发部门和人员的岗位设置是否做到分工合理、职责明确？岗位之间是否相互配合、相互衔接？（询问并查阅书面材料）		2		
	(5) 是否对产品开发工作进行统筹安排，上级机构是否根据下级机构的客户需求、市场需求、风险管理水平、所处地区经济环境等因素，合理进行产品开发工作？（询问并查阅书面材料）		2		
	(6) 是否设立新产品评估专家小组，参与新产品的业务立项评估和事后评价工作？（查阅书面材料，并进行质量标准验证，结合后面的抽样同时进行）		2		
	(7) 产品开发组织体系的有关规定是否得到遵循？（抽样，结合第二十条的业务抽样）		2		
	(8) 产品开发组织结构是否发挥作用？（结合内控目标和实际抽样结果进行评价）		2		
	(9) 产品开发组织体系是否适时进行评估并随需要进行调整？（询问并书面文档检查）		2		
第十五条　企业文化			10		
	(1) 是否有明确的产品开发文化？是否对文化的内涵、原则要求、培育、传播、评估等方面作出书面规定？（询问并查阅书面材料）		3		

续表

评价内容(具体内容见办法第10至31条)	评价要点和评价方法(不限于此)	评价结果	标准分值	实际得分	备注
企业文化主要包括价值观、精神境界、经营理念、职业道德、诚信原则、行为规范等方面。	(2) 是否制定了产品开发员工行为准则或类似规范并传达至员工?(询问并查阅书面材料)		2		
	(3) 员工是否熟悉职业道德规范和诚信标准?(询问)		2		
	(4) 员工是否明白其职权范围违规违纪行为的表现形式?(询问)		1		
	(5) 管理层对员工违规行为是否进行严厉的批评和处理?(询问并查阅书面材料)		1		
	(6) 是否建立针对于员工违规行为的补救和处罚应急机制?(询问和书面文档检查)		1		
第十六条　人力资源			10		
	(1) 是否建立产品开发人员管理的政策和程序?是否确保每个员工明确所在部门的工作目标?(询问并查阅书面材料)		2		
	(2) 有关产品开发人员的职责、权限和人员任职条件是否得到明确的书面规定?对高管人员和影响风险和内控的人员等重要岗位是如何进行管理和控制的?(询问并查阅书面材料,可结合对人力资源部门的评价进行)		2		
	(3) 现有产品开发人员是否能够达到任职要求?若达不到,如何解决?(询问并查阅书面材料,可结合对人力资源部门的评价进行)		1		
	(4) 是否建立健全激励约束机制、员工绩效考评体系?(询问并查阅书面材料,可结合对人力资源部门的评价进行)		1		
	(5) 对产品开发人员的培训如何开展?(询问并查阅书面材料,可结合对人力资源部门的评价进行)		2		
	(6) 是否建立产品开发人员的尽职要求?是否建立产品开发工作尽职问责制?(询问并查阅书面材料)		1		
	(7) 对产品开发人员如何进行考核、激励?(询问并查阅书面材料,可结合对人力资源部门的评价进行)		1		
风险识别与评估			100		
第十七条　经营管理活动。风险识别与评估			50		
	(1) 产品开发是否根据市场变化、客户需求技术支持等方面进行可行性研究等程序?(询问和书面文档检查)		20		
	(2) 以上程序或流程是否传达到相关人员?有关员工是否理解和熟悉这些程序和方法?(询问和书面文档检查)		10		

续表

评价内容(具体内容见办法第10至31条)	评价要点和评价方法(不限于此)	评价结果	标准分值	实际得分	备注
	(3) 如何识别和评估产品开发流程中每一环节是否符合效益性和安全性原则?(询问和书面文档检查)		10		
	(4) 产品开发的程序和方法是否能够充分识别各类风险?(询问和书面文档检查)		10		
第十八条　法律法规、监管要求和其他要求的识别。			20		
	(1) 是否对产品开发有关的法律法规、监管要求和其他要求进行识别和控制?(询问和书面文档检查) (2) 对产品开发有关的法律法规、监管要求和其他要求是否传达给有关人员?有关人员是否熟悉?(询问)		10 10		
第十九条　内部控制方案			30		
	(1) 是否针对产品开发过程中的风险制定控制方案?制定了哪些控制方案?(询问和书面文档检查) (2) 控制方案是否得到实施?(询问和抽样,结合后面抽样进行) (3) 控制方案是否有效? (4) 控制方案如何进行改进?		10 9 6 5		
内部控制措施			100		
第二十条　运行控制			60		
	(1) 是否制定产品开发程序?(询问并查阅书面材料) (2) 以上程序是否覆盖产品开发全过程并符合法律法规和监管要求?(询问并查阅书面材料) (3) 对涉及全行业务发展的重大新产品开发审批的活动是否进行控制?如何进行控制? (4) 是否严格执行产品开发程序? (5) 产品开发程序是否有效?(结合内控绩效监测结果进行评价) (6) 产品开发程序是否根据实际情况更新?(询问并查阅书面材料)		12 6 12 18 6 6		
第二十一条　计算机系统环境下的控制			20		
	(1) 是否建立产品开发管理信息系统持续监控产品开发全过程?(询问并查阅书面材料) (2) 信息系统的安全性能如何,有无缺陷或漏洞?(询问并查阅书面材料) (3) 产品开发有关的信息系统在运用中是否建立了配套制度规范操作?(询问并查阅书面材料)		4 4 4		

续表

评价内容(具体内容见办法第10至31条)	评价要点和评价方法(不限于此)	评价结果	标准分值	实际得分	备注
	(4) 产品开发的计算机处理过程如何确保可复核性和可追溯性?应用程序是否为有关的审计和检查预留接口?		4		
第二十二条　应急准备与处置			20		
	(1) 是否能够识别产品开发过程中可能存在导致发生重大损失的紧急情况?(询问并查阅书面材料)		5		
	(2) 针对可能存在的紧急情况是否制定应急预案?(询问并查阅书面材料)		5		
	(3) 在发生紧急情况时是否启动应急预案?(询问)		3		
	(4) 应急预案是否能有效减少与消除紧急情况带来的不良影响?(询问并查阅书面材料)		5		
	(5) 是否对应急预案进行定期评审?(询问并查阅书面材料)		2		
监测评价与纠正			60		
第二十三条　内部控制绩效监测			30		
	(1) 是否建立内部控制绩效的监测程序?		6		
	(2) 是否建立产品开发质量监测与考核体系?(询问并查阅书面材料)		4		
	(3) 是否建立产品开发人员尽职调查岗,以对产品开发流程的各项活动进行尽职调查,评价工作人员是否勤勉尽责,确定工作人员是否免责?(询问并查阅书面材料)		5		
	(4) 是否按照监测的要求实施监测或尽职调查?(询问并查阅书面材料)		9		
	(5) 监测制度是否有效?(询问并查阅书面材料)		6		
第二十四条　违规、险情、事故处置和纠正与预防措施			20		
	(1) 对产品开发各环节出现的问题(如违规)是否经过适当程序确认,并责成相关人员及时进行纠正?(询问并查阅书面材料)		10		
	(2) 是否对违规造成的产品开发风险和损失进行责任认定,并按规定对有关责任人进行处理?(询问并查阅书面材料)		10		
第二十五条　内部控制体系评价	本条不作为单项评价的内容。				
第二十六条　管理评审	本条不作为单项评价的内容。				

续表

评价内容(具体内容见办法第10至31条)	评价要点和评价方法(不限于此)	评价结果	标准分值	实际得分	备注
第二十七条　持续改进	是否能够提供证据证明产品开发的内部控制进行过改进?(询问并查阅书面材料)		10		
信息交流与反馈			100		
第二十八条　交流与沟通			25		
	(1) 是否制定新产品创意报告制度?(查阅书面材料) (2) 对产品开发后评价情况是否及时报告?(查阅书面材料) (3) 产品开发的报告制度是否得到遵循?(查阅书面材料)		5 10 10		
第二十九条　内部控制体系对文件的要求			25		
	(1) 涉及产品开发的内部控制文件是否充分? (2) 是否存在无章可循情况?		15 10		
第三十条　文件控制	产品开发有关的文件是否得到有效控制?(在查阅有关政策、程序等书面材料时验证)		25		
第三十一条　记录控制			25		
	(1) 是否建立产品开发档案管理规定? (2) 产品开发档案管理规定是否符合要求? (3) 是否遵循档案管理规定?(在业务抽样时进行验证即可)		5 10 10		

第九节　过程评价——安全保卫活动内部控制评价操作示例

表 14-9　安全保卫活动内部控制表

评价内容(具体内容见办法第10至31条)	评价要点和评价方法(不限于此)	评价结果	标准分值	实际得分	备注
合　计			440		
内部控制环境			80		
第十条　公司治理	本条是对商业银行公司治理的综合评价,不作为单项评价的内容。		0		
第十一条　董事会、监事会、高级管理层责任	本条是对商业银行董事会、监事会、高级管理层责任的综合评价,不作为单项评价的内容。		0		
第十二条　内部控制政策			20		

续表

评价内容(具体内容见办法第10至31条)	评价要点和评价方法(不限于此)	评价结果	标准分值	实际得分	备注
	(1) 是否建立有关安全保卫方面的各项管理制度?(查阅书面资料)		6		
	(2) 有关安全保卫方面的管理制度制定是否全面?(询问并查阅书面资料)		4		
	(3) 各有关安全保卫制度是否体现出对重点岗位、重要环节的风险控制要求?(查阅书面资料)		4		
	(4) 是否及时将相关规章制度贯彻到安全保卫各部门和各岗位业务人员并为其所熟悉和掌握?(询问并查阅书面资料)		6		
第十三条 内部控制目标			20		
	(1) 安全保卫是否建立了文件化的内部控制计划或目标?(询问并查阅书面资料)		6		
	(2) 安全保卫内部控制年度计划或目标实现情况如何?如何体现定期评审和持续改进的要求?(询问并查阅书面资料)		10		
	(3) 现有的安全保卫设备、设施、技术是否达到规定标准?(询问、观察并查阅书面材料)		4		
第十四条 组织结构			20		
	(1) 是否设立分工合理、职责明确安保业务组织体系并形成书面文件?(询问并查阅书面材料)		5		
	(2) 是否明确关键岗位定期或不定期的人员轮换和强制休假制度? 如经济民警岗位轮换制度等。(询问并查阅书面材料)		4		
	(3) 安保业务组织结构是否发挥作用并适时进行评估和调整?(询问并查阅书面资料)		6		
	(4) 是否按规定设置"反洗钱"岗位并履行职责?(询问并书面文档检查)		5		
第十五条 企业文化			10		
	(1) 是否建立健全的安全保卫教育制度?(查阅书面材料)		5		
	(2) 安全保卫意识如何策划并渗透到全行各重要部门及每一位员工?(询问并查阅书面材料)		5		
第十六条 人力资源			10		
	(1) 是否充分配备符合条件的专职安保管理人员?(询问并查阅书面资料)		3		
	(2) 有关安保人员的职责和任职条件是否有明确的书面规定?(询问并查阅书面材料)		3		
	(3) 涉及金库、现金押运、运钞车辆等安保人员是否委派?如有,如何管理并控制风险?(询问和书面文档检查)		2		

续表

评价内容(具体内容见办法第10至31条)	评价要点和评价方法(不限于此)	评价结果	标准分值	实际得分	备注
	(4) 是否按规定对经济民警、运钞工作人员、管枪、持枪人员进行训练和考核?(询问并查阅书面材料)		2		
风险识别与评估			100		
第十七条　经营管理活动、风险识别与评估			50		
	(1) 是否充分识别安保业务活动的各类风险?(询问和书面文档检查)		15		
	(2) 是否对各类风险的后果及发生的可能性等进行了评估?评估的结果有无形成文件?文件中所包含的信息是否充分?(询问和书面文档检查)		15		
	(3) 能否及时发现由于员工的思想道德及业务素质问题所产生的风险,并重视对员工的法制教育和职业道德教育?(询问和书面文档检查)		20		
第十八条　法律法规、监管要求和其他要求的识别			20		
	(1) 安保等有关业务是否取得适用法律法规、监管要求和其他要求的合格证明?(询问和书面文档检查)		10		
	(2) 所取得的合格证明是否得到及时更新?(询问并查阅书面材料)		10		
第十九条　内部控制方案			30		
	(1) 是否针对安保业务范围(物防、人防、技防)制定了内控方案和措施?制订了哪些控制要点和控制措施?(询问和书面文档检查)		6		
	(2) 内控方案是否包括了安保业务各环节的职责权限和相应的控制策略、方法、资源和时限要求?并形成了文件?(询问和查阅书面资料)		6		
	(3) 控制方案是否得到实施?(询问并进行符合性测试)		15		
	(4) 安全保卫内部控制方案是否适时得到更新、改进?(询问)		3		
内部控制措施			100		
第二十条　运行控制			60		
	(1) 是否制订安全保卫各环节工作程序并定期检查更新?		8		
	(2) 现有工作程序是否覆盖安全保卫所有相关环节并符合法律法规和监管要求?(询问并查阅书面材料)		4		
	(3) 是否实行不兼容岗位的适当分离?(询问和观察)		4		
	(4) 安保业务在实施和运行中按照程序规定如何进行持续记录和监督检查?(询问并查阅书面材料)		8		

续表

评价内容(具体内容见办法第10至31条)	评价要点和评价方法(不限于此)	评价结果	标准分值	实际得分	备注
	(5) 是否有严格的安全监控系统?如何进行全行安全检查?(询问并查阅书面材料)		20		
	(6) 现有各项安保设备、设施、人员、技术是否满足需要?(询问、观察、综合判断)		5		
	(7) 如何控制与其他商业银行合作进行现金押运的过程?(询问并查阅书面材料) (8) 现有安保业务的程序是否严格、有效?(综合评价)		5 6		
第二十一条 计算机系统环境下的控制			20		
	(1) 是否建立安保业务有关管理应用系统?(询问并查阅书面材料) (2) 安保有关管理应用管理系统是否得到真正运用?效果如何?(询问并查阅书面材料) (3) 安保有关管理应用系统在运用中是否建立了配套制度规范操作?(询问并查阅书面材料) (4) 安保业务有关管理应用系统在运行中有无缺陷或漏洞?(询问并查阅书面材料)		6 5 5 4		
第二十二条 应急准备与处置			20		
	(1) 是否能够识别安保业务中可能存在导致发生重大损失的紧急情况?(询问并查阅书面材料) (2) 针对可能存在的紧急情况是否制定应急预案?(询问并查阅书面材料) (3) 在发生紧急情况时是否启动应急预案?(询问) (4) 应急预案是否能有效减少与消除紧急情况带来的不良影响?(询问并分析判断)		6 6 3 5		
监测评价与纠正			60		
第二十三条 内部控制绩效监测	是否建立业务部门检查制度、审计部门审计监督制度?(询问并查阅书面材料)		30		
第二十四条 违规、险情、事故处置和纠正与预防措施			20		
	(1) 对安保业务各环节出现的问题(违规、险情和事故)是否经过适当程序确认,并责成相关工作人员及时进行纠正?(询问并查阅书面材料)		10		
	(2) 是否按规定对有关责任人进行处理?有无记录?效果能否防止继续发生或再次发生?(询问并查阅书面材料)		10		
第二十五条 内部控制体系评价	本条不作为单项评价的内容。				

续表

评价内容（具体内容见办法第10至31条）	评价要点和评价方法（不限于此）	评价结果	标准分值	实际得分	备注
第二十六条　管理评审	本条不作为单项评价的内容。				
第二十七条　持续改进	是否能够提供证据证明安保业务的内部控制进行过改进？（询问并查阅书面材料）		10		
信息交流与反馈			100		
第二十八条　交流与沟通			25		
	（1）对重大事项（如违规、险情、案件等）是否及时报告所有相关方？（询问并查阅书面材料）		15		
	（2）重大事项报告制度是否一贯得到遵循？（询问并查阅书面材料）		10		
第二十九条　内部控制体系对文件的要求			25		
	（1）涉及安保业务范围的内部控制文件是否充分？ （2）是否存在无章可循情况？		15 10		
第三十条　文件控制			25		
	（1）需要文件指导的部门或岗位是否能及时得到或查到相关文件？（在查阅安保业务规定等书面材料时验证）		15		
	（2）文件的适宜性是否定期评审，是否需要时修订文件？（询问并查阅书面材料）		10		
第三十一条　记录控制	是否制定安保业务有关档案管理规定并按规定建立有关档案？		25		

第十节　过程评价——公司治理、三会一层职责、评价与纠正活动内部控制评价操作示例

表14-10　公司治理、三会一层职责、评价与纠正活动内部控制评价表

评价内容（具体内容见办法第10至31条）	评价要点和评价方法（不限于此）	评价结果	标准分值	实际得分	备注
合　计					
内部控制环境			20		
第十条　公司治理	本条是对公司治理的综合评价，不作为单项评价的内容。		10		
	（1）是否建立以股东大会、董事会、监事会、高级管理层等为主体的公司治理组织架构。		2		

续表

评价内容(具体内容见办法第10至31条)	评价要点和评价方法(不限于此)	评价结果	标准分值	实际得分	备注
	(2) 是否设立了提名委员会、风险管理委员会、人事和薪酬委员会、审计委员会、关联交易控制委员会等其他专门委员会?		1		
	(3) 是否定期或不定期召开股东大会年会和临时会议向全体股东汇报?股东大会是否实行律师见证制度?是否制定内容完备的股东大会议事规则并由股东大会审议通过,包括通知、文件准备、召开方式、表决形式、会议记录及签署、关联股东的回避制度等?		1		
	(4) 董事会是否建立了议事规则和决策程序?议事规则是否完备,包括通知、文件准备、召开方式、表决形式、会议记录及签署、董事会的授权规则等?董事会是否定期(每季一次)或不定期召开例会和临时会议?		1		
	(5) 监事会是否建立了议事规则和决策程序?议事规则是否完备,包括通知、文件准备、召开方式、表决形式、会议记录及其签署等?是否定期(每季一次)或不定期召开例会和临时会议?		1		
	(6) 是否建立了独立董事和外部监事制度并设立了2名(含)以上独立董事和2名(含)以上外部监事?		1		
	(7) 董事会审计委员会负责人是否由独立董事担任?是否要求银行报送内部审计报告并进行评价?独立董事是否对董事会讨论的有关商业银行内部控制事项发表客观、公正的独立意见?是否对董事会决议中违反法律、法规或商业银行章程的条款提出反对意见?		1		
	(8) 外部监事是否根据监事会决议组织开展商业银行内部控制相关审计工作?是否及时向外部监管部门报告监督检查中发现的问题?		1		
	(9) 采取何种措施确保商业银行根据内部审计、外部审计和外部监管部门改进内部控制的意见和建议实施有效的整改?		1		
第十一条　董事会、监事会、高级管理层责任	本条是对商业银行董事会、监事会、高级管理层责任的综合评价,不作为单项评价的内容。		10		
	(1) 董事会是否审批了商业银行整体经营战略和重大政策并定期检查、评价执行情况?		1		
	(2) 董事会是否设定了商业银行可接受的风险程度,并审批管理层所制订的风险防范措施及额度设置?是否确保商业银行充分了解资本充足、风险集中度、关联交易、不良资产管控和处置的有关规定,并指导和监督具体政策、程序的产生和实施?		1		

续表

评价内容(具体内容见办法第10至31条)	评价要点和评价方法(不限于此)	评价结果	标准分值	实际得分	备注
	(3) 董事会是否及时审查银行内部审计机构和外部监管部门对银行内部控制的评价报告,并督促管理层落实整改措施?		1		
	(4) 监事会是否通过适当的方式对银行内部控制进行监督?		1		
	(5) 监事会是否组织对银行内部控制相关检查?是否对董事会及董事、管理层及高级管理人员履行内部控制职责情况进行检查?		1		
	(6) 监事会是否在发现董事、董事长及高级管理人员有损害商业银行利益的行为时要求其纠正?		1		
	(7) 高级管理人员是否明确其在内控体系方面的职责?在各项业务和管理活动中是否制定了明确的内部控制政策?		1		
	(8) 是否定期评审内部控制状况的充分性和有效性?是否及时审查外部监管部门、内部和外部审计部门对内部控制体系的评价报告?是否及时听取了审计部门和外部监管部门有关内部控制体系缺失的建议与意见,并部署采取纠正整改措施?		1		
	(9) 董事会、高级管理层是否能及时了解银行的业务风险和操作业绩?银行内部的信息流动是否通畅(包括信息上报、信息下达及机构内部信息的横向流动)?内部控制政策相关每一项信息是否都传达到每一相关人员?		1		
	(10) 是否建立了授权和责任明确、报告关系清晰的组织结构?是否采取措施引导管理人员和全体员工参与到内部控制活动中,以保证内部控制的各项职责得到有效履行?		1		
监测评价与纠正			40		
第二十五条　内部控制体系评价	本条不作为单项评价的内容。		20		
	(1) 是否建立内部控制体系评价程序。		6		
	(2) 是否按程序对内部控制体系实施评价,确保内部控制体系的充分性、合规性、有效性和适宜性。		6		
	(3) 评价是否考虑活动的风险评估结果、业务和管理流程和以前的评价结果等,并覆盖体系范围内的所有活动。		6		
	(4) 是否根据评价结果确定内部控制水平的等级。被评价机构的管理者是否采取措施消除违规原因,并验证所采取措施的效果。		4		

续表

评价内容(具体内容见办法第10至31条)	评价要点和评价方法(不限于此)	评价结果	标准分值	实际得分	备注
	(5) 评价是否由与评价的活动无直接责任的人员进行，评价人员是否具备相应的知识，以胜任评价工作。		2		
第二十六条 管理评审	本条不作为单项评价的内容。		20		
	(1) 董事会是否采取措施保证定期对内部控制状况进行评审，以确保体系得到持续、有效的改进。		7		
	(2) 管理评审内容是否全面。		3		
	(3) 管理评审应就内部控制体系及其过程的改进、内部控制政策与目标的变更、与内部控制有关资源的需求等方面提出改进措施并落实。		10		

第十五章 商业银行内部控制审计案例

第一节 商业银行内部控制现场检查与评估方案

下列是某银监局对某商业银行内部控制现场评估的方案。

> ××商业银行内部控制现场
> 检查与评价方案
>
> 根据省局《关于开展城市商业银行内部控制现场检查与试评价工作的通知》(苏银监办[××××年]××号)有关要求,定于××××年××月××日至××月××日对××市商业银行进行内部控制现场检查与评价。

一、检查目的

促进××商业银行内部控制建设,提高风险管理水平,做好操作风险防范和案件专项治理工作,加快建立风险管理长效机制。以进一步促进该行提高经营管理水平,强化风险意识,推动其持续稳健发展。

二、检查对象

××市商业银行总部及相关职能部门。

三、检查期限

内部控制过程检查评价截止日期为实际检查评价执行日,结果检查评价中各类统计和经营指标截止日期为××××年××月××日。

四、参加检查人员

检查组组长：

副组长：

主查人：

其他成员：

五、检查内容

（1）过程检查评价内容。（见附件1，即本章第二节）

（2）主要业务和管理活动内部控制检查评价内容。（见附件2，即本章第二节）

六、检查评价程序和方法

检查评价程序按《商业银行内部控制指引》、《商业银行内部控制评价试行办法》和《商业银行内部控制评价试行办法操作说明》有关要求实施和操作。在各阶段应重点关注以下问题：

（一）评价准备阶段

（1）评价组的组成应考虑组成人员的工作经验和能力。

（2）了解××商行近期内控状况，收集整理评价期内外审、内查的有关结论及发案情况，采集非现场评价（结果评价）所用有关数据。

（3）向××商行发出内控综合评价（过程评价）调查问卷，并在此基础上收集有关被评价机构的内部控制体系文件及相关记录等。

（二）评价实施阶段

（1）开展非现场评价。采取非现场方式采集的有关数据，经确认无误后，对相应内控评价指标进行打分（结果评价，需结合现场检查进行）。

（2）掌握、了解××商行的经营及内部控制状况。结合调查问卷的答复及收集到的相关资料，对该行的基本经营状况、内控中存在的缺陷和问题等内容进行分析、研究，在此基础上确定现场检查重点。

（3）因近期已对××商行进行了全面现场检查，内控过程检查评价适当从简，结合全面检查的后续检查同时进行，检查时应各有侧重。结果评价可结合非现场监管工作进行。

（4）开展现场检查评价。主要通过询问、查阅、观察、流程图等方法进行，以初步检查评价××商行内部控制体系的充分性和合规性，包括但不限于：

① 查阅各类资料。包括制度规定、办法、会议记录、工作日志、报表账册凭证等，查看内控机制是否健全、有效。

② 现场检查、询问。对相关部门、机构及有关人员进行现场检查、询问，了解掌握内控执行情况，验证××商行内部控制制度的遵循性，对内控效果进行评价。

③ 符合性测试。通过符合性测试证实内部控制在实际中的合规性、有效性和适宜性，检验相关规定在实际中是否被一贯执行，控制措施能否达到控制目的，控制措施是否恰当。

④ 指标分析。对收集××商行内部控制结果指标的相关信息，进行核实、对比分析和趋势分析，从而对内控目标实现情况做出评价。

（三）检查评价结论阶段

（1）对内部控制的过程和结果评定分值时，在测试过程中遇有业务缺项或问题“不适用”时，应按照《办法》第四十九条规定，将涉及的分值在评价项目总分中扣减，并在得出其余适用项的总分后，将该评价项目的总得分进行调整。

（2）对被评价机构在抽样测试中出现违规行为以及在评价期内发生重大责任事故等，应严格按照《办法》第五十条、五十四条、五十五条的规定进行评分和评定等级。

（四）形成评价报告阶段

根据检查评价实施情况，撰写评价报告，报告内容应至少包括：××商行内部控制体系现状、存在问题及趋势分析、同类银行比较和监管建议等内容。

七、检查要求

（1）检查组由××银监分局的监管人员组成，分为两个检查评价小组。第一小组负责公司治理、董事会监事会高级管理层责任、计划财务、会计管理、中间业务、安全保卫的检查评价。第二小组负责授信业务、资金业务、存款和柜台业务、计算机系统、产品开发的检查评价。

（2）各检查评价小组在进入现场检查前，要根据检查评价方案进行内部分工，熟悉该行填报的调查问卷，制定检查工作标准。

（3）检查期间，各个小组要定期碰头开会，及时研究和解决检查中出现的问题，主查人做好各个小组之间的协调工作，保证检查工作顺利进行和工作质量。

（4）现场检查结束后，各检查小组要完成检查评价报告和现场检查意见书，其中检查报告的内容必须包括检查组的具体工作情况（工作量统计、工作成果等），检查报告必须将《会谈纪要》、《工作底稿》、《事实确认书》附后。现场检查意见书应包括该行内控体系存在的问题及严重程度，整改意见和监管措施。

（5）检查评价工作结束后，各检查小组须整理出齐全、完备和规范的检查档案，装订要整齐、统一，档案必须包括检查小组内部分工、检查评价日程安排、会谈人员名单、调阅资料清单、检查前问卷、被检查单位汇报报告、检查评价工作底稿、事实确认书、会谈纪要、检查报告、过程评价操作表及其他相关资料。

（6）检查组组长和主查人要对上述所有检查工作的完成负责。

八、主要检查依据

（1）《中华人民共和国银行业监督管理法》；

（2）《中华人民共和国商业银行法》；

(3)《商业银行内部控制指引》;

(4)《股份制商业银行公司治理指引》;

(5)《商业银行内部控制评价试行办法》;

(6)《商业银行内部控制评价试行办法操作说明》。

附件 1.过程检查评价内容,即本章第二节。

附件 2.主要业务和管理活动内部控制检查评价内容,即本章第二节。

第二节　商业银行内部控制过程检查评价内容(兼调查问卷)

一、内部控制环境

(一) 商业银行公司治理

(1) 是否建立以股东大会、董事会、监事会、高级管理层等为主体的公司治理组织架构?

(2) 是否设立了提名委员会、风险管理委员会、人事和薪酬委员会、审计委员会、关联交易控制委员会等其他专门委员会?

(3) 是否定期或不定期召开股东大会年会和临时会议向全体股东汇报? 股东大会是否实行律师见证制度? 是否制定内容完备的股东大会议事规则并由股东大会审议通过,包括通知、文件准备、召开方式、表决形式、会议记录及签署、关联股东的回避制度等?

(4) 董事会是否建立了议事规则和决策程序? 议事规则是否完备,包括通知、文件准备、召开方式、表决形式、会议记录及签署、董事会的授权规则等? 董事会是否定期(每季一次)或不定期召开例会和临时会议?

(5) 监事会是否建立了议事规则和决策程序? 议事规则是否完备,包括通知、文件准备、召开方式、表决形式、会议记录及其签署等? 是否定期(每季一次)或不定期召开例会和临时会议?

(6) 是否建立了独立董事和外部监事制度并设立了 2 名(含)以上独立董事和 2 名(含)以上外部监事?

(7) 董事会审计委员会负责人是否由独立董事担任? 是否要求银行报送内部审计报告并进行评价? 独立董事是否对董事会讨论的有关商业银行内部控制事项发表客观、公正的独立意见? 是否对董事会决议中违反法律、法规或商业银行章程的条款提出反对意见?

(8) 审计委员会负责人是否由外部监事担任? 外部监事是否根据监事会决议组织开展商业银行内部控制相关审计工作? 是否及时向外部监管部门报告监督检查中发现的问题?

(9) 采取何种措施确保商业银行根据内部审计、外部审计和外部监管部门改进内部控制的意见和建议实施有效的整改?

(二) 董事会、监事会和高级管理层责任

(1) 董事会是否审批了商业银行整体经营战略和重大政策并定期检查、评价执行情况?

（2）董事会是否设定了商业银行可接受的风险程度，并审批管理层所制定的风险防范措施及额度设置？是否确保商业银行充分了解资本充足、风险集中度、关联交易、不良资产管控和处置的有关规定，并指导和监督具体政策、程序的产生和实施？

（3）董事会是否及时审查银行内部审计机构和外部监管部门对银行内部控制的评价报告，并督促管理层落实整改措施？

（4）监事会是否通过适当的方式对银行内部控制进行监督？

（5）监事会是否组织对银行内部控制的相关检查？是否对董事会及董事、管理层及高级管理人员履行内部控制职责情况进行检查？

（6）监事会是否在发现董事、董事长及高级管理人员有损害商业银行利益的行为时要求其纠正？

（7）高级管理人员是否明确其在内控体系方面的职责？在各项业务和管理活动中是否制定了明确的内部控制政策？

（8）是否定期评审内部控制状况的充分性和有效性？是否及时审查外部监管部门、内部和外部审计部门对内部控制体系的评价报告？是否及时听取了审计部门和外部监管部门有关内部控制体系缺失的建议与意见，并部署采取纠正整改措施？

（9）董事会、高级管理层是否能及时了解银行的业务风险和操作业绩？银行内部的信息流动是否通畅，包括信息上报、信息下达及机构内部信息的横向流动？内部控制政策相关每一项信息是否都传达到每一相关人员？

（10）是否建立了授权和责任明确、报告关系清晰的组织结构？是否采取措施引导管理人员和全体员工参与到内部控制活动中，以保证内部控制的各项职责得到有效履行？

（三）内控政策

（1）是否已建立文件化的政策（包括人力资源政策、财务管理政策、信贷总量和信贷结构政策、流动性风险和市场风险政策、信息交流政策等）？

（2）政策的内容是否：①为制定和评审目标提供框架；②与商业银行的宗旨和发展战略相一致；③符合适用法律法规和监管要求；④指导员工实施风险控制；⑤体现持续改进内控体系的要求。

（3）政策是否已为员工所理解？

（4）政策是否可以并已向相关方公开，同时寻求互利合作？

（5）各级各类政策是否定期评审，需要时及时更新？

（四）内部控制目标

（1）商业银行已建立了哪些内部控制目标？是否形成文件？

（2）各个目标是否可测量并分解为指标？是否已展开到相关职能和层次？通过哪些方式传达到相关员工？

（3）内控体系的目标是否能确保与法律法规、监管要求相一致并使之满足？能否确保商业银行的发展战略和经营目标的全面实施与实现？确保风险控制的有效性？确保业务记录、财务信息和其他相关信息的及时、真实和完整？

（4）在建立和评审内控目标时，是否考虑了可供选择的技术方案、财务、运作和经营要求、风险相关方的要求等？

(5) 内控目标是否符合内控政策？如何体现对持续改进的承诺？

(五) 组织结构

(1) 商业银行的组织结构状况如何？包括部门分工合理性、职责明确程度和报告关系清晰程度。

(2) 是否考虑职责分离、相互监督制约？

(3) 涉及资产、负债、财务和重要人事变动的事项如何决定？

(4) 是否建立关键岗位轮换和强制休假制度？

(5) 是否建立统一授权体系？

(6) 是否设立了全行系统垂直管理、具有充分独立性的内部审计部门？

(7) 内部审计部门是否配备了具有相应资质和能力的审计人员？

(8) 是否建立了内部审计风险评级体系？每年是否根据审计风险评级结果确定审计频率，以及对机构和业务的审计覆盖率？

(9) 内部审计部门是否有权获得商业银行的所有经营信息和管理信息？

(10) 内部审计报告是否及时报董事会或董事会审计委员会？

(11) 董事会及高级管理层是否采取有效措施保证审计报告中指出的内部控制的缺失得到及时纠正整改？

(12) 总行内部审计负责人的聘任和解聘是否经董事会或监事会同意？

(六) 企业文化

(1) 商业银行是否培育了健康的企业文化？现有企业文化怎样为内部控制提供适宜的环境？

(2) 如何创立和完善企业文化的环境使全行员工树立预期要求的企业价值观、企业精神及经营理念？

(3) 是否把企业核心价值观、内部控制原则、风险意识、风险控制、风险防范，以及出现险情或损失的对策等作为对员工的教育内容？

(4) 是否制定了员工行为准则或类似规范，并传达到员工？

(5) 员工是否熟悉银行关于职业道德的规范并确知职业道德标准和违规行为界限及后果？

(6) 员工是否明白其职权范围违规违纪行为的表现形式？

(7) 是否建立针对员工违规行为的补救和处罚应急机制？

(8) 管理层对员工违规的行为是否进行严厉的批评和处理？

(9) 管理人员道德水平是否保持高尚，是否以身作则？

(七) 人力资源

(1) 是否确定与风险和内控有关的人员所必要的能力要求，含满足法律法规要求及监管机构对人员资质要求？

(2) 是否建立及健全激励约束机制、员工绩效考评体系，是否充分体现风险管理和内控体系要求？

(3) 是否对高管人员及影响风险和内控人员等重要岗位的招聘、聘用、培训、考核、调整、出国、离岗和离行进行控制？

(4) 是否明确了员工招聘、培训、考核、奖励、处罚、晋升等方面合理的政策和程序？并得到有效执行？

(5) 是否搜集了员工工作业绩、工作效率及胜任程序等相关信息？

(6) 是否采取适当的措施来降低更换员工或员工缺席所带来的负面影响，如交叉培训，工作轮换等？

(7) 是否确保员工得到了充分的非技术性能力的培训，包括人际关系、口头表达和文字表达能力，客户服务等？

(8) 是否确保每个员工明确所在行及其所在部门的工作目标？

二、风险识别与评估

(一) 经营与管理活动的风险识别与评估

(1) 是否识别和确定了常规和非常规的业务和管理活动？并识别这些活动上的风险？

(2) 对新识别的风险是否已考虑到其产生根源、路径及对商业银行的影响范围？是否已考虑并识别了本部门的运作过程和活动中因运用计算机系统而带来的风险？

(3) 本部门已识别并确定的主要风险有哪些？是否有风险点的清单？是否确定风险点的风险级别及风险可接受程度？

(4) 是否对风险的后果及发生的可能性等进行了评估？评估的结果是否形成文件？文件中所包含的信息是否充分，包括可作为建立内控体系中各项决策的基础？并为改进内控绩效提供衡量的基准？

(5) 是否对可接受风险进行定期监测？对不可接受的风险是否制定了相应的控制方案？

(6) 当内外部环境和条件发生变化时，是否对风险进行再识别和再评估？并及时更新风险评估文件及传达到相关人员？再识别和再评估的结果能否确保新的风险及以前未加控制的风险得到识别和控制？

(7) 在设立新的分支机构或开办新的业务时，是否事先制定有关的政策、制度和程序，是否对潜在的风险进行识别和评估，并提出风险防范措施？

(8) 能否及时发现由于员工的思想道德及业务素质问题所产生的风险，并重视对员工的法制教育和职业道德教育？

(二) 法律法规、监管要求和其他要求

(1) 是否已建立了相应的程序，以确保商业银行能及时识别和获取适用的法律法规、监管要求和其他要求？包括明确信息获取的渠道、职责等。

(2) 是否及时更新法律法规、监管要求和其他要求的信息，并将这些信息传达给相关员工和其他风险相关方？

(3) 是否在已制定的商业银行规章体系中充分体现应遵循的所有法律法规要求？

(4) 是否采取有效措施管理全行反洗钱工作？

(三) 内部控制方案

(1) 是否为实现内控目标制定了内控方案？内控方案如何运用风险识别与评估结果的信息？确定了哪些控制要点和控制措施？

(2) 内控方案是否包括了各项任务的职责权限和相应的控制策略、方法、资源和时限要求？并形成了文件？

(3) 内控方案是否考虑了由方案自身带来的新的风险？方案是否涉及业务流程、管理活动等重大变化？

三、内部控制措施

(一) 运行控制

(1) 董事会与高级管理层是否及时检查商业银行在实现内部控制目标方面的进展？高级管理层是否根据检查情况提出内部控制缺失，督促职能管理部门改进？

(2) 各级职能管理部门是否审查收到的经营管理情况和特别情况专项报表或报告？是否提出问题，要求采取纠正整改措施？

(3) 对实物控制是否实行实物限制、双重保管和定期盘存？

(4) 是否审查遵循风险限制方面的合规性，并在不合规的情况下继续跟踪检查？

(5) 是否根据若干限制条件对各项业务、管理活动进行审批与授权，明确各级管理责任？

(6) 是否验证各项业务、管理活动，以及所采用的风险管理模型结果，并定期核实相关情况？是否及时将发现的问题向职能管理部门报告？

(7) 是否实行不兼容岗位的适当分离？

(8) 是否针对已识别的风险和需采取的控制措施，确定其运作过程和活动？

(9) 对已确定的过程和活动如何实施控制？

(10) 对缺乏程序可能导致偏离内控政策和目标运行的情况，建立并保持了哪些程序文件，在程序中是否规定了操作方法和标准？

(11) 在实施和运行中按照程序规定如何实施持续记录和监督检查？

(12) 运用计算机系统采取了哪些内控措施？

(13) 对购置和使用的设施、设备、系统和服务中已识别的风险是否建立并保持控制程序实施有效控制，并以什么方式将有关程序和要求通报供方，使其符合控制要求？

(14) 为从根本上消除或降低风险，针对产品和业务、运行程序和工作组织设计及对人员适任能力要求建立了哪些控制程序？

(15) 是否建立有效的核对、监控制度？对重要业务是否实行双签制度及监控授权、授信执行情况？

(16) 是否建立完整的会计、统计和业务档案？

(二) 计算机系统环境下的控制

(1) 是否建立信息安全管理体系？

(2) 是否对计算机信息系统从立项、开发、验收、运行和维护实施全过程管理？如项目立项时技术部门是否与业务部门进行了充分论证和良好沟通；程序开发环境是否与程序生产环境严格分离？计算机软件和网络系统从开发环境转入生产环境之前是否进行充分的压力测试？

(3) 对外购计算机软、硬件设备是否严格审查供应商的资格和资信状况？是否明确其产品在使用期间应当承担的使用、维护和其他责任，在使用前是否严格进行安全性测试确保产品正常使用和有效维护？

(4) 计算机机房建设是否符合国家有关标准？是否加强计算机机房管理，出入按规定审批并保留记录，确保硬件、各种存贮介质的安全？

(5) 是否建立和健全网络管理系统，有效地管理网络的安全、故障、性能、配置等，并对接入国际互联网实施有效的安全管理？

(6) 采取哪些措施确保计算机信息系统的安全，如更新系统、认证、加密、内容过滤、入侵监测、安全设置、防止病毒、黑客攻击、软件补丁程序等，以确保计算机信息系统安全？有关程序和要求是否及时更新？

(7) 网络设备操作系统、数据库系统、应用程序是否设置必要日志，满足内外审计需要？

(8) 对各类数据信息、数据操作、数据备份介质的存放、转移、销毁是否有严格的管理制度？

(9) 计算机处理业务如何确保可复核性和可追溯性？应用程序是否为有关的审计和检查预留接口？

(10) 电子银行服务是否具备确保识别客户身份，安全认证等功能，保证交易安全，防范操作风险？

(11) 计算机操作系统的变更是否有明确的规章制度(对内和外包系统)，可靠的技术手段，满足合法性、正确性、安全性、可复核性和可追溯性的系统变更控制要求，并对软件版本进行管理？

(12) 是否建立设备管理系统，对设备验收、入库、配发、维护、变更、损益、报废等环节进行管理？

(13) 是否建立远程备份？

(14) 是否提供对电子银行客户的培训、客户服务和相关支持工作？如何与风险控制方案相结合？

(15) 在制定电子银行业务的准入标准、管理办法和操作规程中如何考虑风险因素及相应措施？

(16) 如何控制网上银行交易的风险，确保交易安全？

(17) 系统安全运行中的不安全因素是否全面分析和控制？对分中心运行如何监视？

(18) 对计算机系统数据的管理是否建立接入授权程序并对接入后的操作进行安全控制？是否核对输入数据，对数据的修改进行批准并建立日志？

(19) 计算机系统运行过程中是否配备计算机安全管理人员，明确其职责？是否建立技术部门和业务部门的沟通渠道？

(20) 如何明确用户的创建、变更、删除、用户口令等控制要求？是否明确员工计算机信息系统的用户名或权限卡的使用要求？

(三)应急准备和处置

(1) 是否已建立并保持应急预案和程序,已识别可能发生意外或紧急事件?应急预案是说明特定紧急情况发生时须采取的措施,应包括以下方面。

① 识别潜在的事故(风险)和紧急情况。

② 确定紧急情况发生时的负责人。

③ 确定紧急情况发生时各类人员的行动计划,包括发生紧急情况的区域内所有外来人员的行动计划。

④ 确定紧急情况发生时具有特定作用人员的职责、权限和义务,如柜员、保安、保卫人员等。

⑤ 明确与外部应急机构的接口。

⑥ 与执法部门进行交流。

⑦ 重要记录资料和重要设备的保护。

⑧ 紧急情况发生时可利用的必要资料,如报警设备和联络电话号码等。

(2) 在应急计划中是否对外部机构的参与有明确的规定,是否向其说明他们需参与和可能遇到的情况,并提供相关信息,以便其参与?

(3) 如何规定意外或紧急事件发生时,应采取应急响应的措施?措施是否及时、有效?

(4) 是否规定并实施对应急的设施、设备和系统定期检查和维护?是否保证充足提供?

(5) 在可行情况下,是否对应急预案定期进行演习和测试?是否按计划进行应急演练?

(6) 是否对制定的应急预案进行评审?应急准备是否与可能发生的意外或紧急事件的性质(如事故、险情)相适应?

(7) 近年来,是否发生过意外或紧急事件(如挤兑、信息系统崩溃、火灾、地震等)?如发生过,如何按应急预案及时、有效采取相应措施,并确保业务持续开展?

四、监督评价与纠正

(一)内部控制绩效监测

(1) 是否建立了内部控制绩效监测程序?

(2) 绩效监测的对象有哪些?

(3) 内控绩效监测的方法有哪些?

(4) 何时进行内控绩效监测(频次)?

(5) 监测结果评价的准则是什么?

(6) 监测结果的信息如何传递和利用?

(7) 对下一级分行的经营、管理是否进行经常性检查?并及时纠正问题?

(8) 如何对全行的经营、内控和风险状况的审计、监督和评价做出安排?审计的频次是怎样决定的?

(9) 如何对全行审计工作执行有关审计政策、审计准则和规章制度情况进行监管和检查?

(10) 是否对审计监督中发现的重大问题和事件的处理结果进行跟踪,以防止问题或事件的再次发生？近年来发现的重大问题和事件是否已采取有效措施？

(11) 如何确保全行的审计部门和审计人员的独立性？

(12) 高级管理人员离职时是否进行离任审计？

(13) 如何对审计效果进行评价？

(14) 如何对高层人员进行监督？是否有监管档案？

(二) 事故、险情、违规和纠正与预防措施

(1. 是否已建立和保持了书面程序文件，规定事故、险情、违规发现、报告、处置、原因分析及纠正和预防措施等内容？

(2) 发现事故、险情、违规时，是否及时报告？

(3) 如何处置事故、险情、违规事项？从发现到处置的时效如何？

(4) 针对发现的事故、险情、违规的原因，所采取的措施(纠正或预防措施)是否考虑了问题大小和风险危害程度？

(5) 纠正或预防措施在付诸实施前；是否做过风险评估？

(6) 被批准执行的纠正或预防措施是否实施？这些措施的效果是否能防止发生或再发生事故、险情、违规？

(7) 发生事故、险情和重要违规事项时是否追究相关人员责任？

(8) 在内控评价、业务检查、审计中，对发现的问题，如何作责任认定？

(9) 信访、举报、投诉、控告、处分的程序和记录的管理方式如何？

(三) 内部控制体系评价

(1) 商业银行是否建立和维持书面的内部控制体系评价程序？

(2) 是否规定了内控体系评价的准则、范围、频次、评价的方法和评价组(或人员)职责和权限？

(3) 实施内控体系评价的评价人员是否充分考虑独立性？

(4) 安排评价活动前是否进行过周密策划，形成评价方案(包括日程安排)？

(5) 评价方案是否考虑了被评价机构风险管理的重要性或风险评估的结果，以及所进行活动的过程、以前评价的结果？

(6) 是否按程序文件实施过评价？如果是，则重点调查以下方面，如受评价机构的负责人对内控体系评价中发现的问题是否积极地参与消除违规原因，并决定所采取的措施，跟踪检查措施的执行及效果验证。

(7) 内控体系评价后，其评价结果报告中，是否就内部控制的有效性做出评价？通过评价，可否评估内部控制体系水平的等级？

(8) 通过内控评价是否针对发现的问题进一步完善了内控体系？

(四) 管理评审

(1) 是否建立和保持了管理评审的程序文件？

(2) 是否实施过管理评审？

(3) 管理评审输入信息是否充分？

(4) 如果进行过管理评审,则评估管理评审的输出是否符合要求?

(五) 持续改进

(1) 是否识别改进的机会,从而持续地自我改进内部控制体系?
(2) 持续改进的过程如何实施?

五、信息交流与反馈

(一) 交流与沟通

(1) 是否规定交流与沟通的内容及沟通方式?
(2) 风险的相关方(内、外部)进行信息交流的政策是什么?
(3) 是否有程序文件规定相关信息的识别、收集、处理、交流和沟通过程?
(4) 信息传输的流程如何?
(5) 董事会和高级管理层能否获得内部控制状况信息?
(6) 是否及时向监管机构报告、披露相关信息(必要时向外界披露)?
(7) 信息沟通记录如何保持?
(8) 信息保密、安全所需的授权如何?
(9) 是否建立信息披露制度?

(二) 内控体系的文件化要求

(1) 怎样理解内控体系文件化的?
(2) 内控体系的文件类别、构成及其关系怎样?
(3) 内控体系文件是否充分?

(三) 文件控制

(1) 文件是否经批准才能实现?
(2) 需要文件指导的部门或岗位是否能得到,或查到?
(3) 文件的适宜性是否定期评审,需要时是否修订文件?
(4) 文件的版本如何识别和控制?
(5) 废止文件(某页或某份)采取什么措施防止误用以及标识?
(6) 外来文件,如相应法律、法规、外部监管部门的相关规定等如何控制、如何识别、分发、使用、废止以及转为内部文件的情况?

(四) 记录控制

(1) 是否已建立和保持了内控体系相关记录的控制程序文件?
(2) 该文件是否包括了记录的标识、生成、保管、保护、检索(查找、调用),保存期限及到期处理的方法等?
(3) 记录是否清晰,是否便于工作人员查找?

(4) 会计、统计、业务档案是否完整？必要时，调查记录记载事项的溯源性。

第三节　商业银行主要业务和管理活动内部控制评价要点

一、授信业务

(一) 授信管理

(1) 授信政策是否符合国家法律和外部监管部门的规定？是否制定了信贷战略目标？

(2) 各级审贷委员会的组成是否符合审贷分离原则？一把手是否出任审贷委员会成员？

(3) 审贷委员会是否实行集体审议、充分发表意见、多数同意通过的原则？审贷委员会的全部意见是否记录存档？

(4) 是否设立独立的授信风险管理部门？

(5) 授信岗位设置是否分工合理、职责明确？授信各部门、各岗位是否都建立了岗位责任制？

(6) 是否制定各类授信业务品种的统一管理办法，明确规定各项业务的条件，包括选项标准、期限、利息和收费、担保、审批权限、申报资料、贷后管理、内部处理程序等具体内容？

(7) 是否建立客户准入退出机制？是否建立完善的客户信息管理系统，对客户进行分类管理，全面和集中掌握客户的资信水平、经营财务状况、偿债能力等信息？对已列入"黑名单"、逃废债等资信不良的企业和个人是否实施授信禁入？

(8) 是否对同一客户的贷款、贸易融资、票据承兑贴现、透支、保理、担保、贷款承诺、开立信用证等各类表内外授信实行一揽子管理，确定总体投信额度？

(9) 是否对同一集团客户进行总量控制和统一授信管理？是否对关联交易采取了风险控制措施？

(10) 是否建立了客户信用评级体系？如有，请表述其风险量化评估的方法。

(11) 是否建立了资产质量监测制度和报告体系以及信贷风险预警机制？

(12) 是否建立贷款风险分类制度，规范贷款质量的认定标准和程序，确保贷款质量的真实性？

(13) 是否采取有效措施加强对不良贷款的管理，是否建立不良贷款责任认定和清收的激励机制？是否对违法、违规造成的授信风险和呆账损失进行责任认定，并对有关责任人进行处理？

(二) 商业贷款

(1) 是否收集了完整的借款人资料？

(2) 受理客户贷款申请时是否进行了严格的借款人资格及担保人资格审查，对借款人是否符合贷款条件有审查结论？

(3) 是否对借款人进行信用等级评价？

(4) 是否实地对借款单位、担保单位进行全面调查,并进行详细具体的综合分析?

(5) 是否对保证人资信状况和抵押物、质押物进行全面调查,对其合法性、有效性和充分性进行分析?

(6) 是否对客户进行授信量分析?

(7) 是否撰写客户评价报告,并经审查部门核实?

(8) 是否签订了规范的借款合同和贷款担保合同?

(9) 是否落实、办理了保证、抵押、质押等有关手续?

(10) 是否存在不按贷款程序发放贷款或违背客观情况的项目?

(11) 是否进行信贷登记?

(12) 贷款投向是否符合相关规定和国家产业政策?

(13) 贷款利率、期限和方式是否符合规定?

(14) 是否定期对借款人执行合同情况及经营状况跟踪调查和贷后检查?

(15) 对次级以下贷款每季发书面催收通知,是否落实专人管理催收,是否定期走访次级以下贷款的借款和担保单位?

(16) 是否按规定办理贷款销户手续?

(17) 是否对不良贷款进行分类、登记、考核、催收?

(18) 是否采取有效措施加强对不良贷款的管理,是否建立不良贷款责任认定和清收的激励机制?

(19) 是否有完整的贷款质量、信贷比例指标定期报表和有关的分析报告?

(三) 消费贷款

(1) 是否收集了完整的借款人资料?

(2) 是否严格审查借款人资信条件,是否对风险客户发放贷款?

(3) 是否对贷款客户进行申请额度审查,如:申请额度与抵、质押物额度的匹配度;贷款期限与质押物到期期限的匹配度?

(4) 是否超越额度发放贷款?

(5) 是否严格落实抵、质押物的真实性以及与借款人的所属关系?

(6) 是否严格审查委托扣款账户的真实性?

(7) 个人贷款是否进行严格的贷后管理?

(8) 在借款人发生意外事故或抵质押物情况发生变化时及时保全银行资产?

(9) 是否建立抵押物保险制度?

(四) 贸易融资

(1) 是否在授权、转授权权限内开展业务?

(2) 贸易融资是否纳入统一的授信管理额度?

(3) 企业是否具备基本融资条件? 贸易融资的有关材料是否完备?

(4) 办理信托收据贷款、信用证议付是否按规定提供特定材料?

(5) 信托收据贷款、打包放款期限确定是否合理?

(6) 是否审查申请信托授权贷款企业开出信用证的真实贸易背景?

(7) 提货担保是否在正本单据到达后及时换回提货担保函,办理提货担保是否扣收手续费?

(8) 远期信用证是否在收到开证行的承兑电文后才办理押汇?

(9) 收取的保证金是否按规定存入保证金专户?

(10) 垫款是否纳入不良贷款核算并及时催收?

(五) 承兑汇票和贴现

(1) 是否在规定的权限内签发银行承兑汇票?

(2) 承兑申请人是否符合条件?

(3) 承兑汇票和贴现是否纳入统一的授信管理额度?

(4) 办理承兑的程序、协议和期限是否合规?

(5) 逾期银行承兑汇票垫款是否及时转入有关科目进行监控?

(6) 是否存在同一企业通过旧票换新票方式"滚动承兑",是否有关联交易、伪造汇票、异地担保等异常情况?

(7) 办理贴现的票据是否符合规定?

(8) 办理贴现的程序、期限、利率是否符合规定?

(9) 是否对汇票所附合同、增值税发票、交易背景的真实性进行核对?

(10) 开具承兑汇票的银行是否有完备的保证金管理办法并遵照执行?

(六) 其他业务

对出口押汇、福费廷、进口押汇等业务是否制定相应的操作规程并遵照执行?

(七) 资产保全

(1) 对问题贷款如何管理? 有什么纠正和预防措施?

(2) 是否按照规定程序和权限申报、审核和核销贷款损失?

(3) 是否对已核销贷款继续追讨?

(4) 是否对抵债资产进行管理?

二、资金业务

(1) 资金业务组织结构是否体现权限等级和职责分离的原则,建立岗位之间监督制约机制? 是否做到前台交易和后台结算分离、自营业务和代客业务分离,业务操作和风险监控分离?

(2) 是否根据资金交易的风险程度和管理能力,就交易品种、交易金额及止损额等对交易员进行授权? 是否根据分支机构经营管理水平,核定各分支机构资金、业务经营权限?

(3) 是否建立资金交易风险评估和控制系统,确保资金业务各项风险指标控制在规定范围内?

(4) 是否建立资金交易风险和币值的内部报告制度,并进行实时监控?

(5) 对市场出现大幅度异常波动和可能出现最坏情况是否确定应对措施? 对异常资金交

易及资金变动是否建立预警和处理机制？

(7) 对资金交易员如何实施有效管理，是否建立对资金交易中台和后台部门对前台交易的反映和监督机制？

(8) 是否建立资金业务风险责任制，明确规定各个部门、岗位的风险责任和相应的处罚措施？

(9) 资金转移定价如何考虑风险？

三、存款和柜面业务

(一) 程序和政策

(1) 是否制定存款与柜台业务政策并定期检查更新？

(2) 是否制定存款与柜台业务程序并定期检讨更新？

(3) 是否及时将总行、分行的规章制度贯彻到部门各业务人员？是否结合本单位实际，制定岗位责任制度与岗位管理措施？

(4) 业务人员是否了解掌握本部门、本岗位的业务管理制度与操作规程？

(5) 是否直接或变相抬高利率吸收存款？

(二) 账户管理

(1) 是否建立账户管理规定，明确存款账户的开立、变更和撤销条件，制定账户存入、支取和结算的操作程序？

(2) 开销户及变更是否遵守双人经办并经主管会计签字制度，建立开销户登记簿并及时登记，是否按规定使用账户，账户查询、冻结、划扣是否符合规定？

(3) 是否建立管理预留签章和存款支付凭证，新账户的启用是否经授权人批准，是否有对存款账户实施有效管理的制度，并监督检查？

(4) 是否建立对大额存单签发、大额存款支取实行分级授权和双签制度？是否对每日营业终了账户实施有效监督管理？

(5) 是否对休眠账户、户主死亡的账户、存折丢失的账户、用以抵押担保贷款的账户、法院传令要求冻结的账户进行特别控制？

(6) 是否制定账户档案保管程序，并遵守执行？

(7) 是否按"了解你的客户"的原则审查客户资金来源真实性和合法性？

(8) 如何管理客户账户、客户印鉴、客户签字？如何监督下级行对压数机、密押器、点钞机的使用和管理？

(9) 外汇账户的开立是否要件齐全，并经外汇管理局审批？资本金账户或结算账户余额是否超过外汇登记证核定限额？资本金账户的撤销是否有外汇管理局的核准件？

(三) 重要空白凭证管理

(1) 是否建立"印、押、证"三分管制度？对柜台业务是否建立复核制度？

(2) 是否建立对现金、贵金属、重要空白凭证和有价单证实行严格核算和管理的制度？

(3) 重要空白凭证是否按规定定期盘点？是否账实相符？

(4) 重要空白凭证的领取、使用记录是否完备？是否做到证印分管、证押分管？是否有跳号使用现象？

(5) 重要空白凭证的领取、销毁、上缴是否执行规定的程序登记？

(四) 内部往来管理

(1) 是否建立和执行内部往来定期勾对制度，往来账务是否相符？

(2) 往来报单的签发、接收记账是否严格执行相应管理制度？

(3) 通存通兑是否严格按规定办理？

(五) 银行卡业务

(1) 是否对借记卡、贷记卡建立和健全管理机制？

(2) 如何确保定期与贷记卡持卡人对账？如何有效防范恶意透支等风险？

(3) 是否建立对申请人和担保人的资信调查、发卡审批制度，并严格执行。是否建立了客户使用评价标准和方法？如何对申请人进行严格审查？是否确定客户的使用等级并按授权进行审批？

(4) 是否严格执行信用卡授权管理。如授权权限、授权密码、授权记录管理是否合规？

(5) 空白卡、成品卡、废卡管理是否严格按规定执行？

(6) 是否严格执行风险管理制度，透支是否实行限额管理；是否建立授权止付、债务追讨制度，如何对贷记卡持卡人的逾期还款进行监控？如何确保业务处理系统具有实时监督、超额控制和异常交易止付等功能？

(7) 是否每日接收黑名单并及时送达网点及商户？是否建立风险预警机制？是否及时向新透支户发送通知书？

(8) 信用卡挂失、止付手续是否合规？

(9) 实施应急措施，如存款不成功时，是否将持卡人的存款收存，并开给持卡人"储蓄存款收据"；营业柜台受理大额异地存取款是否进行余额查询并核对？

(10) 商户管理是否规范？是否建立商户档案，是否定期培训商户？

(六) 现金管理

(1) 是否配备了负责现金出纳业务的专职(兼职)管理人员，岗位设置是否坚持了不相容岗位分离的原则？

(2) 如何开展本外币反假防假的管理工作？

(3) 营业机构向金库请领、上解现金是否经授权人批准？

(4) 金库向上级行请领、上解现金是否经行长(或行长授权的部门)批准？

(5) 金库是否设置各种登记簿，并真实、准确、完整、及时记载？

(6) 发生出纳错款事故是否按制度规定及时上报，认真查找，分析性质、准确处理？

(7) 是否能够严格管理计算机出纳核算系统，作好系统口令和有关资料的保管、保密工作？

(8) 金库主钥匙使用中是否做到登记完备、双线配备、固定替补、单纯交接、严禁交叉、杜绝代管、代开、代收现象？

(9) 金库与营业机构的库存现金是否保持在规定的限额之内？

(10) 金库内保管的现金、有价证券是否保持在规定的限额之内？

(11) 是否严格禁止非当班金库工作人员进入金库，接受本行、上级和公安部门对金库的检查是否办理严格的手续？

(12) 是否坚持当日对账，核对库存现金，做到账款相符？

(13) 是否已识别金库设立、金库建筑及金库管理的有关风险？

(14) 库款的出库、入库，备用金的领用和交存，收取现金的抵付和移交整点等，是否有严密手续？

(七) 操作系统

(1) 是否制定了操作系统的管理制度？

(2) 是否对无关人员进入操作系统和操作室有专门措施？

(3) 操作人员反映的系统缺失或系统故障是否在系统维护中得到解决？

(4) 系统中数据的修改是否经过批准并记录于日志；每日营业数据是否及时备份？

(5) 操作人员的口令是否定期更换？

四、主要中间业务

(一) 政策和程序

(1) 是否制定各类中间业务政策并定期检查更新？

(2) 是否及时将总行、分行的规章制度贯彻到部门各业务人员？是否结合本单位实际，制定岗位责任制度与岗位管理措施？

(3) 是否结合本单位实际，制定岗位责任制度与岗位管理措施？

(4) 业务人员是否了解掌握本部门、本岗位的业务管理制度与操作规程？

(二) 支付结算类

(1) 本外币结算是否执行规定的收费标准？

(2) 是否将收入及时入账？

(3) 业务收费是否真实、合理？

(4) 是否建立健全的业务档案？

(三) 代理类(代客理财类)

(1) 是否建立代理业务的制度？

(2) 是否严格执行发行和代理发行银行债、国债业务管理规定？

(3) 凭证式国债收款凭证领取数量、号码与入库数量、号码是否相符？

(4) 购买国债交款单与对应签开的国债收据份数、金额是否相符？

(5) 已兑付的实物券是否按规定及时入库、上缴以及按规定核算？

(6) 是否超规模发行国债?

(7) 是否签订代理合同?

(8) 是否按收费标准定价?

(9) 减免收费是否经过批准?

(10) 收入是否及时入账?是否利用减免收费将收入账外处理?

(11) 如何控制重点委托住房金融资金的发放和使用?

(12) 同业代理行是否会伴随连带风险或出现风险转移?如何防范?

(13) 是否严格履行基金托管人职责,确保基金资产安全?

(14) 是否对托管客户的资信进行分析?

(四) 担保类

(1) 是否存在超授权对外办理担保业务?

(2) 担保条款内容是否由法规部门审定,担保文本是否经上级行备案?

(3) 是否建立保证业务台账,并全面及时予以登记?

(4) 所有担保业务是否按规定落实保证金或其他担保措施?

(5) 是否按担保协议比例收取保证金?

(6) 担保发生垫款时,是否及时转入有关科目核算并特别管理?

(7) 保函有效期过后,是否收回注销或由申请人提交注销保函的公函?

(8) 申请办理履约保函是否提供项目批准文件、是否报外管局备案?

(9) 开立跟单信用证是否审核:

① 贸易背景是否真实,信用证是否要求提供运输单据(对未要求提供运输单据的信用证,是否对客户的资信和贸易背景进行核查)?

② 申请人是否在外管局的对外付汇名录内?

③ 运输单据到货港是否在中国境内(不含香港、澳门),外管局备案的转口贸易除外。

④ 开证申请人正反面是否都加盖申请人公章?

(10) 减免保证金是否经授权审批,有无落实审批意见?

① 保证金账户是否专户管理?

② 是否有挪用保证金情况,保证金账户总额是否与档案记录相符?

③ 非投信企业远期信用证保证金是否低于规定?

④ 非投信企业远期信用证减免保证金部分是否落实抵押或保证?

(11) 开证提供的材料是否齐全,涉及信用证增额及延长转船期和有效期的信用证修改是否提供外管局进口付汇备案表?

(12) 进口跟单信用证单到后有不符点,银行是否保留全套原始单据,并在规定的工作日内提示不符点?

(13) 进口跟单信用证单到后是否待客户将盖章确认的付款委托书交银行后再提交正本单据?

(14) 对备用信用证的管理是否有相应的规章制度?

(五) 咨询类

(1) 是否有健全的咨询、评估业务记录档案?

(2) 咨询费、评估费收入是否符合上级行规定的标准,及时入账?

(3) 减免咨询费、评估费是否经严格的审批手续?

(4) 咨询和评估业务费用支出是否合理,是否列支其他费用?

(5) 咨询和评估人员是否具备咨询资质,结果是否真实合理?

五、国际业务

(1) 是否建立结汇、售汇和批汇制度?

(2) 在全行外汇业务综合管理中及国际结算、贸易融资等外汇业务产品管理中存在哪些风险点,是否有效防范?

(3) 是否有效控制外资金融机构间代理行关系和账户行关系管理中存在的风险点?

(4) 是否通过对外资金融机构客户的资信分析、风险评级及对国家风险评价拟定客户额度授信方案中存在的风险点并予以有效控制?

(5) 是否按规定对全行执行国家外汇管理政策有效管理?

(6) 是否对全行外汇业务有权签字人签字样本制作、使用中存在潜在风险实施有效控制?

(7) 是否对海外代表处的工作实施有效监控和考核?

六、会计管理

(一) 政策和程序

(1) 是否建立会计和储蓄的事后监督制度?

(2) 对营业机构是否执行重要岗位的请假、轮岗制度进行监督?

(3) 是否确定并实施本行的会计规范和管理制度,并确保会计工作独立性?

(4) 会计岗位设置是否贯彻"责任分离、相互制约"原则?

(5) 如何实行全行会计工作的统一管理? 如何确保会计信息,包括全行系统财务会计报表的真实、完整和合法?

(6) 如何检查会计规范和管理制度的执行情况? 现有制度是否能有效防止发生设置账外账、乱用会计科目、编制和报送虚假会计信息?

(7) 会计部门是否能够准确、及时地对下级机构会计工作进行管理和指导?

(8) 是否明确会计部门、会计人员的权限? 超越权限时的授权方式是什么?

(9) 如何对会计主管、会计负责人实行资格管理? 会计人员是否具备必要上岗资格?

(10) 是否建立和实施会计差错责任人追究制度?

(11) 如何进行会计档案管理? 是否对资料的交接、整理、借阅、保管、销毁等环节作出规定,并遵照执行?

(12) 是否按重要岗位分离原则配备足够的会计人员?

(13) 重要会计岗位人员是否进行定期或不定期轮换？

(14) 会计人员离岗是否进行交接手续和监督程序？

(二) 岗位制约

(1) 是否有严格的安全监控系统？各级柜员是否实施严格的分级授权？

(2) 是否严格执行双人经办制度，如双人临柜；钱账分离；双人验印；双人对账。是否严格执行岗位分离制度：印压(押)证三分管；库房钥匙分管；会计岗和事后检查岗分离；会计前台和后台业务人员分离；记账岗与实物岗分离；系统管理岗与操作员分离？

(三) 特别事项授权

(1) 是否执行重要会计业务授权：错账冲正授权；账务调整授权；大额支付授权；自制、补制凭证授权查询、查复业务授权；挂账及临时过渡业务核算授权；特别转存授权；班外业务授权；拒绝付款业务授权？

(2) 是否执行会计电算化操作授权：操作人员按照权限级别进入系统和功能模块，操作人员不能越权掌握不相容岗位口令？

(四) 对账制度

(1) 会计部门是否组织实施对账，业务部门是否配合会计部门进行账务核对，相互之间职责明确？

(2) 账务核对程序是否符合规定，是否在规定时间核对账务，对账频率是否符合规定？

(3) 银行汇票卡与汇出汇款登记簿、汇出汇款账、银行承兑汇票底卡是否与表外银行承兑汇票账、单位定期存款证实书底卡是否与单位定期存款每天核对并登记备案？

(4) 应收、应付挂账款是否逐月对账，并在年底彻底清理并编制分户余额表，并对跨年度挂账做出逐笔说明？

(5) 表外科目是否在每月末与表内有关科目、实物、登记簿进行核对？

(6) 对“重要空白凭证”、“有价单证”是否定期核对？

(7) 外汇会计业务对账是否做到：

① 随单核对存放国外同业账(查看报单与明细账的余额是否相符)；

② 随单核对存放国内同业账；

③ 每天核对本币外汇买卖科目与外币结售汇科目的余额相符。

(8) 系统内往来业务对账。系统内往来的业务核对，包括往来双方的发生额和余额的核对，发生额必须逐笔勾对，对账中的各种查询、查复要有书面记录；以及计算机对账和人工对账符合有关规定。

(五) 重要物品管理

重要物品领取和交回是否执行严格的审批和登记，重要物品包括会计印章、密押器、压书机、重要单证、密码口令及有关操作手册。

七、产品开发

(1) 是否建立产品开发控制程序?
(2) 现行的产品开发过程的风险控制是如何实施的?

八、计划与财务

(1) 是否制定全行业务经营计划?
(2) 是否制定财务预算?
(3) 财务审批是否符合授权要求?
(4) 如何管理固定资产?
(5) 如何进行固定资产的采购? 如何规避采购风险?

九、安全保卫

(1) 是否识别过安保范围(如物防、人防、技防)的风险,以及所需风险控制措施?
(2) 涉及金库、现金押运、运钞车辆等安保人员是否委托外包? 如有,如何管理并控制风险?
(3) 如何控制与其他商业银行合作进行现金押运的过程?
(4) 如何进行全行安全检查?
(5) 现有各项安保设施是否满足需要?

第四节 商业银行内部控制评价报告示例

×××商业银行内部控制评价报告

根据《关于开展城市商业银行内部控制现场检查与试评价工作的通知》(苏银监办〔2005〕131号,以下简称《通知》)要求,我分局派出检查评价组,于20××年×月×日至×月×日,用××个工作日,对该行进行了内部控制审计。现将有关情况报告如下:

一、检查评价工作开展情况

根据《通知》精神,我分局领导高度重视本次内控检查评价工作,组织有关人员学习了《商业银行内部控制评价试行办法》(银监会令2004年第9号)及其《操作说明》,成立了以分管局长为组长的检查评价组,根据本次检查评价的目的、范围、准则和时间安排制定了检查评价实施方案,向×××商业银行发送了内部控制检查评价问卷,结合问卷回复和收集掌握的非现场监管和全面现场检查有关情况,确定了现场检查评价重点。检查评价组通过询问、查阅、观察、流程图和符合性测试等方法,对该行授信、资金、存款和柜台、中间业务、计划财务、会计管理、计算机系统、产品开发、安全保卫等业务的内控状况进行了过程检查评价，并对内控主要目标的实现程度进行了内控结果检查评价。经审定后，确定了评价结果。

二、基本评价

1. 内部控制环境方面

(1) 公司治理。该行建立了以股东大会、董事会、监事会、高级管理层为主体的治理架构，三会一层及其下设各专业委员会建立了较为完善的议事规则和决策程序。董事会和董事、监事会和监事、高管层和高级管理人员在内控管理的决策、监督和执行相互独立和制衡的机制在逐步建立，并得到一定程度完善。

(2) 董事会、监事会和高级管理层责任。该行董事会对整体经营战略和重大政策均进行了审议，并定期检查、评价执行情况。董事会考虑了银行可接受的风险程度，要求高管层制定完善风险防范措施，并定期或不定期对经营情况进行调度和指导；能够确保银行了解资本充足、风险集中度、关联交易、不良资产管控和处置的有关规定；能够按照监管部门对该行内部控制的检查评价意见督促高管层落实整改。监事会在日常工作中能够对内部控制状况予以关注。高管层能够明确自身在内部控制方面的职责，在各项业务和管理活动中制定较为明确的内部控制政策。

该行对我分局于年初进行的全面检查中发现的内控问题与缺陷正在进行整改；2004年度信息披露工作中，该行委托外部中介机构对内控机制进行了评价。董事会、高管层能够了解业务风险和操作业绩，信息流动基本通畅。

(3) 内部控制政策。该行已建立文件化的人力资源、财务管理、信贷总量和信贷结构等内部控制政策。内控政策的内容与商业银行的宗旨和发展战略相一致，基本符合适用法律法规和监管要求，一定程度上能够指导员工实施风险控制。政策为大部分员工所理解。

(4) 内部控制目标。该行业务、管理和支持保障活动的内部控制目标基本建立，大部分目标可测量并分解为指标。内控目标基本能与法律法规、监管要求相一致，并符合该行的内控政策。

(5) 组织结构。该行明确规定了与风险和内部控制有关的部门、岗位、人员的职责和权限，并汇编成册予以传达。成立了抵债资产管理委员会和财务审查委员对有关资产、财务等重要业务事项进行决策审批。建立了关键岗位定期或不定期人员轮换和强制休假制度。

(6) 企业文化。能够结合经营发展方向，不断整合商行企业文化，通过学习培训等方式，力求使全行员工树立“商行兴我荣、商行衰我耻”的企业价值观。制定了《柜面服务管理》、《×××商业银行柜面服务标准》等员工行为准则与规范，并传达到员工。制定的《×××商业银行违规操作行为处罚处理办法》明确了违规行为的界限及后果，通过对违规行为责任人的处理，员工遵章守纪的自觉性得到增强。

(7) 人力资源。该行人力资源政策和程序基本完善，制定了全行所有岗位的《岗位说明书》，明确了各岗位的任职标准，对信贷、会计等岗位员工实行上岗资格考试认定。高级管理人员满足监管部门对其资质的要求。制定了员工培训计划，并按计划进行了业务培训。制定的《×××商业银行劳动人事管理暂行规定》和《×××商业银行招聘、录用人员暂行办法》对员工引进、退出、选拔、绩效考核、薪酬、福利、专业技术职务管理处罚等日常人事管理做出了规定。激励约束机制、员工绩效考评体系基本建立健全，实行了年度经营目标绩效考核，绩效工资的考核指标一定程度上体现了风险管理和内控体系要求。

2. 风险识别与评估方面

（1）经营管理活动风险识别与评估。该行对授信业务、存款与柜台业务、主要中间业务等的风险进行了一定程度的识别。如制定的《授信管理制度》、《信贷业务实施细则》等管理制度，规定了识别、计量和评估授信风险的程序和方法；《贷款质量五级分类管理办法》和《贷后管理办法》对监测和管理授信风险、程序和方法作了规定。制定的《×××商业银行会计管理与操作》，对存款与柜台业务操作及风险控制提出了要求，明确了相关程序和方法。中间业务方面，20××年上半年开办××借记卡业务时，事先制定了借记卡业务的政策、制度和程序，并将有关程序和流程传达到相关人员。同时，通过成本与收益测算、市场分析、风险控制分析等手段对产品开发流程各环节是否符合效益性和安全性原则进行了监控。编制的《风险点内部控制纲要》对各业务、各部门的风险点进行了确定。

（2）法律法规、监管要求和其他要求的识别。该行能够对授信业务有关的法律法规、监管要求和其他要求进行识别和控制，基本能够及时更新法律法规、监管要求和其他要求的信息，并将信息通过文件、会议、培训、组织学习等方式传达给相关员工。制定的规章体系中体现了遵循有关法律法规的要求。

（3）内部控制方案。该行制定的各项内部控制方案基本确定了风险控制要点，规定了相应的控制措施。方案基本包括了各项任务和各控制部门的职责权限和相应的控制方法。控制方案基本能得到实施。

3. 内部控制措施方面

（1）运行控制。高管层能够要求各业务管理部门和支行报告经营管理情况。会计管理部定期收集各支行存款柜台业务的管理情况报告，对存在问题及时要求整改。不兼容岗位能够适当分离。实行了全行票据集中管理、银行承兑汇票集中签发、质押存单、权利凭证集中管理。运行控制基本有效。如计划财务管理方面建立健全了业务部门检查制度，对总行和支行财务管理工作进行定期或不定期检查，就检查中发现的问题限期整改并对有关责任人员进行处理。同时，财务管理内部控制得到不断改进，实行了全行固定资产由总行统一购置、统一账务核算；内部账务的挂账与核算由总行按照权限进行处理，营销费用及专项费用的拨付，由行长办公会研究决定。

（2）计算机系统环境下的控制。目前，该行的计算机系统有综合业务操作系统、内部风险实时监控系统和用友 ERT-U8 财务管理系统。计算机系统风险防范措施包括密码、密钥、客户身份识别、安全链接、内外网物理隔离等。综合业务操作系统制定了明确成文的准入标准和操作规程。科技信息部有专职计算机安全管理人员，各支行配备了兼职计算机安全员，职责分工明确。

（3）应急准备与处置。该行制定了《计算机系统安全应急方案》、《综合业务系统应急方案》、《支付清算系统危机处置实施预案》、《防暴预案》和《防火预案》等应急预案，以防范可能发生的意外或紧急事件情况。如计算机系统采用双机设备，设有灾难备机，相关数据均有备份，出现严重故障时具有恢复启动能力。同时，还根据需要对应急方案进行修订，不定期举行故障排除和灾难恢复演练。

4. 监督评价与纠正方面

(1) 内部控制绩效监测。该行基本建立了内部控制绩效的监测程序、业务部门检查制度和审计部门审计监督制度。如信贷管理部建立了授信资产质量监测体系,监测资产质量的变化;建立了贷款风险分类制度,规范贷款质量的认定标准和程序;设立了授信尽职调查岗,对授信业务流程的各项活动进行尽职调查;对授信业务各环节出现的问题经过适当程序确认,并责成相关人员进行纠正;基本上能够做到对违规造成的授信风险和损失逐笔进行责任认定,并按规定对有关责任人进行处理。

(2) 违规、险情、事故处置与纠正预防措施。该行按照《×××商业银行违规操作行为处罚处理办法》的规定,由业务管理部门上报并核实出现的各类问题,审计部门进行责任认定,监察部门提出处理意见,行长办公会研究处理结果,并责成相关人员进行纠正。基本能够按规定对有关责任人进行处理,并进行记录。

(3) 内部控制体系评价。该行对内部控制体系评价按《×××商业银行内控制度考核评价试行办法》进行,该办法规定了评价的准则、范围、频次、评价的方法。20××年进行了检查评价和督促整改。

(4) 持续改进。该行能够利用内控检查评价结果、绩效监测等,对内部控制体系进行改进,以提高内部控制的有效性。

5. 信息交流与反馈方面

(1) 交流与沟通。董事会和高级管理层能够及时了解业务信息、管理信息和其他重要风险信息。基本建立并保持了信息交流与沟通程序,制定了《急重大情况报告制度》、《信贷风险预警制度》和《客户重大经营事项报告制度》等报告制度。险情、事故发生时,相关信息能得到及时报告和有效沟通。

(2) 内部控制体系对文件的要求。该行的内部控制文件基本充分,不存在无章可循情况。

(3) 文件控制。该行对有关文件指定专人进行管理,基本能得到有效控制。20××年进行了全行性的文件清理,基本保证了文件的适宜性。

(4) 记录控制。该行制定了统一的档案管理办法,符合管理规定的要求。

三、存在的主要问题和缺陷

1. 内部控制环境有待进一步优化

(1) 商业银行公司治理不够完善。董事会与监事会均未设立提名委员会。股东大会没有实行律师见证制度,股东大会议事规则中无关联股东的回避制度。监事会议事规则不够完备,个别条款违反《章程》有关规定。未建立独立董事和外部监事制度。审计委员会没有要求银行报送内部审计报告并进行评价。

(2) 董事会、监事会和高管层对内控管理的责任需进一步加强。董事会定期检查、评价商业银行整体经营战略和重大政策执行情况不够全面,没有审批高管层制定的风险防范措施及额度设置,未审查内部审计部门对银行内部控制的评价报告,对银行业务风险了解也不够深入和全面。监事会没有组织对内部控制进行检查,也未对董事会及董事、高管层及高管人员履行内部控制职责情况进行检查。同时,该行对内部控制体系缺失所采取的整改措施存在有效性不足的情况。

（3）内部控制政策不够全面。没有制定具体的、可操作的产品开发政策文件。没有建立会计事后监督制度、会计管理定期评审制度和财务政策定期评审制度。《关于对票据业务发展及规范业务操作流程的通知》规定"面向特定客户可以适当简化票据查询手续，实行边查询，边贴现"违反现行监管规定。同时，存在个别管理制度制定不够及时，个别员工对规章制度的熟悉和掌握程度还不高现象。

（4）内部控制目标不够明确和细化。没有制定可量化并分解为指标的会计管理、产品开发和中间业务内部控制目标，计算机系统内控具体目标不够细化和完善。

（5）组织结构有待完善。内部审计部门的独立性不够充分，不能获得银行的所有经营信息和管理信息，审计人员配备不足。没有建立内部审计风险评级体系，未根据审计风险评级结果确定审计频率，以及对机构和业务的审计覆盖率。内部审计报告没有及时报董事会或董事会审计委员会。没有设立履行风险管理职能的专门部门。没有成立专职部门对产品开发进行统一管理和规划。关键岗位强制休假制度也未得到执行。

（6）需进一步营造良好的企业文化。未建立针对资金业务、产品开发和中间业务员工违规行为的补救和处罚应急机制。未制定专门针对产品开发和资金业务员工的行为准则。

（7）人力资源管理不够完善。未建立资金业务和产品开发人员的管理政策和程序。没有根据资金交易的风险程度和管理能力，就交易品种、交易金额及止损额等对交易员进行授权，也未建立资金业务人员的尽职要求和工作尽职问责制。没有对产品开发人员的职责、权限和任职条件进行书面规定。对计划财务的人员管理没有制定专门的政策和程序。会计人员没有全部做到持国家认可的从业资格证上岗，持证比例仅为63%。员工整体综合素质还有待提高。

2. 风险识别与评估体系有待健全

（1）经营管理活动风险识别与评估。对资金业务交易风险没有形成书面的识别、评估和控制报告。未对存款和柜台业务、中间业务、会计管理、安全保卫等风险的后果及发生的可能性等进行评估或者评估后未形成评估报告。没有制定评估、监测财务风险的程序和办法。也未对财务风险和计算机系统部分非技术风险进行持续识别和评估。

（2）内部控制方案不够全面。没有制定资金业务和中间业务风险控制方案。未制定当资金市场出现极端异常风险时的控制与应对措施。计划财务与会计管理的风险控制要点和控制措施不够明确。

3. 内部控制措施有待进一步提高

（1）运行控制能力有待提高。

一是对集团客户和关联企业授信风险的控制措施不够有效，虽制定了集团客户授信管理办法，但尚未将同一集团内各个企业的授信业务纳入统一授信限额内，核定集团的总授信限额。对关联交易尚未制定控制措施与实施细则，对关联方授信超比严重问题的控制效果不够明显。同时，对贷款客户集中度的压降措施有待进一步加强。

二是计划财务管理控制存在缺陷。资产负债比例管理委员会和财务审查委员会均未制定工作规划，且财务审查委员会工作职责中对重大财务事项的审查审批规定不够明确具体；资产减值事项未纳入财务管理与核算；编制的财务计划内容不够完整，缺少资产质量情况和机构人员状况统计，对计划完成情况中存在的问题未提出书面建议；存在不按规定的财务管理权限审批费用和财务收支不够真实现象。此外，对固定资产管理与核算不到位问题，没有按监管部门要求进行及时整改。

三是会计管理不到位。银企对账频率不足、对账单收回率低。未制定特别转存授权和拒绝付款业务授权等分责授权制度。存在会计交接不规范现象。

四是部分计算机软件开发测试方案没有根据实际情况进行调整与完善,设备购置控制有待加强,部分非日终数据备份管理不到位。

五是未制订产品开发相关程序。

(2) 计算机系统环境下的控制不够健全。授信业务、资金业务、中间业务、产品开发、安全保卫没有建立管理信息系统,不利于相关业务的控制与管理。授信、资金业务没有建立客户管理信息系统,不能全面和集中掌握客户的资信水平、经营财务状况、偿债能力等信息。内部风险实时监控系统尚未建立配套的管理制度和操作规程。

(3) 应急准备与处置制度不够完善。资金业务、计划财务、产品开发、中间业务没有制订应急预案。同时,资金业务未对异常资金交易及资金变动建立预警和处理机制。《综合业务系统应急方案》没有根据业务情况的变化及时进行补充完善。对《支付清算系统危机处置实施预案》尚未制定定期评审制度。

4. 监督评价与纠正需进一步加强

(1) 内部控制绩效监测不全面。资金业务、中间业务、计划财务、会计管理、计算机系统、产品开发没有建立内部控制绩效监测制度。未建立主管行长、财务部门负责人对财务管理工作及财务人员的检查制度。产品开发和资金业务没有设立尽职调查岗位,计算机系统也未建立自律监管责任制并设置监督岗位。对安全保卫没有建立审计部门审计监督制度。没有对全行审计工作执行有关审计政策、审计准则和规章制度情况进行监管和检查,也未对审计效果进行评价。

(2) 违规、险情、事故处置与纠正预防措施存在执行不到位现象。20××年,会计结算部对各支行(营业部)会计业务核算共进行了3次专项检查,对检查出的问题没有按规定进行处理。对产品开发各环节出现的问题没有进行责任认定,并责成相关人员进行纠正。

(3) 内部控制体系评价流于形式。该行按《×××商业银行内控制度考核评价试行办法》进行的内部控制体系评价,其实际内容为对各业务管理部门和支行的内控考核评价,不是对整个银行的内控体系进行综合评价。同时,办法制定后该行仅在20××年进行了1次评价,远未达到规定的"每半年1次"的频率。

(4) 未开展管理评审工作。该行没有建立管理评审的程序文件,也未实施管理评审。

5. 信息交流与反馈存在个别不完善现象

该行没有建立足够清晰明确的报告制度。如未制定资金交易风险和市值的内部报告制度、中间业务重大事项报告制度、财务管理风险报告制度、新产品创意报告制度、产品开发后评价情况报告制度,会计管理报告制度和计算机风险报告制度也不够完善。没有建立充分的产品开发内部控制文件和档案管理规定。存在个别档案资料更新不及时现象。

四、评价结果

通过对该行内部控制环境、风险识别与评估、内部控制措施、监督评价与纠正、信息交流与反馈等体系要素的评价,该行过程评价得分为49.31分,对内部控制主要目标实现程度的评价，该行结果评价得分为14.35分。

综合得分为63.66分。

评价等级为四级。

五、整改意见

1. 营造良好的内部控制环境

以本次内部控制检查与试评价为契机，明确董事会、监事会和高管层对内控管理的责任，真正把银行内控管理作为一项重要工作来抓。要制定明确的内控管理政策与目标，建立分工合理、职责明确、报告关系清晰的组织结构。积极培养员工内部控制意识，倡导健康的企业文化，要加强对员工业务行为的约束，经常开展思想教育和业务培训，提高员工综合素质，增强识别和防范风险的意识和能力。

2. 建立健全风险识别和评估机制

根据业务经营管理活动特点，应尽快建立一套符合法律法规和监管要求的风险识别与评估体系，加强对各类风险的识别和量化测评。应根据需要及时调整经营战略，控制可能出现的风险。

3. 完善内控制度建设

制定明确的业务目标和方案，制定有效的业务管理政策和程序，建立健全激励机制。在原有内控制度基础上，该建立的建立，该补充的补充，该修正的修正，该废止的废止，建立一套行之有效的内部控制制度。对操作风险防范，要重点解决好支行管理缺位、权限管理流于形式、银企对账覆盖率低、业务操作有章不循等问题。

4. 切实有效实施内部控制的监督评价与纠正

建立并保持书面程序，通过适宜的监测活动，对内部控制绩效进行持续监测。规范开展内部控制体系评价工作，有效进行管理评审，董事会应采取措施保证定期对内部控制状况进行评审，确保体系得到持续有效改进。

5. 制定内部控制实施细则

对照《商业银行内部控制评价试行办法》和《商业银行内部控制指引》，制定相应的内部控制实施细则。

附录

商业银行内部控制评价试行办法

（中国银行业监督管理委员会令2004年第9号）

《商业银行内部控制评价试行办法》已经2004年8月20日中国银行业监督管理委员会第25次主席会议通过，现予公布，自2005年2月1日起施行。

主席　刘明康

二〇〇四年十二月二十五日

商业银行内部控制评价试行办法

第一章　总　则

第一条　为规范和加强对商业银行内部控制的评价，督促其进一步建立内部控制体系，健全内部控制机制，为全面风险管理体系的建立奠定基础，保证商业银行安全稳健运行，根据《中华人民共和国银行业监督管理法》、《中华人民共和国商业银行法》等法律法规，制定本办法。

第二条　商业银行内部控制评价是指对商业银行内部控制体系建设、实施和运行结果独立开展的调查、测试、分析和评估等系统性活动。

内部控制评价包括过程评价和结果评价。过程评价是对内部控制环境、风险识别与评估、内部控制措施、监督评价与纠正、信息交流与反馈等体系要素的评价。结果评价是对内部控制主要目标实现程度的评价。

第三条　商业银行内部控制体系是商业银行为实现经营管理目标，通过制定并实施系统化的政策、程序和方案，对风险进行有效识别、评估、控制、监测和改进的动态过程和机制。

第四条　商业银行应建立并保持系统、透明、文件化的内部控制体系，定期或当有关法律法规和其他经营环境发生重大变化时，对内部控制体系进行评审和改进。

第五条　商业银行内部控制评价由中国银行业监督管理委员会(以下简称银监会)及其派出机构组织实施。

第六条　内部控制评价人员应接受有关内部控制评价知识和技能的培训，具备相应的资质和能力。

第二章　评价目标和原则

第七条　商业银行内部控制评价的目标主要包括：

(一)促进商业银行严格遵守国家法律法规、银监会的监管要求和商业银行审慎经营原则。

(二)促进商业银行提高风险管理水平，保证其发展战略和经营目标的实现。

(三)促进商业银行增强业务、财务和管理信息的真实性、完整性和及时性。

(四)促进商业银行各级管理者和员工强化内部控制意识，严格贯彻落实各项控制措施，确保内部控制体系得到有效运行。

(五)促进商业银行在出现业务创新、机构重组及新设等重大变化时，及时有效地评估和控制可能出现的风险。

第八条　内部控制评价应从充分性、合规性、有效性和适宜性等四个方面进行：

（一）过程和风险是否已被充分识别。

（二）过程和风险的控制措施是否遵循相关要求、得到明确规定并得以实施和保持。

（三）控制措施是否有效。

（四）控制措施是否适宜。

第九条 内部控制评价应遵循以下原则：

（一）全面性原则。评价范围应覆盖商业银行内部控制活动的全过程及所有的系统、部门和岗位。

（二）统一性原则。评价的准则、范围、程序和方法等应保持一致，以确保评价过程的准确及评价结果的客观和可比。

（三）独立性原则。评价应由银监会或受委托评价机构独立进行。

（四）公正性原则。评价应以事实为基础，以法律法规、监管要求为准则，客观公正，实事求是。

（五）重要性原则。评价应依据风险和控制的重要性确定重点，关注重点区域和重点业务。

（六）及时性原则。评价应按照规定的时间间隔持续进行，当经营管理环境发生重大变化时，应及时重新评价。

第三章 评价内容

第一节 内部控制环境

第十条 商业银行公司治理。

商业银行应建立以股东大会、董事会、监事会、高级管理层等为主体的公司治理组织架构，保证各机构规范运作，分权制衡。

（一）完善股东大会、董事会、监事会及下设的议事和决策机构，建立议事规则和决策程序。

（二）明确董事会和董事、监事会和监事、高级管理层和高级管理人员在内部控制中的责任。

（三）建立独立董事制度，对董事会讨论事项发表客观、公正的意见。

（四）建立外部监事制度，对董事会、董事、高级管理层及其成员进行监督。

第十一条 董事会、监事会和高级管理层责任。

董事会负责保证商业银行建立并实施充分而有效的内部控制体系；负责审批整体经营战略和重大政策并定期检查、评价执行情况；负责确保商业银行在法律和政策的框架内审慎经营，明确设定可接受的风险程度，确保高级管理层采取必要措施识别、计量、监测并控制风险；负责审批组织机构；负责保证高级管理层对内部控制体系的充分性与有效性进行监测和评估。

监事会负责监督董事会、高级管理层完善内部控制体系；负责监督董事会及董事、高级管理层及高级管理人员履行内部控制职责；负责要求董事、董事长及高级管理人员纠正其损害商业银行利益的行为并监督执行。

高级管理层负责制定内部控制政策，对内部控制体系的充分性与有效性进行监测和评估；负责执行董事会决策；负责建立识别、计量、监测并控制风险的程序和措施；负责建立和完善内部组织机构，保证内部控制的各项职责得到有效履行。

董事会和高级管理层还应培育良好的内部控制文化，提高员工的风险意识和职业道德素质，建立通畅的内外部信息沟通渠道，确保及时获取与内部控制有关的人力、物力、财力、信息以及技术等资源。

第十二条 内部控制政策。

商业银行应在各项业务和管理活动中制定明确的内部控制政策，规定内部控制的原则和基本要求，并为制定和评审内部控制目标提供指导。内部控制政策应：

（一）与商业银行的经营宗旨和发展战略相一致；

（二）体现持续改进内部控制的要求；

（三）符合现行法律法规和监管要求；

（四）体现出侧重控制的风险类型；

（五）体现出对不同地区、行业、产品的风险控制要求；

（六）传达给适用岗位的员工，指导员工实施风险控制措施；

（七）可为风险相关方所获取，并寻求互利合作；

（八）定期进行评审，确保其持续的适宜性和有效性。

第十三条　内部控制目标。

商业银行应在相关职能和层次上建立并保持内部控制目标。内部控制目标应符合内部控制政策，并体现对持续改进的要求。

在建立和评审内部控制目标时，应考虑法律法规、监管要求和其他要求，以及技术、财务、经营和风险相关方等因素，尤其应考虑监管部门的内部控制指标要求。

内部控制目标应可测量。有条件时，目标应用指标予以量化。

第十四条　组织结构。

商业银行应建立分工合理、职责明确、报告关系清晰的组织结构，明确所有与风险和内部控制有关的部门、岗位、人员的职责和权限，并形成文件予以传达。特别应考虑：

（一）建立相应的授权体系，实行统一法人管理和法人授权。

（二）必要的职责分离，以及横向与纵向相互监督制约关系。

（三）涉及资产、负债、财务和人员等重要事项变动均不得由一个人独自决定。

（四）明确关键岗位、特殊岗位、不相容岗位及其控制要求。

（五）建立关键岗位定期或不定期的人员轮换和强制休假制度。

商业银行应设立负有内部控制体系建立、实施特殊责任的专门委员会或部门，明确其责任、权限和报告路线。

商业银行应设立全行系统垂直管理、具有充分独立性的内部审计部门。内部审计部门应配备具有相应资质和能力的审计人员；应有权获得商业银行的所有经营、管理信息；应根据对辖属机构的风险评级结果确定审计频率，以及对机构和业务的审计覆盖率，定期或不定期对内部控制的健全性和有效性实施检查、评价；应及时向董事会或董事会审计委员会提交审计报告；董事会及高级管理层应保证审计报告中指出的内部控制的缺失得到及时纠正整改；总行内部审计负责人的聘任和解聘应当经董事会或监事会同意。

第十五条　企业文化。

商业银行应培育健康的企业文化，对企业文化的内涵及其策划、渗透、评估与改进做出明确的规定。特别应向员工传达遵守法律法规和实施内部控制的重要性，引导员工树立合规意识和风险意识，提高员工职业道德水准，规范员工职业行为。

第十六条　人力资源。

商业银行应完善人力资源政策和程序，确保与风险和内部控制有关人员具备相应的能力和意识。

商业银行应明确与风险和内部控制有关人员的适任条件，明确有关教育、工作经历、培训和技能等方面的要求，以确保相关人员的胜任。

高级管理人员必须满足监管机构对高级管理人员资质的要求。

商业银行应制定并保持培训计划，以确保高级管理层和全体员工能够完成其承担的内部控制方面的任务和职责。培训计划应定期评审，并应考虑不同层次员工的职责、能力和文化程度以及所面临的风险。

商业银行应对员工引进、退出、选拔、绩效考核、薪酬、福利、专业技术职务管理处罚等日常人事管理做出详细规定，并充分考虑人力资源管理过程中的风险。

第二节　风险识别与评估

第十七条　经营管理活动风险识别与评估。

商业银行应建立和保持书面程序，以持续对各类风险进行有效的识别与评估。商业银行的主要风险包括信用风险、市场风险（含利率风险）、操作风险、国家和转移风险、流动性风险、法律风险以及声誉风险等。

应识别并确定常规和非常规的业务和管理活动，并识别这些活动中的风险（无论是否由内部产生），考虑其类型、来源及其影响范围，特别应考虑计算机系统的运用可能带来的风险。

应依据法律法规、监管要求以及内部控制政策确定风险是否可接受，以确定是否进一步采取措施。风险可接受时，应监测并定期评审，以确保其持续可接受；风险不可接受时，应制定控制措施。

商业银行对各类风险进行识别与评估时应充分考虑内部和外部因素。其中，内部因素包括组织结构的复杂程度、银行业务性质、机构变革以及员工的流动等；外部因素包括经济形势的波动、行业变动趋势等。

当环境和条件发生变化时，应及时对风险进行再识别和再评估，以确保任何新的和以前未曾予以控制的风险得到识别和控制。

风险识别与评估应：

（一）依据业务范围、性质和时限主动进行。

（二）评估风险的后果、概率和风险级别。

（三）必要时开发并运用风险量化评估的方法和模型。

第十八条 法律法规、监管要求和其他要求的识别。

商业银行应建立并保持识别和获取适用法律法规、监管要求和其他要求的程序，作为风险识别与评估、制订控制目标和控制方案的依据。

商业银行应及时更新法律法规、监管要求和其他要求的信息，并将这些信息传达给相关员工和其他风险相关方。

第十九条 内部控制方案。

商业银行应制定内部控制方案，以控制已识别的不可接受风险。内部控制措施方案应包括以下内容：

（一）为实现对风险的控制而规定的相关职责与权限。

（二）控制的策略、方法、资源需求和时限要求。

若涉及组织结构、流程、计算机系统等方面的重大变更，应考虑可能产生的新风险。

第三节 内部控制措施

第二十条 运行控制。

商业银行应确定需要采取控制措施的业务和管理活动，依据所策划的控制措施或已有的控制程序对这些活动加以控制。

（一）控制措施包括：

1. 高层检查。董事会与高级管理层应要求下级部门及时报告经营管理情况和特别情况，以检查内部控制的实施状况以及在实现内部控制目标方面的进展。高级管理层应根据检查情况提出内部控制缺失情况，督促职能管理部门改进。

2. 行为控制。各级职能管理部门审查每天、每周或每月收到的经营管理情况和特别情况专项报表或报告，提出问题，要求采取纠正整改措施。

3. 实物控制。主要的控制措施包括实物限制、双重保管和定期盘存等。

4. 风险暴露限制的审查。审查遵循风险暴露限制方面的合规性，违规时继续跟踪检查。

5. 审批与授权。根据若干限制条件对各项业务、管理活动进行审批与授权，明确各级的管理责任。

6. 验证与核实。验证各项业务、管理活动以及所采用的风险管理模型结果，并定期核实相关情况，及时发现需要修正的问题，并向职能管理部门报告。

7. 不兼容岗位的适当分离。实行适当的职责分工，认定潜在的利益冲突并使之最小化。

（二）控制要点包括：

1. 对于可能导致偏离内部控制政策、目标的运行情况，应建立并保持书面程序和要求，并在程序中规定操作和控制标准。

2. 对于重要活动应实施连续记录和监督检查。

3. 在可能的情况下，应考虑运用计算机系统进行控制。

4. 对于采购或外包的设施、设备、系统和服务中已识别的风险，应建立并保持控制程序，并将有关程序和要求通报供方，确保其遵守商业银行相关的控制要求。

5. 对于产品、组织结构、流程、计算机系统的设计过程，应建立有效的控制程序。

第二十一条 计算机系统环境下的控制。

商业银行应考虑计算机系统环境下的业务运行特征，建立信息安全管理体系，对硬件、操作系统和应用程序、数据和操作环境，以及设计、采购、安全和使用实施控制，确保信息的完整性、安全性和可用性。明确计算机信息系统开发部门、管理部门与应用部门的职责，建立和健全计算机信息系统风险防范的制度，确保计算机信息系统设备、数据、系统运行和系统环境的安全。

第二十二条 应急准备与处置。

商业银行应建立并保持预案和程序，以识别可能发生的意外事件或紧急情况(包括计算机系统)。意外事件和紧急情况发生时，应及时做出应急处置，以预防或减少可能造成的损失，确保业务持续开展。

商业银行应定期检查、维护应急的设施、设备和系统，确保其处于适用状态。如可行，应定期测试应急预案。

商业银行应评审其应急预案，特别是意外事件或紧急情况发生之后。应急准备应与可能发生的意外事件或紧急情况(包括事故、险情)的性质相适应。

第四节 监督评价与纠正

第二十三条 内部控制绩效监测。

商业银行应建立并保持书面程序，通过适宜的监测活动，对内部控制绩效进行持续监测。

监测内容包括：

(一) 内部控制目标实现程度。

(二) 法律、法规及监管要求的遵循程度。

(三) 事故、险情和其他不良的内部控制绩效的历史情况。

第二十四条 违规、险情、事故处置和纠正及预防措施。

商业银行应建立并保持书面程序，对违规、险情、事故的发现、报告、处置和纠正及预防措施作出规定，包括：

(一) 发现违规、险情、事故并及时报告，必要时，可越级报告。

(二) 及时处置违规、险情、事故。

(三) 制定纠正与预防措施，防止违规、险情、事故的发生和再发生，并与问题的大小和风险危害程度相一致。

(四) 纠正与预防措施在实施之前应进行风险评估。

(五) 实施并跟踪、验证纠正与预防措施。

(六) 险情和事故的责任追究。

第二十五条 内部控制体系评价。

商业银行应建立并保持书面程序，对内部控制体系实施评价，确保内部控制体系的充分性、合规性、有效性和适宜性。程序应包括评价的目的、准则、范围、频率、方法以及职责与要求。

评价应考虑活动的风险评估结果、业务和管理流程和以前的评价结果等，覆盖体系范围内的所有活动。可根据评价结果确定内部控制水平的等级。被评价机构的管理者应采取措施消除违规原因，并验证所采取措施的效果。

评价应由与评价的活动无直接责任的人员进行，评价人员应具备相应的知识，能够胜任评价工作。

第二十六条 管理评审。

董事会应采取措施保证定期对内部控制状况进行评审，确保体系得到持续、有效的改进。

(一) 管理评审应包括以下方面的内容：

1. 内部控制体系评价的结果。

2. 内部控制政策执行情况和内部控制目标实现情况。

3. 对内部控制体系有重要影响的外部信息，如法律、法规的重大变化。

4. 组织结构的重大调整。

5. 事故和险情以及重大纠正和预防措施的状况。

6. 以往管理评审的跟踪情况。

7. 内部控制体系改进的建议。

（二）管理评审应就以下方面提出改进措施并落实：

1. 内部控制体系及其过程的改进。

2. 内部控制政策、目标的变更。

3. 与内部控制有关资源的需求。

第二十七条 持续改进。

商业银行应利用内部控制政策、内部控制目标、评价结果、绩效监测和数据分析、纠正和预防措施以及管理评审等，持续提高内部控制体系有效性。

第五节 信息交流与反馈

第二十八条 交流与沟通。

商业银行应建立并保持信息交流与沟通的程序，明确对财务、管理、业务、重大事件和市场信息等相关信息识别、收集、处理、交流、沟通、反馈、披露的渠道和方式。

商业银行应识别其内部和外部的风险相关方，考虑他们的要求和目标，建立与这些相关方进行信息交流的机制，确保：

（一）董事会和高级管理层能够及时了解业务信息、管理信息以及其他重要风险信息。

（二）所有员工充分了解相关信息、遵守涉及其责任和义务的政策和程序。

（三）险情、事故发生时，相关信息能得到及时报告和有效沟通。

（四）及时、真实、完整地向监管机构和外界报告、披露相关信息。

（五）国内外经济、金融动态信息的取得和处理，并及时把与企业既定经营目标有关的信息提供给各级管理层。

信息交流与沟通应考虑信息的安全性和保密性要求。相关信息报告、发布、披露应经过授权。

为保持信息交流沟通的可追溯性，必要时，应保持相关信息交流与沟通的记录。

第二十九条 内部控制体系对文件的要求。

建立和保持文件化体系是实现信息交流与反馈的重要途径。商业银行应建立并保持必要的内部控制体系文件，包括：

（一）对内部控制体系要素及其相互作用的描述。

（二）内部控制政策和目标。

（三）关键岗位及其职责与权限。

（四）不可接受的风险及其预防和控制措施。

（五）控制程序、作业指导、方案和其他内部文件。

第三十条 文件控制。

商业银行应建立并保持书面程序，以确保内部控制体系所要求的文件满足下列要求：

（一）易于查询。

（二）实施前得到授权人的批准。

（三）定期评审，必要时予以修订并由授权人员确认其适宜性。

（四）所有相关岗位都能得到有效版本。

（五）失效时，及时从所有发放处和使用处收回，或采取其他措施防止误用。

（六）及时识别、处置外来文件并进行标识，必要时转化为内部文件。

（七）留存的档案性文件和资料应予以适当标识。

第三十一条 记录控制。

商业银行应建立并保持书面程序，以规定内部控制相关活动中所涉及记录的标识、生成、贮存、保护、检索、保存期限和处置。

记录应保持清晰、易于识别和检索，以提供符合要求和内部控制体系有效运行的证据，并可追溯到相关的活动。

第四章 评价程序和方法

第三十二条 内部控制评价程序一般包括评价准备、评价实施、评价报告形成和反馈等步骤。

第三十三条 评价准备。

组成评价组。评价组应考虑组成人员的背景和能力。必要时,可聘请业务或管理方面的专家。

制定评价实施方案。实施方案应明确本次评价的目的、范围、准则、时间安排和相应的资源配置。

准备必要的工作文件。主要包括评价问卷、抽样计划、被评价机构的内部控制体系文件及相关记录等。

在现场评价前应先与被评价机构建立初步联系,以便确认有关评价事项和安排。

第三十四条 评价实施。

评价组应按照既定的评价方案实施评价。在评价实施中应就评价组内部以及评价组与被评价机构之间的沟通做出正式安排,通过适当的方法收集与评价目的、范围和准则有关的信息,根据评价方案对被评价项目进行测试,对有关数据进行确认和分析,并予以记录。

评价实施的具体方法见第三十九条至四十三条。

第三十五条 评价报告形成。

评价组根据评价实施情况,撰写评价报告,应重点分析以下方面:

(一) 被评价机构内部控制体系现状、存在问题及趋势分析。

(二) 同类银行比较。

(三) 监管建议。

(四) 可能的谅解因素。

第三十六条 评价反馈。

对被评价机构内部控制体系进行综合评价后,应与被评价机构管理层沟通,以核对数据,确认事实,并就评价中的问题征求意见。

第三十七条 银监会及其派出机构根据评价报告,依据有关法律和规定,做出评价结论和处理决定,并以书面形式正式发送被评价机构,限期整改。同时,评价结论应报上级机构。

第三十八条 内部控制评价方法是为实现评价目的,对被评价机构内部控制体系进行分析和评价而采取的技术和手段的总称。

第三十九条 内部控制评价实施包括:

了解内部控制体系。应了解被评价机构内部控制体系的基本情况,确认评价范围,确定被评价机构的内部控制体系的健全程度,然后决定实施测试所采取的方法。

实施测试和分析。实施测试和分析是在了解内部控制体系的基础上,评价内部控制体系的运行与绩效。具体可以采取符合性测试和指标分析等,其中,对内部控制过程评价主要采取符合性测试法;对内部控制结果评价,主要采取指标分析法。

第四十条 了解内部控制体系。

了解被评价机构内部控制体系主要通过询问、查阅、观察、流程图等方法进行,以初步评价被评价机构内部控制体系的充分性和合规性。

第四十一条 符合性测试。

符合性测试是获得评价证据以证实内部控制在实际中的合规性、有效性和适宜性,即相关规定在实际中是否被一贯执行,控制措施能否达到控制目的,控制措施是否恰当。符合性测试分为两种形式:

(一) 业务测试,即对重要业务或典型业务进行测试,按照规定的业务处理程序进行检查,确认有关控制点是否符合规定并得到认真执行,以判断内部控制的遵循情况。

(二) 功能测试,即对某项控制的特定环节,选择若干时期的同类业务进行检查,确认该环节的控制措施是否一贯或持续发挥作用。

符合性测试的具体方法包括抽样法、穿行测试法、证据检查法和压力测试法等。

第四十二条 测试抽样。

抽样样本取决于被评价机构或被评价项目的风险、业务频次、重要性等。可在根据业务频次抽样的基础上，结合被评价项目的风险和重要性进行调整。

根据业务频次确定的抽样量参考标准如下：

（一）每月执行一次的业务或事项，抽样量应保持在2—6个之间。

（二）每周执行一次的业务或事项，抽样量应保持在4—10个之间。

（三）每日执行一次的业务或事项，抽样量应保持在10—25个之间。

（四）每日执行多次的业务或事项，全年10 000次以下的，抽样量应保持在25—50个之间；全年10 000次以上的，抽样量应保持在50个以上。

第四十三条 指标分析。

应收集被评价机构内部控制结果指标的相关信息，进行核实、对比分析和趋势分析，从而对内控目标实现情况做出评价。

第五章 评分标准和评价等级

第四十四条 内部控制评价采取评分制。对内部控制的过程和结果分别设置一定的标准分值，并根据评价得分确定被评价机构的内部控制等级。

第四十五条 内部控制过程评价的标准分为500分，其中：内部控制环境100分、风险识别与评估100分、内部控制措施100分、信息交流与反馈100分、监督评价与纠正100分。上述五部分评价得分加总除以5，得到过程评价的实际得分。

第四十六条 在对内部控制过程评价时，应按照第三章评价内容的要求，结合本办法第八条的四个方面展开，转换为具体评价问题，并根据测试情况对被评价项目进行评分。

第四十七条 初次实施内部控制评价时，须对所有业务活动、管理活动和支持保障活动进行评价。再次评价时，至少应包括：授信业务、资金业务、存款及柜台业务、主要中间业务、计划财务、会计管理、计算机信息系统等。其他活动在每三次再次评价周期内应至少覆盖一次。

第四十八条 内部控制过程评价的具体评分标准如下：

（一）被评价对象的过程和风险已被充分识别的，可得该项分值的20%。

（二）在满足前项的基础上，被评价项目的过程和对风险的控制措施被规定并遵循要求的，可得该项分值的30%。

（三）在满足前两项的基础上，被评价项目的规定得到实施和保持，可再得该项分值的30%。

（四）在满足前三项的基础上，被评价项目在实现风险控制的结果方面，控制措施有效且适宜的，可再得该项分值的20%。

第四十九条 在测试过程中遇有业务缺项或问题“不适用”时，应将涉及的分值在评价项目总分中扣减。为了保持可比性，在得出其余适用项的总分后，还应将该评价项目的总得分进行调整。

调整后评价项目总得分＝所有适用项目得分/（评价项目总分－不适用项目总分）×100%

单项分值小计和总分分值有小数时四舍五入。

第五十条 若涉及需要采取抽样测试确定评价结论的，应根据以下情况确定：

（一）如果在抽样范围内未发现违规，该项评价得满分；在抽样范围内，发现两项以上违规（含两项），该项评价不得分；仅发现一项违规的，应扩大一倍抽样，在扩大抽样范围内未发现新的违规的，可得该评价项目分值的50%，在扩大抽样范围内又发现新的违规的，该评价项目不得分。

（二）发现险情或事故的，直接扣除该评价项目的分值。

第五十一条 内部控制的结果评价。结果评价主要评价内部控制目标的实现情况，对这些指标的量化评价可以通过非现场的方式进行。结果评价主要包括十项指标：资本利润率、资产利润率、成本收入比、大额风险集中度指标、关联方交易指标、资产质量指标、不良贷款拨备覆盖率、资本充足指标、流动性指标、案件指标等，指标说明及控制比例见附录。内控结果评价指标的标准分值为500分，转化为百分制后得出实际得分。

银监会可以根据商业银行整体风险情况、经济金融情况和银监会工作的重点，补充、修订或调整有关评价指标及其标准分值。

第五十二条 根据过程评价和结果评价综合确定内部控制体系的总分。其中，过程评价的权重为70%，结果评价的权重为30%，两项得分加总得出综合评价总分。

第五十三条 根据综合评价总分确定被评价机构的内部控制体系评价等级，应按评分标准对被评价机构内部控制项目逐项计算得分，确定评价等级。定级标准为：

一级：综合评分90分以上(含90分)。指被评价机构有健全的内部控制体系，在各个环节均能有效执行内部控制措施，能对所有风险进行有效识别和控制，无任何风险控制盲点，控制措施适宜，经营效果显著。

二级：综合评分80—89分。指被评价机构内部控制体系比较健全，在各个环节能够较好执行内部控制措施，能对主要风险进行识别和控制，控制措施基本适宜，经营效果较好。

三级：综合评分70—79分。指被评价机构内部控制体系一般，虽建立了大部分内部控制，但缺乏系统性和连续性，在内部控制措施执行方面缺乏一贯的合规性，存在少量重大风险，经营效果一般。

四级：综合评分60—69分。被评价机构内部控制体系较差，内部控制体系不健全或重要的内部控制措施没有贯彻执行或无效，管理方面存在重大问题，业务经营安全性差。

五级：综合评分60分以下(不含60分)。被评价机构内部控制体系很差，内部控制体系存在严重缺失或内部控制措施明显无效，存在明显的管理漏洞，经营业务失控，存在重大金融风险隐患。

上述等级也适用于单项评级，单项评级结果主要用于对比分析。

第五十四条 若被评价机构在评价期内发生重大责任事故，应在上述评级的基础上下调一级。

重大责任事故包括：

(一)因安全防范措施不当，发生金融诈骗、盗窃、抢劫、爆炸等案件，造成重大影响或损失。

(二)因经营管理不善发生挤提事件。

(三)业务系统故障，造成重大影响或损失。

(四)经查实的重大信访事件。

第五十五条 内部控制体系连续在三个评价期内得不到改善的机构，其内部控制评价等级应适当下调。

第六章 组织和实施

第五十六条 内部控制评价按照“统一领导，分级管理”的原则进行。

第五十七条 根据评价的范围，内部控制评价可分为以下层次：

(一)银监会及其派出机构对商业银行法人机构的整体评价，原则上每两年一次。

(二)银监会及其派出机构对商业银行总部的评价，原则上每两年一次。

(三)银监会及其派出机构对商业银行不同层次分支机构的评价，每三年一个评价周期，每年至少覆盖1/3以上的分支机构，三年内必须覆盖全部分支机构。

第五十八条 应当根据风险大小和重要性确定对商业银行及其分支机构内部控制评价的频率和范围，当商业银行发生管理层重大变动、重大的并购或处置、重大的营运方法改变或财务信息处理方式改变等情况，或银监会认为必要时，应对商业银行内部控制进行整体评价。

第五十九条 银监会对商业银行法人机构整体评价时，总部占整体评价得分的60%，分支机构平均得分占整体评价得分的40%，形成最终评级结果。其中，初次整体评价时，应覆盖总行和所有分支机构；再次进行整体评价时，应抽取不少于1/3的分支机构。

银监会各派出机构对辖内商业银行分支机构的内部控制评价可比照进行。

第六十条 银监会及其派出机构应及时整理、分析和掌握被评价机构报送的非现场监管数据、国家审计部门的审计结果和被评价机构的内部审计信息，充分利用监管部门对被评价机构的各种现场检查结果。

第六十一条 银监会或其派出机构应对被降价机构内部控制体系的改进情况进行后续跟踪，责令被评价机构针对发现的违规或风险隐患制定纠正措施，并对纠正情况及其有效性进行验证。

第六十二条 内部控制评价各阶段涉及的有关记录、表格、评价报告以及跟踪验证的相关资料均应作为监管档案妥善保管。

第六十三条 银监会可根据需要委托外部中介机构对商业银行内部控制体系进行评价。受托中介机构和人员必须熟悉商业银行业务和运作，具备商业银行内部控制体系建立或评价方面的经验。各派出机构选聘中介机构时，必须报银监会批准。

受托中介机构对商业银行的内部控制评价须按照本办法执行。

第七章 罚 则

第六十四条 银监会根据评级结果及评价报告所反映的情况，针对被评价机构内部控制体系存在问题的性质及严重程度，可分别采取以下一项或多项监管措施：

（一）约见被评价机构第一负责人或董事长。

（二）就评价对象内部控制体系存在问题可能引发的风险，向被评价机构进行提示和警告。

（三）要求被评价机构对内部控制体系存在的问题限期整改。

（四）加大现场检查力度及频率。

（五）建议调整管理层。

（六）取消有关人员一定期限或终身银行业从业资格。

（七）责令整顿或暂停办理相关业务。

（八）延缓批准或拒绝受理增设分支机构、开办新业务的申请。

第六十五条 对内部控制评价中发现的违规、违法行为，应根据有关规定，采取相应处罚措施。

第六十六条 未经批准或许可，任何单位和个人不得对外公布对被评价机构的内部控制体系等级评定结果。凡擅自公布等级评定结果，应追究有关人员的责任。

第八章 附 则

第六十七条 本办法涉及的重要名词术语解释如下：

（一）体系：相互关联或相互作用的一组要素。

（二）文件：信息及其承载媒体。媒体可以是纸张，计算机磁盘、光盘或其他电子媒体，或其组合。

（三）程序：为进行某项活动或过程所规定的途径。程序可以形成文件，也可以不形成文件；当程序形成文件时，通常称为书面程序。

（四）风险相关方：与商业银行在风险及其控制方面有利益关系的个人或团体。风险相关方包括风险直接承担者和间接利害关系者，前者如商业银行投资者、顾客或员工，后者如监管机构。

（五）内部控制绩效：根据内部控制政策和目标，在控制风险方面所取得的可测量的结果（绩效测量包括内部控制活动和结果的测量）。

（六）事故：造成损失的非预期事件。

（七）险情：可能造成损失的事件。

（八）违规：未满足规定的要求，既可能是人员主观造成的，也可能是其他客观原因导致的。

（九）预防措施：为消除潜在违规、险情或事故的原因所采取的措施。

（十）纠正措施：为消除已发现的违规、险情和事故的原因所采取的措施。

第六十八条 商业银行应根据本办法制定相应的实施细则并报银监会或其派出机构备案。

第六十九条 本办法适用于在中华人民共和国境内依法设立的国有商业银行、股份制商业银行、外资商业银行、城市商业银行、农村商业银行、商业银行和邮政储蓄机构。对政策性银行、城乡信用社和非银行金融机构的评价可参照本办法执行。

第七十条 未进行股份制改造的商业银行和邮政储蓄机构、政策性银行、城乡信用社和非银行金融机构，应由高级管理层负责内部控制体系的建立、维护和改进，并明确相对独立的决策、监督和执行的职责和权限。

第七十一条 本办法由银监会负责解释与修订。

第七十二条 本办法自 2005 年 2 月 1 日起施行。

参考文献

1. 王晓霞,《企业风险审计》,中国时代经济出版社,2007年
2. 车迎新,《商业银行内部控制评价办法实施指南》,中国金融出版社,2006年
3. 张初础,《农村合作金融机构内部控制综合评价》,立信会计出版社,2005年
4. 戴相龙,《商业银行经营管理》,中国金融出版社, 2005年
5. 王一扉,《商业银行市场风险管理与内部控制评价办法实施手册》,中国知识出版社,2005年
6. 姚志刚,《商业银行内部控制评价技术要点解析与具体操作实用手册》,红星电子出版社,2005年
7. 车迎新,《商业银行现场检查手册》,中国金融出版社,2004年
8. 中华人民共和国审计署金融审计司,《商业银行审计指南》,中国金融出版社,2003年
9. 蒋建华,《商业银行内部控制与稽核》,北京大学出版社,2002年
10. 汪叶斌、廖道亮,《银行内部控制原理与评价》,东北财经大学出版社,2002年
11. 巴塞尔银行监管委员会,《巴塞尔监管委员会文献汇编》,中国金融出版社,2002年
12. 唐双宁,《商业银行现场检查方法与技巧》,中国社会科学出版社,2001年
13. 陈光,《现代商业银行外部审计与风险监管》,中国发展出版社,2001年
14. 叶继雄,《银行信贷业务与管理》,浙江大学出版社,2000年
15. 杨海群,《中国银行授信内控指引》,中国金融出版社,2000年
16. 曾国坚、何五星,《银行风险新论》,中国计划出版社,1999年
17. 黄敦学,《金融机构的内部控制与监管业务》,中国金融出版社,1998年
18. 张汉桥、王肖明,《金融机构内部控制及其评价》,红旗出版社,1998年
19. 赵开元,《现代金融稽核理论与实务》,中国时代经济出版社,1992年

图书在版编目(CIP)数据

商业银行内部控制评价/蒋建华编著.—上海:复旦大学出版社,2012.5
(审计与内部控制系列)
ISBN 978-7-309-08669-0

Ⅰ.商… Ⅱ.蒋… Ⅲ.商业银行-内部审计-中国 Ⅳ.F239.65

中国版本图书馆 CIP 数据核字(2011)第 273830 号

商业银行内部控制评价
蒋建华 编著
责任编辑/王联合 张咏梅

复旦大学出版社有限公司出版发行
上海市国权路 579 号 邮编:200433
网址:fupnet@fudanpress.com http://www.fudanpress.com
门市零售:86-21-65642857 团体订购:86-21-65118853
外埠邮购:86-21-65109143
上海春秋印刷厂

开本 787×1092 1/16 印张 16.5 字数 391 千
2012 年 5 月第 1 版第 1 次印刷
印数 1—4 100

ISBN 978-7-309-08669-0/F·1792
定价:32.00 元